Firoozeh's

Teufelsmoor Saga – Band 2

DER SCHWARZE VOGT

Firoozeh Milbradt,
geboren in Shiraz/Persien, begann 1998 ihr Studium (Biologie/Medizin) in München. Lebt seit 2005 im Herzen des Teufelsmoores, aus dem diese Geschichten durch Erzählungen und Überlieferungen in fantasievoller Zusammenarbeit mit ihrem Mann entstanden sind. Die Entdeckung der Natur, die Inspirationen aus der direkten Umgebung und die Hilfsbereitschaft vieler Heimatvereine haben die Sicht auf diese wundervolle Landschaft beflügelt. Jetzt sind mit Firoozeh's Teufelsmoor Saga längst vergessene Gestalten, Persönlichkeiten, Riesen, Fabelwesen und Geister in unsere Welt zurückgekehrt.

Geschichten: Firoozeh Mibradt // Text: Michael Milbradt

Titelabbildung:
Collage von Firoozeh und Michael Milbradt aus Szenen der Handlung,

Schriftzug »Teufelsmoor Saga« und Handschrift »Der Schwarze Vogt«:
Schriftatelier Hoyer

Abbildungen:
Worpswde-Tipps mit fotografischen Elementen von Maren Arndt. Bild zu Kapitel 29: Landvermesser von Foto-Miesner, Grasberg. Bild zu Kapitel 53: »Die Schlagd in Wanfried, 1800«, gemalt von Ernst Christopher Metz (* 23. Februar 1892 in Cassel; † 25. Dezember 1973 in Eschwege). Rechtsnachfolgerin ist nach eigener Auskunft die Witwe von Harald Metz, Sohn von Ernst Metz.
Erleben Sie die Illustrationen in Farbe: www.worpswede-tipps.de/teufelsmoorsaga_galerie/

Ausführliche Informationen unter www.worpswede-tipps.de/teufelsmoorsaga/ – und in teilnehmenden Tourismus-Informationen der Region.

1. Auflage 2023

ISBN 978-3-95494-322-7
www.edition-falkenberg.de

Firoozeh's

Teufelsmoor Saga

Band 2

DER SCHWARZE VOGT

Edition Falkenberg

Dem Teufelsmoor,
seinem Geheimnis und seiner Schönheit.

Firoozeh Milbradt

INHALT

Was bisher geschah Band 1: Der Rote Gerd 7

Kapitel 1: Der Fremde 9
Kapitel 2: Auf Messers Schneide 14
Kapitel 3: Schrecksekunde 18
Kapitel 4: Kommandos über dem Fluss 23
Kapitel 5: Der Kreis schliesst sich 30
Kapitel 6: Der Schwarze Vogt 35
Kapitel 7: Die Herren vom Rosekeller 43
Kapitel 8: Der knöcherne Würfel 51
Kapitel 9: Die Entscheidung des Lichts 56
Kapitel 10: Das Lachen der Gesche 62
Kapitel 11: Die Saat der Gier 69
Kapitel 12: Die Falle 78
Kapitel 13: Der blinde Fleck 85
Kapitel 14: Erste Zweifel 93
Kapitel 15: Isabellas Weitsicht 102
Kapitel 16: Gerds Erkenntnis 108
Kapitel 17 : Der Impuls 113
Kapitel 18: Die Entscheidung 118
Kapitel 19: Spezialisten 121
Kapitel 20: Die Maschine 125
Kapitel 21: Jan, der Andersmoorige 129
Kapitel 22: Gut und Böse 136
Kapitel 23: Das zauberhafte Birklein 142
Kapitel 24: Die Gefährten 149
Kapitel 25: Ützepoggs Schnacker 156

Kapitel 26: Schöne neue Welt 161
Kapitel 27: Spurensuche 167
Kapitel 28: Gefangen 172
Kapitel 29: Ein geheimer Ort 176
Kapitel 30: Eine neue Hoffnung 183
Kapitel 31: Die Geister des Gegenteils 188
Kapitel 32: Kleine Strategen 193
Kapitel 33: Kaum zu glauben 200
Kapitel 34: Der Spion, der etwas wusste 204
Kapitel 35: Eine Nachricht mit Folgen 208
Kapitel 36: Ein Versuch 213
Kapitel 37: Ernüchterung 217
Kapitel 38: Im Innersten der Macht 221
Kapitel 39: Der einsame Retter 226
Kapitel 40: Erwartungen 230
Kapitel 41: Information gewinnt 234
Kapitel 42: Intelligente Strategen 239
Kapitel 43: Was der Vogt nicht ahnte 245
Kapitel 44 : Der Vogt sieht rot 249
Kapitel 45: Die alte Scheune 256
Kapitel 46: Gewissensbisse 261
Kapitel 47: Jan gegen die Spione 265
Kapitel 48: Intelligente Täuschung 270
Kapitel 49: Was zu viel ist, ist zu viel 273
Kapitel 50: Das schwimmende Land 278
Kapitel 51: Unnerboddens Beitrag 284
Kapitel 52: Verlorene Vergangenheit 290

Ausblick auf Band 3: De Moormöörder 298
Die Teufelsmoor-Saga live erleben 299
Danksagungen 304

WAS BISHER GESCHAH
BAND 1: DER ROTE GERD

Die Saga nahm ihren Anfang 1853 in dem kleinen Zollhafen Kreuzkuhle im weiten Teufelsmoor. Eine unbedeutende Schlägerei mit den Zöllnern wurde durch den Moorkommissar Erasmus Castell zum Anlass genommen, den Roten Gerd jagen zu lassen, um aller Welt vorzuführen, dass sich Schmuggel nicht lohnt. Jedoch entkam der Gesuchte und fand Zuflucht in einem Packhaus in Bremen. Dort konstruierte der Schwarze Vogt eine riesige Maschine, um sämtlichen Torf der Region abzugraben. Niemand verstand zunächst diese Pläne. Die reiche Geliebte des Schmugglers, Isabella de la Conté, war in ihrer Zuneigung zerrissen und entfachte eine gefährliche Rivalität, die durch einen Verrat zur Jagd auf den Roten Gerd geführt hatte. Amtmann Cornelius, der Vorgesetzte der Zöllner, kämpfte verbissen dafür, den berühmten Gesetzlosen zu verhaften. Alles deutete darauf hin, dass dieser auf der Hamme besiegt und mit seinem schnellen Torfkahn untergegangen war. Doch der schweigsame Schmuggler hatte oft genug seine listigen Talente bewiesen!

FRÜHJAHR 1856

Von Bremen aus dirigierte der Vogt zielstrebig die Arbeiten an seiner gigantischen Torfabbaumaschine. Zollvorschriften der Königlichen Regierung hatten vor einem Jahr für Konflikte im Teufelsmoor zwischen einem professionellen Schmuggler und den Zöllnern unter Amtmann Cornelius gesorgt. Die Ereignisse waren außer Kontrolle geraten und hatten dazu geführt, dass jetzt ein Passagier auf einer Weserschute flussaufwärts unterwegs war.

KAPITEL 1
DER FREMDE

Der Winter des Jahres 1856 ging dem Ende entgegen und von den Feldern rechts und links der Werra floss das Schmelzwasser von den sanften Hügeln der Umgebung in den Fluss. Die Vogelwelt erwachte und in der Morgensonne stand auf einem Weserschiff nach Wanfried ein hünenhafter Mann, der in das Licht aus Richtung Osten schaute. »Alles Gute liegt dort oder es kommt von daher zu dir zurück.« Von Gefühlen übermannt sprach er leise vor sich hin und erinnerte sich an eine Begegnung im Teufelsmoor. Damals hatte er mit diesen Worten einer jungen Frau Mut für eine Entscheidung zugesprochen, die später ihr Leben veränderte. Jetzt suchte er selbst nach neuen Horizonten auf seiner Fahrt in eine ungewisse Zukunft.

Widrige Umstände, Hochwasser und das Arbeiten gegen sich verändernde Strömungen auf Weser und Werra behinderten die kräftezehrende Reise flussaufwärts, die seit Wochen andauerte. Waren die Flüsse durch flache Abschnitte, Biegungen und felsige Hindernisse problematisch genug, so erschwerten kleinliche Vorschriften und Zölle der bis zu 33 angrenzenden Kleinstaaten ein Fortkommen ebenso, wie die Naturgewalten. Zu den an jeder neuen Station fällig werdenden Zollgebühren kamen Abgaben für Schleusungen und die Bezahlung für die Treidler hinzu. Deren Pfade wechselten wegen der Flussbiegungen häufig an die jeweils andere Seite des Ufers, was ein stetiges Übersetzen der Mannschaften samt ihrer Pferde erforderte.

Doch damit waren die Mühen einer Fahrt mit Handelsware nicht zu Ende. Einige Städte an der Passage zwangen die Schiffer, für drei Tage ihre Waren anzubieten und außerdem Zoll zu bezahlen. Ab und zu gingen so manchen fahrenden Händlern die Nerven durch und sie versuchten, sich auf dem Fluss bei Nacht an den Ortschaften vorbeizuschleichen. Dort trafen sie oft auf künstlich angelegte Hindernisse, wie Ketten oder Felsbrocken, um diesen Schmuggel zu verhindern.

Strandete ein Schiff auf flachen Ufersandbänken, war der anliegende Eigner der Ländereien berechtigt, das Boot samt der Ware zu beschlagnahmen. Mit der »Weserschifffahrtsakte von 1823« hatten die angrenzenden Staaten versucht, diese Sonderrechte aufzuheben, doch wurden die Vorschriften jahrzehntelang ignoriert, weil es an der Macht zur Durchsetzung fehlte. Außerdem war der Rückgang der Flößerei und Transportschifffahrt in dieser Epoche durch die neuen Eisenbahnlinien derart dramatisch, dass sich die letzten tapferen Händler wie sterbende Relikte aus der Urzeit durch den Wasserlauf schleppten. Die menschengemachten Schwierigkeiten der Passage des zurückliegenden Abschnitts auf der Weser hatten den schweigsamen Reisenden überrascht. Bemerken die nicht, wie sie sich schaden? Neben den gierigen Zugriffen auf die begehrten Güter hatten die Schiffer mit der unberechenbaren Natur dieser Wasserstraße zu kämpfen.

Das ist ja schlimm hier und nicht mit dem Teufelsmoor zu vergleichen, sinnierte er. Die Eisenbahn ist dort kein Thema, sie würde im Morast versinken. Die Moorbauern und Zöllner haben sich arrangiert und von hier aus erschien die Welt, die er zurückgelassen hatte, wie ein Sehnsuchtsort einer verklärten Erinnerung.

Dennoch, je verrückter die Gesetze, je unverschämter die Zölle, umso höher der Gewinn für Schmuggler, die Waren unerkannt an den Zollstellen vorbeimanövrierten. Aus der Sicht des stillen Beobachters an Deck waren die Zustände auf der Weser das wahre Paradies für Gauner. Es kam eben auf die Perspektive an.

Verworrene Vorschriften, hohe Abgaben und andere Zumutungen der Regierung in Hannover hatte der Mann aus dem Teufelsmoor weit hinter sich gelassen. Obwohl er mit einer gewissen Wehmut die abenteuerlichen Herausforderungen für Schmuggler auf der Weser betrachtete, blieb er seinen Absichten für ein anderes, neues Leben treu.

Während der Reise zeigte er keine Eile, verweilte selbst bei Schwierigkeiten unbeteiligt an Bord und auf die Frage, wer er sei, antwortete er widerwillig und gab stattdessen an, dass er jemanden treffen werde. Niemand könne vorhersagen, was dort passieren würde. Der aufbrausende Ton dieser Nachricht war einschüchternd, sodass es ab sofort keine Nachfragen mehr gab. Jeder an Bord hatte verstanden, dass in dieser willensstarken Persönlichkeit ein Vulkan nicht zur Ruhe gefunden hatte.

Ohne sich von der Mannschaft aufhalten zu lassen, hatte der Mann am Hafen der Schlachte in der Bremer Innenstadt diesen Weserfrachter bestiegen. Ein gewickeltes Bündel aus Leder war das einzige Gepäckstück.

Ihn hatte ein Lebewesen begleitet, das durch seine Haltung und dem Aussehen nach an einen Hund mit zotteligem Fell erinnerte. Der Schiffer hatte zunächst gezögert und sich geweigert, dieses Tier »oder was das ist« mitzunehmen. Daraufhin hatten sich dessen Haare zu langen Stacheln aufgestellt, die jeder der Bewegungen des Bootsführers folgten und bereit schienen, abgeschossen zu werden. Er wehrte die Drohung mit einer Handbewegung ab und fragte nicht weiter nach. Sofort fielen die pfeilartigen Spitzen in sich zusammen und auf dem Deck lag wieder ein friedlich aussehendes Wollknäuel, dem vor Langeweile die jetzt müde wirkenden Augen zufielen.

Der Unbekannte hatte mit dem Betreten des Schiffes großzügig und unaufgefordert einen hohen Preis für die Reise bezahlt und den besten Platz in der Kajüte am Heck der Weserschute verlangt. Diese reichte kaum aus, um der Mannschaft Raum auf den wochenlangen Fahrten zu bieten. Für die Aufnahme eines zusätzlichen Fahrgastes war die Anzahl der Ruheplätze nicht vorgesehen. Wegen des angebotenen Goldstückes räumte der Schiffer sein eigenes Lager und teilte sich die restlichen mit den Besatzungsmitgliedern im Wechsel der Wachen. Nie zuvor hatte der Schiffsführer erlebt, dass ein Passagier an Bord gekommen war, um seine Mitfahrt bedingungslos und außerdem großzügig einzufordern. Der Mann führte keine Verhandlung, weder über den Preis noch ließ er Widerspruch zu.

Der endgültige Niedergang des Warenverkehrs an der Bremer Schlachte war ab Mitte des 19. Jahrhunderts nicht mehr aufzuhalten, weil große Schiffe wegen des Tiefganges gezwungen waren, weiter nördlich anzulegen. Der Hafen blieb nur für kleine Frachtsegler weiterhin ein lohnendes Ziel, die hochpreisige Waren, wie Tee, Kaffee, Zucker, Glas und alkoholische Getränke aus Übersee anlandeten. Diese fanden hier Abnehmer für den Weitertransport ins Landesinnere. Zwei Frachtsysteme konkurrierten in diesen Jahren, und weil das Eisenbahnnetz unvollständig war und nicht alle Orte erreichte, hatten sich die bewährten Schiffsverbindungen nach Süden über die Weser und Werra in geringem Umfang erhalten. Der neue Passagier kannte sich aus. Er hatte ein Schiff ausgewählt, das wegen der Ladung tief im Wasser lag und darum in Kürze die Leinen losmachen würde. Grundlos verzögerte niemand das Ablegen, denn damals wie heute verglichen die Händler Zeit mit klingender Münze.

Das etwa fünfundzwanzig Meter lange Boot trug den Namen »Bremen«. Es befuhr regelmäßig die Weser und Werra, bis diese nicht mehr schiffbar war. Die Dauer der Passage an Eschwege vorbei und weiter bis in den südlichen Harz war abhängig von der Strömung, dem Wasserstand und den erforderlichen Schleusungen. Der Hafen an der Schlagd in Wanfried mit den Lagerhäusern und dem einzig übriggebliebenen Gasthaus war das Ziel dieser Reise. Mit der Ankunft des Schiffes wird sich die Zukunft des Passagiers zum wiederholten Male von Grund auf verändern und die gierigen Absichten des Schwarzen Vogts für das Teufelsmoor durchkreuzen. Bisher deutete nichts auf ein späteres schicksalhaftes Zusammentreffen dieser willensstarken Persönlichkeiten hin.

Kurz bevor der Passagier in Bremen abgefahren war, hätte eine dramatische Verfolgung im Teufelsmoor beinahe zu seinem Tod geführt. Wenige Sekunden waren entscheidend. Die Rettung war wie ein geschenktes neues Leben.

KAPITEL 2
AUF MESSERS SCHNEIDE

Die gefährlichsten Feinde waren jetzt nicht die Zöllner, sondern Kälte und Zeit.

Die Ereignisse des vergangenen Jahres hatten den Mann in die Enge getrieben, aus der es keinen Ausweg zu geben schien. Die Königliche Regierung in Hannover hatte gefordert, den ausufernden Schmuggel im Teufelsmoor endlich zu beenden und die Gelegenheit ergriffen, ein Exempel zu statuieren. Vorausgegangen war eine unbedeutende Konfrontation, provoziert von einem berühmten Schmuggler.

Auf einer der Fahrten mit einem für den versteckten Warentransport präparierten Torfkahn hatte er wegen des winterlichen Wetters keine Verfolgung durch Amtmann Cornelius erwartet. Die Absichten des Schmugglers wurden vom Schwarzen Vogt verraten und die Männer vom Zoll meinten, eine Rechnung offen zu haben. Würde der Gesuchte auf dem Fluss Hamme bei Worpswede angegriffen, hatte er beabsichtigt, mit List samt seinem Schiff zu versinken und vor aller Augen scheinbar aus dem Leben zu treten. Sein Mantel war mit einem Ruck zu öffnen, damit der schwere Stoff ihn nicht in die Tiefe zu ziehen vermochte. Um im Notfall etwas Luft zu haben, hatte er einen Schnorchel dabei und einen imprägnierten Stoffsack aufgeblasen, der Auftrieb erzeugte. Dann war es darauf angekommen, an der für seinen Plan vorbereiteten Stelle des Flusses eine Situation aus Ablenkung und Schauspiel vorzuführen, sodass alle am Kampf Beteiligten überzeugt wären, der verwegene Schmuggler sei endgültig besiegt.

Es war zum Kampf gekommen. Geschickt hatte der Rote Gerd, wie der Gesuchte der Legende nach hieß, seine geplante Position erreicht und die Verfolger mit einem grausigen Lied provoziert. Wellen waren durch hektische Manöver in das Boot geschlagen. Gleichzeitig hatte ein Schuss den Schmuggler vom sinkenden Schiff über Bord gehen lassen. Nur die aus dem Wasser erhobene Faust im schwarzen Handschuh hatten die Beamten schemenhaft in die Dunkelheit abtreiben sehen.

Der Vorgesetzte der Zöllner, Amtmann Cornelius, hatte vor Wut geschäumt, weil er meinte erkannt zu haben, dass der Rote Gerd am Ende doch mit einer List entkommen war. Für diesen tickte die Uhr um das Überleben mit dem Eintauchen in das eisige Wasser. Der Mantel war sofort abgestreift und zum Atmen reichte der Schnorchel. Die Flussbiegung half, mit der anspülenden Strömung das Ufer in zwei Minuten zu erreichen. Nur Sekunden später hätten die Muskeln im eiskalten Wasser versagt.

Jetzt war es darauf angekommen, schnell festen Boden zu finden, um in einem seiner geheimen Unterstände Schutz zu suchen. In den Jahren zuvor hatte der Schmuggler an verschiedenen Stellen im Teufelsmoor für den Fall einer Verfolgung winzige Schutzdächer errichtet. Genau hier am Ufer gab es eines davon.

In der Hektik zunächst unbemerkt war auch der Mantel angetrieben worden.Gerd hatte mit einem instinktiven Griff das schwere, mit Wasser vollgesogene Kleidungsstück gepackt und mitgeschleift. Hinter einem Gewirr aus Zweigen, die Ebbe und Flut aufgetürmt hatten, fand er das schräg stehende Dach. Er hatte sich sofort der nassen Kleidung entledigt und hastig einen trockenen Umhang aus seiner wasserdichten Tasche übergeworfen.

Obwohl zitternd vor Kälte, war dieses ein Moment der Erleichterung. Dann vernahm er die Stimmen seiner Verfolger erschreckend nahe. Sie hatten sich nur wenige Meter weiter am Ufer versammelt, bemerkten den Unterstand jedoch nicht. Die Freude der Zöllner überraschte den Schmuggler. »Wir haben ihn, wir haben ihn!« Als ob sie einen Sieg feierten. Gerd verachtete sie.

Die zornerfüllte Stimme des Amtmannes hatte sie jäh unterbrochen: »Also, wo ist er denn nun? Wie lange konntet ihr die schwarze Faust sehen? Zu lange! Es war Absicht, die reine Provokation! Und was um alles in der Welt sollte der Unfug mit dem Lied vor dem

Untergang? Ablenkung war das Ziel, wie bei einem billigen Zaubertrick! Aber ich habe aufgepasst, er ist vor dem Schuss gesprungen. Mich hält er nicht zum Narren, mich nicht! Wir werden ihn finden!«

Diese Worte waren für den seit Jahren gesuchten Schmuggler die letzte Bestätigung, dass seine Zeit im Teufelsmoor endgültig zu Ende war. Jetzt hörte er den Befehl zum Ablegen der Boote und versetzte sich in die Lage der Verfolger: Die suchen den Fluss nach mir ab, lächerliche Dilettanten!

Entkräftet, müde und zitternd vor Kälte wendete er sich seinen wenigen Habseligkeiten zu. Von allem zuvor angehäuften Reichtum waren ihm nur diese Reste geblieben, deren einziger Wert jetzt daraus bestand, das Überleben zu sichern. »So ändern sich Bedeutungen, wenn um Leben oder Tod geht.« Er sprach es in tiefer Dankbarkeit flüsternd aus.

Die eiskalte Nacht hatte den Schmuggler zum sofortigen Handeln gezwungen. Obwohl dazu kaum fähig, war er mit letzter Kraft aufgestanden und hatte den nassen Mantel vor die offene Seite des Unterschlupfes gehängt. Dennoch wehte ein feiner, schneidender Wind herein. Er zündete die winzige Brennhexe an, einen der praktischen Öfen für die Kajüte in den Torfkähnen, und mit der ersten Strahlungswärme des Feuers fielen die Bewegungen wieder leichter. Die trockenen Kleidungsstücke aus der Tasche reichten nicht aus gegen die Kälte und so hatte er sich zusätzlich die Decke über Kopf und Rücken geworfen. Immer noch zitternd war er vor der Brennhexe in die Hocke gegangen, um mit etwas Stroh und Torf vom Nachtlager das Feuer zu unterhalten. In der Morgendämmerung flaute der Wind ab. Die winterliche Sonne brachte zwar kaum Wärme, aber der Ofen zeigte mehr Wirkung.

Wie wird das alles nur enden? Mit diesem Gedanken war der Schmuggler zur Seite gefallen und eingeschlafen.

Verzweifelt zu sein, lähmt die Sinne. Wenn es heißt, nur Du selbst hast dein Schicksal in der Hand, ist das kein Trost. Es ist eine Aufforderung, neue Ziele zu finden, die eine Lösung sind. Gerd wurden sie durch ein wundersames Wesen überbracht.

KAPITEL 3
SCHRECKSEKUNDE

Die Sicherheit in dem Unterschlupf aus Zweigen und Schilf war trügerisch. Die Konstruktion reichte im Sommer oder Herbst für einige Tage aus, im Winter wegen der Kälte und Nässe nur wenige Stunden.

Normalerweise wäre er mit einem Boot angekommen, jedoch nicht, um bei Frost aus dem Wasser zu steigen. Die kleinen Inseln der Holtstelle waren vom trockenen Schilf umstanden und die Wildnis bot nichts, wofür jemand anlegen würde. Darum war ein Versteck in dieser unwirtlichen Gegend ideal. Aber jetzt, mitten im Winter und dem eiskalten Fluss vor ihm? Für den Schmuggler standen die Aussichten schlecht.

Im Sommer wäre die Situation eine andere. An den festen Ufern der Hamme verkauften die Händler Waren aus fliegenden Holzhütten, die diese Bezeichnung erhalten hatten, weil sie zum Winter abgebaut wurden, um nicht vom Hochwasser abgetrieben zu werden. Im Frühjahr wurden sie wiederaufgebaut – meist an anderer Stelle, denn die stürmischen Monate veränderten oft die Uferlinie der Hamme. An manchen Tagen kamen Hunderte Kähne vorbei und sorgten für geschäftiges Treiben. Der Transport des Brenntorfs nach Bremen kam im Winter fast vollständig zum Erliegen und es hatte keinen Sinn, auf ein vorbeikommendes Schiff zu hoffen. Das fließende Gewässer blieb bei leichtem Frost in Bewegung und die Möglichkeit, über festes Eis zu entkommen, war in absehbarer Zeit nicht zu erwarten. Abgesehen davon kämen dann viele Moorbewohner auf Schlittschuhen vorbei. Besser, er würde niemandem begegnen.

Nur wenige hundert Meter flussabwärts ragte Melchers Hütte am Ufer der Hamme aus dem Wasser. Es wäre der nächste feste Unterschlupf auf dem Weg in Richtung Bremen, der auf der rechten Seite des Flusses lag, genau wie die kleine Insel. Und doch erschien diese Möglichkeit zur Rettung in unerreichbarer Ferne.

Das Haus hatte man gegen das Hochwasser erst wenige Jahre zuvor erhöht neu aufgebaut und funktional in Zollstelle, einen Laden und das Gasthaus eingeteilt. Dort hatten die Zöllner vor einigen Wochen die Jagd auf den Schmuggler geplant und mit hohem Aufwand zu Ende gebracht. Hier schloss sich ein Kreis. Denn weder war der Rote Gerd gefasst noch hatte dieser seine versteckte Moorkate im Teufelsmoor erreicht. Jetzt wartete er in schier auswegloser Situation am Ausgangspunkt der Jagd und überlegte, ob das Schicksal am Ende Schlimmeres für ihn bereithalten würde.

Mit erzwungener Geduld wartete er auf die Rückkehr seiner Kräfte. Welchen Wert hatte sein mühsam gerettetes Leben in dieser verlorenen Einsamkeit? Wo war sein Platz in dieser Welt? Er erwachte aus einem Albtraum, setzte sich auf und versuchte, die niederschmetternde Realität auszublenden. Mit dem Öffnen der Augen erkannte er nicht, ob das, was vor ihm hockte, Einbildung oder Teil der letzten Traumbilder war.

Der Eindruck war so fern jeder Erwartung, dass er vor Schreck aufsprang und rückwärts gegen den nassen Mantel stolperte, der die Öffnung des Unterstandes verdeckte. Fast wäre die empfindliche Konstruktion zu Bruch gegangen. Vor sich bemerkte er ein Büschel aus Binsen, das sich ein wenig erhob, etwas weißen Nebel oder Ähnliches dabei absonderte und zwei große Augen öffnete, die ihn prüfend ansahen. Angst hatte der Schmuggler zu beherrschen gelernt und er zeigte sich darum äußerlich unbeeindruckt. Er blieb zurückhaltend und ergriff dennoch die Initiative. Mit einer Frage tastete er sich an die Situation heran.

»Verstehst du, was ich sage?«

»Ja, und ich kenne dich. Es gibt einen Ort, der wie eine geheime Gegenwelt des Moores ist und wohin sich die Wunderwesen geflüchtet haben. Ich heiße Maxinah und Menschen, die mich oder meine Schwestern glauben flüchtig erkannt zu haben, nennen uns Moorhexen. Aber zum Glück glaubt ihnen niemand. Außer, dass in unzähligen Büchern immer wieder Fantasiegeschichten über uns verbreitet werden, die nicht stimmen. Dort sprechen sie von Fabelwesen. Was für eine Beleidigung!«

»Aber du bist nicht hier, um über Bücher zu reden, die dir nicht gefallen, oder?«

»Ja, natürlich nicht! Ich komme zu dir, um zu verhindern, dass ein schlimmes Unheil angerichtet wird.«

Gerd hatte zugehört und sich wieder am Ofen niedergekniet. Nachdem er sich gefasst hatte, nahm er die neue Situation an, wie sie eben war. In den Jahren zuvor hatte er oft Seltsames und Geheimnisvolles im Moor erlebt, so dass er jetzt nicht allzu überrascht war.

Was soll nun diese Botschaft für mich bedeuten? Seine Zweifel sprach er nicht aus. Eine Antwort kam unaufgefordert.

»Deine Beteiligung an einigen zerstörerischen Plänen des Schwarzen Vogts für unsere Welt Unnerbodden nahm ihren Anfang, nachdem du vor langer Zeit eine Frau aus dem Dorf Teufelsmoor mit nach Bremen mitgenommen hattest. Meine Schwestern und ich wurden Zeuginnen, denn wir hatten es vom Ufer aus beobachtet. Wir werden nur wach, wenn eine Erschütterung die Zukunft beeinflusst, die uns schaden wird. Zuerst hatten wir angenommen, es würde nicht so schrecklich werden. Inzwischen wurde bekannt, dass diese Frau der Grund dafür ist, warum das Moor und damit unsere Welt bald zerstört werden wird. Hilf uns jetzt, denn du hattest das Unheil in dein Schiff geladen. Die Gefahr wird aus Bremen kommen. Hilf uns!«, wurde die Forderung wiederholt.

In den vielen Jahren, die der Schmuggler versteckt im Moor gelebt hatte, waren ihm oft Phänomene aufgefallen, die es ausschließlich hier gab. Überrascht war er darum nicht. Aber was hatte dieses Wesen veranlasst, seine Forderungen in einem derart ungünstigen Moment zu stellen?

»Siehst du nicht, in welcher Situation ich bin? Ich bin nicht sicher, ob ich in zwei Tagen noch lebe. Also, was redest du da? Außerdem habe nichts absichtlich getan, was unserem Teufelsmoor schaden könnte! Vergiss nicht, das hier ist meine Heimat. Und woher bitte vermutet ihr, dass ein Mädchen, das seinen Hof verlässt, euch in Gefahr bringt?«

»Wir wissen, dass du das Moor zu deiner Heimat erkoren hast, und niemand macht dir Vorwürfe. Diese junge Frau wird vom Schwarzen Vogt gezwungen, ihm zu helfen, und sie wird erfolgreich sein. Wenn dir berichtet wird, was im vergangenen Jahr im Teufelsmoor passierte, könntest du deine Meinung später überdenken. Jetzt vermag ich dir das alles nicht zu erklären, es wäre zu viel für den Moment. Dann schau mich Büschel von Binsen doch an, ich bin nicht in der Lage, dir auf der Reise zu folgen. Wir senden jemanden, der die Geschichte aus dem Moor des letzten Jahres erzählen wird und warum der Vogt dieses riesige Gerät baut.«

Gerd wurde aufmerksam, immer wieder war er auf Hinweise zum Bau einer großen Konstruktion gestoßen. Oder waren alle informiert, aber nur er nicht?

Ohne Abschied hatte sich das sonderbare Wesen, erneut umgeben von weißem Dunst, aus dem Unterstand entfernt, obwohl Füße nicht zu sehen waren. Vielmehr bogen sich die Binsen gleichzeitig vor und stießen das Knäuel schiebend voran. Den von dieser merkwürdigen Begebenheit von seinen Problemen abgelenkte Mann holte die Realität wieder ein. In der Dämmerung bereitete er sich auf die Nacht vor und dichtete Öffnungen des Unterschlupfes erneut ab. Das Wichtigste für einige Stunden in der Wildnis war vorhanden.

Er tastete nach etwas unter dem Lager und ergriff das Ende eines Taus, das hier verscharrt war. Beruhigt legte er sich neben den Ofen. Am kommenden Morgen weckten ihn Stimmen. Gerd war sofort hellwach.

Eine Situation am Rande der Möglichkeiten und selbst jetzt gab es keine Ruhe.

KAPITEL 4
KOMMANDOS ÜBER DEM FLUSS

Das trockene Schilf am Ufer behinderte die Sicht. Für seine Deckung war es sicherer, wenige Schritte zurückzubleiben, um sich nicht zu verraten. Zuerst meinte Gerd, seine Verfolger wären zurückgekommen, doch dann sah er zwei etwa dreißig Meter lange Schuten, hoch mit Bauholz beladen. Selbst für ein langsames Vorankommen war die Mannschaft gezwungen, gegen die Strömung flussaufwärts kräftig zu rudern. Sie kamen aus Richtung Bremen durch den See der Holtstelle und Gerd hörte an den Befehlen, dass sie in die Beek einbogen. Normalerweise legten die großen Bockschiffe hier an, denn wegen ihres Tiefganges wurde ein Teil der Fracht auf kleinere Kähne umgeladen. Doch bei dem Hochwasser wie jetzt war das nicht notwendig.

Wenige Tage zuvor, als die Jagd des Amtmanns Cornelius auf Gerd ihren Anfang genommen hatte, waren dem Schmuggler diese Art von Schuten nachts im Findorffer Hafen entgegengekommen. Später hatte er sie im Kanal vor dem Packhaus des Schwarzen Vogts an der Schlachte wiedererkannt, wo die Schiffe festgemacht lagen.

Ich hatte doch recht, der wird etwas Großes bauen und die Vermutung, dass eine Maschine zum Einsatz kommen wird, war korrekt. Aber wofür? Dieser Mann ist gefährlich, nicht ich! Warum verdreht der Moorkommissar Erasmus Castell das Feindbild.

Die Rufe der Mannschaften waren verstummt und Gerd fand das kräftige Tau, nach dem er am Abend zuvor getastet hatte. Mit dem Anheben brach der Boden dem Seil folgend auf. Es spannte sich und reichte bis zum Ufer und in den Fluss. Mit vorsichtiger Kraft zog er langsam ein kleines Boot aus dem Wasser. Dann riss das Tau. Doch er hatte Glück, der Bug lag bereits weit genug auf festem Boden, so dass der winzige Kahn nicht zurückglitt. Wieder hörte er Stimmen, die sich schnell näherten.

Gerd sprang in seine Deckung hinter dem Schilf. Die Zollboote mit Amtmann Cornelius waren zurückgekommen und trieben nur wenige Meter entfernt vorbei. Zwei der Männer stießen lange Stangen tief in das Wasser und stocherten nach dem besiegten Schmuggler, den sie am Grund des Flusses vermuteten.

Der Amtmann bemerkte das Boot und Gerd sah es genau. Bewegungslos und vor Anspannung kaum fähig zu atmen, hockte er im Schilf. Wenn ihn die Zöllner jetzt entdeckten, wäre er verloren. Aber sie waren auf das größere Schiff des Schmugglers fixiert, so dass sie den alten, halb versunkenen Entenjäger nicht beachteten. Die Jagdgesellschaft zieht vorüber. Mit diesem Gedanken und einer verächtlichen Handbewegung in Richtung seiner Verfolger ergriff er das knapp mit der Hand erreichbare Boot am Bug und zog es mit aller Kraft vollständig in die Deckung des Ufers. Er hatte es damals mit Feldsteinen beschwert, damit es sich am Grund festsetzte. Kein Wunder, dass das alte Tau diesem Gewicht nicht lange standgehalten hatte. Er sah, warum das Schiffchen dem Amtmann nicht aufgefallen war. Nach drei Jahren im Wasser hatte es Algen angesetzt und wirkte wie ein Wrack. Außerdem war es winzig und nur geeignet, um für die Jagd auf Enten in flachen Gewässern durch das Schilf zu gleiten.

Für die Winterzeit ist viel Betrieb auf dem Fluss, ich werde das Ablegen gut vorbereiten, schlafe etwas und warte den Abend ab. Auf dem eiskalten Wasser in dem kleinen, wackeligen Boot wird die Fahrt gefährlich. Unter dem Strohlager war ein einzelnes kurzes Ruder deponiert, das Gerd jetzt bereitlegte, um in der Strömung den Kurs zu halten.

Eines gab es noch zu erledigen. Sofort nach seiner Ankunft hatte er den schweren schwarzen Handschuh abgestreift. Für diesen markanten Schutz seiner Faust war der Schmuggler berühmt, denn der Moorkommissar hatte ihn damit auf den Steckbriefen abgebildet. Darum entschied er jetzt: ab und in den Fluss mit diesem gefährlichen Ballast.

Zuvor hatte er die Nähte geöffnet, um aus den Lagen der Lederstücke den Schatz zu befreien, den er vor Monaten nach dem Kampf am Torfschiffhafen Kreuzkuhle darin eingenäht hatte. Dabei war ein kleines Messer aus seiner Notfallausrüstung nützlich, um die Fäden säuberlich aufzutrennen. Einige Schichten des Leders klappten auseinander und es fielen Goldmünzen heraus, die sich klimpernd auftürmten. Den zerschnittenen Handschuh warf er in den Fluss und es hatte den Anschein, dass seine Vergangenheit mitgerissen wurde, flussaufwärts in Richtung der Beek. Nach wenigen Metern versank dieser Teil seiner Identität in der Strömung und er war froh, dass seine Hand und er selbst nicht mehr damit verbunden waren!

Eine Strömungsumkehr mit dem in das Land zurückfließende Wasser gab es, wenn bei Sturm die Flut in die Weser und weiter bis in das Teufelsmoor gedrückt wurde. Der Wind war seit gestern abgeflaut und mit kurzer Verzögerung würde sich der Effekt bald wieder umkehren. Diese Situation war günstig, um in dem leichten Boot flussabwärts treibend in Richtung Bremen voranzukommen. Falls diese gefährliche Reise gelänge, würde er versuchen, dort ein Weserschiff zu finden, um damit die alte Heimat seiner Vorfahren südlich des Harzes zu erreichen. Jetzt blieb er konzentriert bei der Planung seiner Flucht von der Insel. Zum Glück war der Mantel getrocknet, er hüllte sich darin ein und legte sich neben dem Ofen auf das harte Strohlager. So vorbereitet schlief er bis zum Nachmittag.

Das jähe Aufwachen wurde von einem Befehlston begleitet. Seine halb geöffneten Augen sahen nicht, wer da sprach. Waren die Zöllner zurück und hatten ihn entdeckt?

»Maxinah schickt mich, um dir etwas zu erzählen, das dein Schicksal ändern wird und dich in eine bessere Zukunft führt.« Ein Wesen, das an einen Hund erinnerte, lag zu seinen Füßen.

»Wer um alles in der Welt ist Maxinah?«

Der Schmuggler, nicht vollständig wach, hatte mehr im Reflex geantwortet. Die kleine Moorhexe mit diesem Namen hatte er vor seinem Schlaf kennengelernt und erst jetzt kam die Erinnerung zurück. Aber er war nicht bereit für neue Geschichten. »Die kommenden Stunden entscheiden über mein Leben, ich habe keine Zeit für Erklärungen und eine weitere Zukunft als meine eigene benötige ich nicht, danke sehr!« Damit ignorierte er die tierartige Erscheinung, die sich von allem unterschied, das er je gesehen hatte.

Das sonderbare Tier bedrängte ihn dennoch. »Ich komme aus …« Gerd unterbrach es und vervollständigte: »Unnerbodden?«

»Woher wusstest du das?«

»Das war nicht schwer, oft schon habe ich Hinweise erhalten, selbst in den Jahren zuvor. Nur gab es keinen Zusammenhang. Darum bin ich kaum überrascht und warte ab, ob deine Informationen zu einer Geschichte werden. Es wird langsam langweilig, ständig gibt es Ankündigungen, aber erzählt wird nichts.« Gerd war jetzt ungehalten, denn nach einer Erzählstunde stand ihm nicht der Sinn. Er gab die Anweisung: »Schweig, du darfst mich begleiten und vielleicht finde ich später die Zeit, um dir zuzuhören. Wie soll ich dich nennen?«

Weil keine Antwort kam, bereitete Gerd die nächsten Schritte seiner Flucht vor. Die Umstände kamen ihm entgegen, denn die Strömung hatte sich umgekehrt und zog inzwischen in Richtung Bremen. Schnell waren die Feldsteine aus dem Boot geräumt und es war jetzt leichter zu bewegen; doch dann der Schock: Kaum lag es im Wasser, sank es beängstigend tief ein. Das Holz hatte sich durch die lange Zeit im Fluss vollgesogen. Hoffentlich wird es uns tragen. Die Sorgen nahmen kein Ende.

Um Gewicht einzusparen, hatte er nur das Allernötigste zusammengesucht, streifte den Mantel über und zog den flachen Entenjäger wieder etwas zurück auf das Ufer. Mit vorsichtigem Schritt nahm er auf der Sitzbank Platz und drückte sich mit dem Ruder auf die eisige Wasserfläche.

Im letzten Moment war ihm das namenlose Tier aus Unnerbodden wie ein Hund gefolgt, als ob er immer schon zu ihm gehörte. Mit verhaltenen Ruderschlägen und bewegungslos, um nicht zu kentern, nahm sie die Strömung bis fast zur Mitte des Flusses mit.

Strudel ließen das Boot drehen und nach einer Stunde Kampf mit den Umständen trieben sie in ruhiges Wasser und in die Nähe des Ufers. Die Abenddämmerung kam schnell und vor ihnen tauchte die Silhouette des Gasthauses Melchers Hütte auf. Gerd hielt diesen Zufall, hier angetrieben worden zu sein, für ein Zeichen, dass die Flucht am Ende zu seinen Gunsten ausgehen würde.

Eine andere Wahl für die Übernachtung hatten sie nicht, denn weder die Witterung noch die Kräfte ließen keine weitere ungeschützte Nacht im Freien zu. Der haarige Begleiter hatte sich wie selbstverständlich an die Umstände der Flucht angepasst und Gerd war verwundert, wie gelassen und zuversichtlich er geblieben war.

Warum achtet dieses sonderbare Wesen so aufmerksam auf mich?

Der Holzsteg des Anlegers war überschwemmt. Nur die Pfeiler des Geländers ragten aus dem Wasser und zeigten den Weg an das sichere Ufer. Gerd nahm seine Habseligkeiten und die kurze Metallstange mit, die für das Feststellen des Mastes vorgesehen war. Damit hebelte er einen der Verschläge vor den Fenstern des Gasthauses auf. Weitere Sicherungen gab es nicht, denn über Winter ließ niemand etwas von Wert zurück, sodass ein Einbruch nicht lohnte. Mit der Zunderbüchse entfachte Gerd den abgebrannten Stumpen einer Kerze, der auf dem Tisch zurückgeblieben war. Neben der Feuerstelle lagen Holzreste vom letzten Feuer im Herbst.

Zuerst entzündete er kleines Holz im Ofen, das schnell verbrannte. Ihm fehlte nach der Zeit in der Kälte endlich Wärme. Wer würde schon den Rauch in der Dunkelheit sehen oder hier in der Wildnis das Feuer riechen? Jetzt nahm er jede Gelegenheit dankbar an, um Kraft zu sammeln für die kommenden Tage auf den Flüssen.

Gegen den Hunger fanden sich Sauerkrautreste in einem Fass und Körner vom Brotbacken, die am Boden verstreut lagen. Über dem Ofen hing an einem Bindfaden das winzige Ende einer Dauerwurst, von der sich kaum noch etwas abschneiden ließ. Gerd stand mit der Nase davor und atmete den rauchigen Duft langsam ein.

»So sieht also das Paradies aus, wenn man fast nichts mehr besitzt. Ich habe zwar eine Menge Gold dabei, doch es nutzt nichts, wenn niemand da ist, der etwas zu verkaufen hat. Genau jetzt in der Not ist das Zeug wertlos.« Sein Begleiter hatte das Selbstgespräch verstanden, schaute zu ihm auf und nickte bedeutungsvoll.

Wärme und etwas zu Essen brachten die Lebensgeister zurück, er nahm die Kerze und durchsuchte das Haus. Im kargen Büro der Zöllner standen ein Tisch, zwei Stühle und der Schrank. Die Wände wirkten wie dekoriert mit dem Steckbrief und den Landkarten mit strategischen Anweisungen für die Gefangennahme des Schmugglers. Trotz der verfahrenen Situation lachte er still: Etwas viel Aufwand haben die getrieben für mein kleines Verbrechen. Der Amtmann weiß tatsächlich nicht, was und wer da in Bremen gegen ihn arbeitet! Gerd nahm einen Bleistift vom Tisch, trat an die Wand und überzeichnete seinen Steckbrief mit der Kapuze des Schwarzen Vogts.

Wird das im Frühjahr jemand kapieren? Was kümmert es mich, ob der Verrückte aus Bremen das Moor vernichtet. Wann werden die Moorbauern endlich aufwachen, die haben doch das Problem mit einer zerstörten Heimat!

Er untersuchte den Schrank, fand in einer Kiste mit der Aufschrift »Zollkasse« etwas Kleingeld und steckte es ein. Danke, das ist das kleine Honorar für die Scherereien mit der Königlichen Regierung. Meine große Rechnung folgt später! Die wenigen Münzen waren der reine Segen, denn falls er Bremen erreichen würde, wären Goldstücke zu auffällig. Er beschloss, sich trotz des Risikos in dem winzigen Boot am kommenden Tag wieder treiben zu lassen. Die Zöllner hatten mit der Suche vermutlich nicht nachgelassen und dieses Haus erschien ihm wie eine Falle.

Er schob eine Sitzbank an den Ofen und schlief wieder vor Erschöpfung ein.

Der Aufbruch in eine neue Zukunft ist schwer, wenn die Vergangenheit nicht loslassen will.

KAPITEL 5
DER KREIS SCHLIESST SICH

Die innere Unruhe beendete einen kurzen erholsamen Schlaf.

Lieber aktiv sein und nicht irgendwelchen Sorgen nachhängen! Auf dem erneut angefachten Ofen kochte das Wasser in dem umgedrehten Metalldeckel des Sauerkrautfasses. Einige Tongefäße enthielten Reste von Kaffee und Tee. Es war so wenig vorhanden, dass Gerd beides mischte und nach dem Genuss des dünnen Aufgusses überzeugt war, das beste Getränk der Welt zu genießen. Die harten Umstände hatten ihn bescheiden werden lassen.

Sein haariger Begleiter schnarchte und Gerd setzte sich neben den Ofen an die Wand. Dieser Moment der Ruhe führte zwei Gedanken zusammen. Er hatte auf dem Fluss die Verfolger der Königlichen Regierung zum Narren gehalten, so seine Sicht der Ereignisse. Aber ist es ein Sieg, wenn niemand davon erfahren wird? Amtmann Cornelius und der Moorkommissar Erasmus Castell waren der Auffassung, den Schmuggler bezwungen zu haben, doch Gerd war der Einzige, der die Wahrheit kannte. Denn wie zum Beweis saß er hier, und trotz aller Verluste war eine Last von ihm abgefallen. Aber weder das Gefühl des Siegers oder das der Freude über die neu gewonnene Freiheit stellten sich ein.

Zum zweiten Mal hatte er eine Lebensepoche hinter sich gelassen, ohne Bedauern an das verlorene Vermögen in seiner Moorkate und sein Schiff, den Fliegenden Friedrich. Zurückgeblieben war eine Leere in der Seele, aber die Erkenntnis, dass sein neuer Weg ab jetzt ein Neubeginn sein wird oder er den Tod im eiskalten Fluss fand.

Die aufgehende Sonne warf ihre langen Strahlen durch die Bretterfugen der Fensterverschläge und Gerd versuchte, Gefühle von Liebe für Isabella und Vergeltung gegen die Regierung hinter sich zu lassen. Den Verrat durch den Schwarzen Vogt vermochte er nicht zu vergessen und das abweisende Verhalten seiner Geliebten blieb ihm unerklärlich. Aber hatte sie freiwillig gehandelt? Unwillkürlich nahm er sie gedanklich in Schutz.

Unruhe trieb ihn an, denn sein Ziel in Bremen war mehrere Tagesreisen entfernt und in dem winzigen Schiff kaum zu bewältigen. Aber eines nach dem anderen. Er räumte auf und stellte alles wieder an seinen Platz. Auf dem Weg zur Tür warf er einen letzten Blick zurück und sah das schwarze Brett, an dem die Speisen des Sommers notiert waren.

Flüchtig wischte er die Kreide ab und schrieb in großen Buchstaben »RG« an die Tafel, genau so, wie er seine Signatur mit den Stiefeln oft im Boden hinterlassen hatte. Der Sinn dieser Aktion folgte einem Impuls an die alte Zeit und was er damit beabsichtigte, blieb ihm selbst verborgen. Oder war es ein Rest seines früheren Übermuts?

Draußen erwartete ihn sonniges Winterwetter. Das langsam fließende Wasser bildete kein Eis und so waren die Bedingungen ideal für sein Vorhaben. Er gelangte in die Mitte der Hamme und trieb einige Stunden in der gleichmäßigen Strömung flussabwärts, vorbei an der Baustelle des Gasthauses Tietjens Hütte. Obwohl die Arbeiten ruhten, erschien ihm der Versuch, hier wegen möglicher Bewacher anzulegen, zu risikoreich. Darum blieb er ruhig sitzen, auch weil das tief im Wasser liegende Boot abrupte Ausschläge mit dem Ruder nicht vertrug. Doch ohne Bewegung wurde die Kälte unerträglich und die Sorgen wuchsen, zu einer weiteren Nacht ungeschützt in der Wildnis gezwungen zu sein.

Die Ruhe war im Winter wie zum Greifen, denn die Torfstecher blieben bei ihren Familien. Um so verwunderlicher war es, Stimmen zu hören. Er meinte, sie kämen von rückwärts und nachdem er sich vorsichtig nur mit dem Kopf umgedreht hatte, bemerkte er das große Bockschiff, das gestern an seinem Unterstand vorbeigefahren war. Die Ladung fehlte und es näherte sich schnell. Um die zwanzig Männer ruderten mit ausladenden Schlägen, als ginge es darum, den Lauf der Zeit zu überholen. Fast wäre er durch eine unbeherrschte Bewegung umgekippt. Neben ihm pflügte mit kräftiger Bugwelle das Transportschiff vorbei. Das unruhige Wasser ließ seinen Kahn aufschaukeln und er versuchte hektisch, dagegen anzuarbeiten.

»Was ist los mit dir, Mann?« Die Ruderer auf der Schute hatten ihre Riemen eingezogen und der Schiffer am Steuer war bemüht, die sonderbare Situation zu verstehen. Geistesgegenwärtig verwandelte Gerd sein schreckhaftes Verhalten in Hilflosigkeit, winkte und antwortete mit kraftloser Stimme: »Ich wurde beim Kontrollieren meiner Fallen abgetrieben. Könnt ihr mich mitnehmen?« Es fielen sofort die rettenden Kommandos und die Ruderer arbeiteten rückwärts. Das winzige Boot trieb gegen die Bordwand und ohne zu fragen, griffen Hände nach ihm und zogen den vor Kälte Zitternden und das sonderbare Hundewesen an Bord. Gerd hatte zu verhindern versucht, dass sein Entenjäger geborgen wurde, denn der Anblick seines Bootes in dem leeren Frachtschiff erschien ihm zu auffällig, wenn sie in Bremen ankommen würden. Er hatte vor, im Schutze der Mannschaft unerkannt zu entkommen, ohne Spuren zu hinterlassen. Aber viele Arme hatten das winzige Rettungsboot schon über die Reling gezogen und es auf dem Schiffsboden abgelegt. Es war jetzt die einzige Ladung des Transportschiffes und Gerd sah es voller Sorgen, doch er blieb still.

Die Fahrt wurde fortgesetzt und aus der Kajüte am Bug gab es heißen Tee für den Geretteten. Ihm wurde gesagt, das Ziel sei Bremen und anhalten würde man nicht mehr. Einen Tag später kam der lange Transporter im Findorffer Hafen an und der Anblick nagte am Selbstbewusstsein des Schmugglers von damals. Wie oft hatte er im vergangenen Jahr seinen Torfkahn am Anleger und dem Zollhaus vorbeigesteuert? Jede Auseinandersetzung in diesem Hafen hatte er gewonnen. Und heute?

Er bemerkte, dass die Mannschaft bis hinter das Packhaus des Vogts fahren und dort festmachen würde. Nach dem schwierigen Manövrieren durch die engen Stadtkanäle war die Rückseite des Weserhafens an der Schlachte schnell erreicht. Gerd kam sich abermals wie ein Verlierer vor. Der Gedanke, am selben Ort an Land zu gehen, an dem er drei Tage zuvor abgefahren war, legte sich niederschmetternd auf seine Seele.

Die Art der Flucht mit dem inszenierten Untergang im Kampf mit den Zöllnern war geplant, die Rettung durch das Transportschiff glücklicher Zufall. Doch diese unfreiwillige Rückkehr zum Packhaus an der Schlachte war für ihn kaum auszuhalten. Alle Vorzüge des bisherigen Lebens waren dahin und jetzt erdrückte ihn der Anblick des furchteinflößenden und mächtig erscheinenden Hauses des Schwarzen Vogts. Ein Gefühl, das er nie so empfunden hatte, in der Zeit, als beide Männer noch geschäftlich verbunden waren.

Wie hätte sich vorhersehen lassen, dass die Partner von einst nach nur wenigen Tagen erneut zusammentreffen könnten? Der Vogt stand am Kanal und erwartete sein leeres Bockschiff zurück. Er erkannte nicht, wie sich jemand im Schutz der Mannschaft zurückzog, mit allen anderen aus dem Schiff stieg und unauffällig durch die Gasse zwischen den Speicherhäusern zum Hafenanleger spazierte, ohne sich umzusehen.

Gefolgt von seinem Hundewesen kaufte er bei einem Händler mit dem Kleingeld aus der Hammehütte einige Zeitungen, schritt möglichst langsam weiter über die Hafenanlage und bemerkte einen beladenen Weserfrachter, den er zügig und ungefragt bestieg. Der Schiffer hatte sofort versucht, den ungebetenen Passagier abzuwehren, doch war er beim Anblick der angebotenen Goldmünze bereit, den aufdringlichen Fahrgast mitzunehmen und ihm, wie gefordert, den besten Platz in der Kajüte zu überlassen. Die Fragen zu seiner Person und was denn sein Ziel sei, wehrte Gerd schweigend mit einer energischen Handbewegung ab. Hauptsache weg, egal wohin! Die Männer an Bord lösten die Leinen und er sah, jetzt etwas erleichtert, seiner weiteren Zukunft entgegen, die er sich so lange vorgestellt hatte. Erst später, im Verlauf der Reise, erfuhr er, dass die Fahrt über die Weser und Werra und bis nach Wanfried gehen würde, seinem geplanten Ziel für ein neues Leben. Zufall oder Glück? Gerd war dankbar für beides.

In der Stadt Bremen waren Gerüchte im Umlauf, dass eine gewinnbringende Möglichkeit für Beteiligungen in Aussicht steht.
Eine bisher unbekannte Maschine sei in Planung. Dem Konstrukteur begann das Geld auszugehen und er fieberte der Verkaufsaktion entgegen. Die Anspannung entlud sich in Kleinigkeiten.

KAPITEL 6
DER SCHWARZE VOGT

Seinen Zorn vermochte der in ihren Salon gestürmte Besucher im Umhang mit Kapuze nicht zu verbergen. Der Mann stand plötzlich vor ihr, hatte soeben den Diener beiseitegestoßen und warf jetzt einige Zeitungen über die Listen mit Zahlen, an denen Isabella seit Stunden an ihrem Tisch arbeitete. Die Blätter stoben auseinander und die Schlagzeilen der Gazetten forderten aufdringlich nach Beachtung.

»Sofort lesen, jetzt, soooforrrrt!«

»Grundgütiger, nehmt doch erst einmal Platz!«

Sie war ebenso energisch und wie mechanisch hatte sich der ungebetene Gast gegenüber von Isabella auf den Sessel fallen lassen. Das zierliche Möbelstück ächzte unter dem Gewicht des großen Mannes.

Sein Verhalten war heute grob und passte nicht in diese Umgebung. Vor Wochen hatte er sich zum ersten Mal bei Isabella durch eine geschickte Erpressung Zugang verschafft, war vornehm gekleidet und hatte sich offen mit dem Namen Freiherr Jasper von Waldersfeen vorgestellt. Es war der Schwarze Vogt, der sie dazu gezwungen hatte, die Finanzierungen für seine riesige Torfabbaumaschine einzuwerben. Der Salon war jetzt umdekoriert mit Plänen und Listen, die an den Wänden verteilt hingen. Isabella hatte konzentriert gearbeitet, was ihr schwergefallen war. Denn die Eindrücke ihrer Zeit mit dem Roten Gerd waren längst nicht von ihr abgefallen.

Da die Dame des Hauses sich nicht hatte aus der Ruhe bringen lassen, war die Ungeduld des Vogts umso heftiger. Er beugte sich vor, legte die Hand auf die Zeitungen und schob sie hin und her, um die Bedeutung der Nachrichten zu unterstreichen.

Dabei rutschte versehentlich ein versiegelter Brief aus den Gazetten. Der rabiate Besucher fing ihn auf und schob den Umschlag hastig unter seinen Mantel. Sie hatte nur die ersten Worte der Anschrift erkannt: »Durchlaucht Wilhe…«, mehr nicht und darum schaute sie ihn fragend an. Er sprach angelegentlich, wie ohne Bedeutung. »Der Brief? Das ist nichts Besonderes!« Isabella hatte die Anspannung in seiner Stimme bemerkt.

Sie schwieg zunächst, gab sich dann mit der gekünstelt wirkenden Erklärung aber nicht zufrieden. Er zog es vor, die Sache schnell zu beenden, und meinte, ohne aufzuschauen: »Die Sendung gebe ich später zur Post. Es ist eine Einladung zu unserer Veranstaltung im Rathaus.« Isabella geriet in Zorn: »Das ist meine Aufgabe, außerdem sollte es keine schriftlichen Einladungen geben, wie Ihr selbst gesagt hattet. Also, an wen geht dieser Brief?« Der Vogt drehte sich verärgert um, riss sich zusammen und sprach leise. »Er geht an unseren Cheftechniker, Dr. Arnaud Accuratio.« Sie bemerkte, dass hier etwas nicht stimmte. Er lügt, aber was ist der wahre Grund? Warum ist er am späten Abend ohne Verabredung bei ihr aufgetaucht?

Wenige Stunden zuvor und nachdem der Rote Gerd am Packhaus vorbei zu den Weserschiffen geschlüpft war, hatte der Vogt beschlossen, Isabella de la Conté zu besuchen. Seine Verhüllung des Gesichtes war inzwischen so auffällig, dass sie längst keine Tarnung mehr war, sondern sich zu einem Markenzeichen für die größte technische Revolution aller Zeiten im Teufelsmoor gewandelt hatte. Seit der Vogt vor etlichen Jahren das Packhaus an der Schlachte zu seinem Wohn- und Arbeitssitz genommen hatte, war die Identität des Mannes der Öffentlichkeit unbekannt geblieben. Nach Isabellas Meinung war es aus strategischen Überlegungen wichtig, dass das so blieb. Denn die Spekulationen über ein geniales Finanz- und Unternehmergenie wurden durch das unter der Kapuze verborgene Gesicht nur noch mehr angeheizt. Das alles verlieh den Vorbereitungen zum Verkauf von Beteiligungen an den vornehmen Geldadel der Stadt Bremen eine bisher unbekannte und geheimnisumwitterte Strahlkraft.

Heute Abend kam nach Wochen, in denen beide mit den Planungen für die Finanzierung der Maschine beschäftigt waren, ein unvorhergesehenes neues Thema hinzu, das den Vogt beunruhigte. Kaum, dass er vom Kauf einiger Zeitungen zurück zu seinem Packhaus gegangen war, legte eines der Transportschiffe im Kanal an der Rückseite des Hauses an, um erneut mit Maschinenteilen für das Teufelsmoor beladen zu werden. Seine aussteigenden Männer hatte er kaum beachtet. Stattdessen war ihm der zurückgelassene Entenjäger in dem ansonsten leeren Schiff aufgefallen. Er war hineingesprungen und hatte die Situation genau untersucht.

»Hier passt doch nichts zusammen! Du da!« Er hatte einen seiner Männer auf die leere Ladefläche gerufen »Was war hier los?«

»Jemand, der beim Überprüfen von Fallen abgetrieben worden war, hatte um Rettung gebeten.«

»Niemals, doch nicht jetzt im Winter! Wo ist der Mann? Sucht alles ab und schafft ihn mir vor die Augen!«

Die Bemühungen waren vergeblich, der Gerettete blieb verschwunden. Der Vogt untersuchte den Schiffsboden vorn bei der Kajüte und sah im Sägemehl, das von der Holzladung abgefallen war, übergroße Fußabdrücke. In einem davon hatte er Buchstaben erkannt, offenbar ein »R« und ein »G«.

Weitere Spuren hatten sich nicht gefunden und darum zog er sich zum Lesen der Zeitungen in das Haus zurück. Eine Schlagzeile war ihm sofort ins Auge gesprungen: *Schmuggler Roter Gerd besiegt, Augenzeugenbericht von Amtmann Cornelius*. Es folgte eine Zeichnung, die den Kampf auf der Hamme darzustellen versuchte, und eine Skizze des Fußabdrucks, der einige Zeit zuvor im Moor sichergestellt worden war. Die Ähnlichkeit mit dem Abdruck im Schiff war sofort erkennbar.

Der Rote Gerd, er lebt! Wie nur, wie hat er das angestellt?

Voller Wut war der Vogt aufgebrochen, um Isabella diese Neuigkeit zu präsentieren. Sie reagierte nicht sofort auf die Schlagzeilen, zog stattdessen die Vorhänge zu und bat ihn, sich doch bitte zu beruhigen.

Trotz seiner Avancen in den vergangenen Monaten war das Verhältnis zwischen ihnen kühl geblieben. Zwar hatte Isabella anfänglich versucht, neben der Arbeit eine gewisse Zuneigung zum Vogt zu entwickeln, doch diese Mühe war stets an seinen grob und ungeduldig vorgetragenen Forderungen gescheitert. Auch konnte sie nicht vergessen, wie dieser rücksichtslose Mann erpresserisch ihre Mitarbeit erzwungen hatte. Vor Monaten war sie derart in die Enge getrieben worden, dass sie keinen anderen Ausweg gesehen hatte und darum in höchster Not kooperierte. Ihre mit Energie und Fleiß aufgebaute Existenz hatte auf dem Spiel gestanden.

Isabella war gegenüber dem Vogt zurückhaltend gewesen und hatte nicht von ihrem damaligen intensiven Verhältnis zum Roten Gerd berichtet. Mit ihrem feinen Gespür für Gefahr beließ sie es bis heute dabei. Denn immer wieder hatte sie eine sonderbare Anspannung in der Mimik ihres Erpressers bemerkt, sobald der Name des Schmugglers gefallen war. Ihm verdankte sie ihren Aufstieg in der Bremer Gesellschaft und das luxuriöse Leben, die wichtigen Beziehungen und, wenn auch unfreiwillig, die neue Position als Kapitalbeschafferin für die Maschine. Dennoch, vor Kurzem war sie in Sorge geraten, ihr ehemaliger Förderer hätte Gründe genug, sie zu verraten. Um ihm zuvorzukommen, hatte sie den Vogt beeinflusst, Amtmann Cornelius einen Hinweis zu geben, wie er den Schmuggler fangen kann. Inzwischen war die Erkenntnis gereift, dass diese Untreue der größte Fehler ihres Lebens war.

Jetzt führte die Schlagzeile beinahe zu einem Schwächeanfall. Um ihren Schreck zu verbergen, hob sie die Zeitung vor das Gesicht. Ihr wurde übel von den selbstverliebten Schilderungen des Amtmannes Cornelius, der im Interview behauptet hatte, den Roten Gerd auf den Grund des Flusses geschickt zu haben, um das Teufelsmoor von dieser Pest zu befreien. Seine wilde Botschaft an die Moorbauern war, den Schmuggel besser sein zu lassen.

Typisch, dieser Wichtigtuer! Wenn das mal alles so stimmte! Sie war sich sicher, für etwas Ruhm hätte der Amtmann jede beliebige Geschichte erfunden.

Je länger sie über die Zeilen nachdachte, umso mehr zweifelte sie an der Korrektheit der Schilderungen, die zu glatt klangen. Um sich zu fangen, zögerte sie, die Zeitung zu senken. Doch nach einer Weile schaute sie ihrem Gegenüber offen in die Augen und traf mit der Bemerkung seine eitlen Erwartungen. »Seht Ihr, Jasper, wie ich damals sagte, der Mann musste weg! Jetzt ist es gelungen. Das habt Ihr gut hinbekommen und Euer Weg ist frei.« Sie spielte ihre Rolle, fühlte sich aber alleine, wie selten zuvor.

Der Vogt, der sich Isabella damals mit dem Namen Jasper von Waldersfeen vorgestellt hatte, lehnte sich im Sessel zurück und kalkulierte eine neue Möglichkeit für die Ereignisse. »Heute, nachdem ich die Zeitungen gekauft hatte, legte eines meiner Frachtschiffe an, das leer aus dem Moor zurückgekommen war. Da gab es einen sonderbaren Umstand, den ich erst nach einiger Überlegung erkannt hatte.«

Isabella entspannte sich bei der Schilderung über das kleine Boot und den Mann, der gerettet wurde. Zeitlich passte die Geschichte, denn seit dem Untergang des Roten Gerd waren nur wenige Tage vergangen. Ihre heimliche Hoffnung, dass er überlebt haben könnte, bestätigte der Vogt prompt.

»Ich sage Euch, der Schmuggler lebt, wieder einmal ist ihm Unmögliches gelungen. In der Stadt ist die Gefahr groß, entdeckt zu werden. Wie taucht man in einer Hafenstadt am sichersten unter? Genau, auf einem Schiff, das Bremen verlässt. Ich habe beim Hafenzoll gefragt und erhielt die Auskunft, es sei heute nur ein Weserfrachter mit Kaffee und Tee nach Wanfried in den Südharz abgefahren. Ich sage Euch, er ist an Bord! Aber was in aller Welt zieht ihn so weit in den Süden?« Isabella wurde stutzig und fragte sich, aus welchem Grund er dieses unwichtige Detail im Zusammenhang mit dem Roten Gerd erwähnte. Sie meinte zu erahnen, dass der Vogt genau verstand, was der Schmuggler vorhatte. Warum und wozu war das wichtig für ihn? Aber sie fragte nicht weiter nach.

Die Erleichterung über die geglückte Flucht des Mannes, der ihre Träume in Bremen verwirklicht hatte, ließ sie sich nicht anmerken. »Na und, was sagt uns das jetzt? Ob er untergegangen oder sonst auf irgendeine Art verschwunden ist, kann doch nicht von Bedeutung sein. Der Mann stört nicht mehr!« Bevor der Vogt etwas erwiderte, forderte sie ihn auf, lieber die kommenden Pläne zu überdenken. »Der Rote Gerd ist fort und damit ist die Sache erledigt. Werden im Teufelsmoor nicht laufend Teile für den Zusammenbau der Maschine angeliefert? Wie ist denn jetzt der Stand des Fortschritts?«

In dieser Sekunde veränderte sich der Ausdruck des Vogts schlagartig. Isabella hatte ihn in die Welt seiner wahren Probleme zurückgeholt, denn ihm gingen die finanziellen Mittel aus. Für den Weiterbau reichten die Reserven nicht und außerdem war er begierig, die bisherigen Investitionen wieder hereinzuholen. Sie hatte genau den wunden Punkt erkannt.

»Wie Ihr wisst, habe ich auf den Empfängen in den letzten Wochen dezent für Euer Projekt geworben und erklärt, dass wir im Rathaus eine große Veranstaltung abhalten und Beteiligungen verkaufen werden, und zwar an den lästigen Finanzvorschriften der Königlichen Regierung vorbei, was hohe Gewinne verspricht. Die Neugier war nicht zu übersehen und damit war es Euch gelungen, dass viele reiche Bürger zu den geheimen Treffen kommen werden, um mehr zu erfahren. Eure Idee, alle Details im Stillen an verschiedenen traditionellen Orten zu erklären, schaffte Exklusivität. Und nicht zuletzt, weil es dieses Angebot nicht über die Börse gibt. Wer nun davon erfahren hatte, hielt sich für wichtig und auserwählt.«

Sie tippte auf das Heft mit den Anweisungen, das er eine Woche zuvor mitgebracht hatte. »Los, geht und kümmert Euch um die Maschine und lasst mich meine Arbeit machen!«

Einmal mehr wurde deutlich, dass Isabella zur Mitarbeit gezwungen worden war. Die Stimmung zwischen beiden hatte oft von vorsichtiger Zuneigung bis zu bedingungsloser Ablehnung gewechselt. Dennoch waren sie stets ihrer Abmachung treu geblieben. Er brauchte Isabellas Geschick, um die Finanzierung der Maschine sicherzustellen, und für sie bedeutete diese Verbindung die einzige Einnahmequelle für ihre Zukunft. Je näher die wichtigen Termine heranrückten, umso angespannter hatten sich ihre Gespräche entwickelt. Der Vogt war, wenn auch widerwillig, ihrer Distanziertheit gefolgt und er behandelte sie darum höflich und sachlich.

»Dann seht zu, Gnädigste, dass die reichen Pfeffersäcke zu uns ins Rathaus kommen und ihr Geld mitbringen. Ihr wisst, es gibt einige Zweifler und Störenfriede.«

»Ist schon gut, ich treffe sie getrennt an den geheimen Orten. Es wird Gerüchte geben, die ich streue, und Zeitungen werden berichten, was ich ihnen sage. Am Ende werden die meisten unserem Lockruf folgen, niemand wird diese Gelegenheit verpassen wollen!« Und wie zur Bestätigung fügte sie hinzu: »Der Gassentratsch wird wichtig und erledigt den Rest für uns!«

Der Vogt verließ abrupt mit einer müden Geste des Abschieds das Haus. Isabella war ihm bis auf die Treppe vor die Tür gefolgt. »Jasper, welche Absichten genau hatten Euch hergeführt? Ich weiß nicht recht?« Er schwieg lange und seine Antwort bewies, dass er abgelenkt war. »Ich muss noch den Brief auf dem Amt abgeben.«

Warum hatte ihn die Flucht des Roten Gerd so beschäftigt, dass er zu mir kam? Nur um darüber zu reden?

Einen Tag später nahm sie das Heft zur Hand, in dem Termine und Orte der Treffen für ihre Überzeugungsarbeit vermerkt waren. Der Vogt hatte in langen Gesprächen Kontakte hergestellt und geheime Treffpunkte festgelegt, um seinem Vorhaben durch Isabella den Zauber von Verschwörung und Exklusivität zu verleihen. Sie begann die Mission.

KAPITEL 7
DIE HERREN VOM ROSEKELLER

Isabella bog vom Steintor kommend in Richtung Rathaus ein. »Hooooh, Brrrrrrr!« Doch es half nicht. Ihre Kutsche stob voran, mitgerissen von den ungestüm trabenden Pferden einiger Gespanne vor ihr, deren Wagenlenker sich ein Wettrennen lieferten. Mit Mühe brachte sie ihr eigenes Gefährt zum Stehen. Inzwischen jagte die wilde Bande davon und immer noch vor Schreck sah sie den rasenden Fuhrwerken hinterher. Ein Kind lief über die Straße und geriet unter die Räder, Schreie und Warnungen schallten durch die Gasse, ungeordnet und aus dem Rausch der Wettfahrt erwacht, hielten vier der wilden Gesellen an. Zwei andere hatten nichts bemerkt und rasten weiter bis auf den Marktplatz. Sie schauten sich um und wurden sofort von einem Landjäger und dem Nachwächter, der auf dem Weg zu seinem Dienst war, in Empfang genommen. Sie sicherten die Gespanne und nahmen die zwei Rabauken mit zurück zum Unfallort.

Isabella war langsam weitergefahren und manövrierte nach den Handzeichen des Polizisten durch die Unfallstelle. Sie sah, wie das Kind versorgt und die Fuhrknechte festgesetzt wurden. Den einen kannte sie aus ihrer Zeit am Findorffer Hafen. Er war damals Fahrer eines Torfwagens und hatte den Brennstoff an Kunden in der Stadt ausgeliefert.

Bremisches Unterhaltungsblatt war eine der Zeitungen, die Isabella regelmäßig bezog und las, um die gesellschaftlichen Ereignisse zu verfolgen. Zwei Tage später erschien der Bericht über das Wagenrennen und dass die Kutscher eingesperrt und mit Wasser und Brot »regaliert« wurden, wie es damals hieß.

Von der Unfallstelle war sie nur eine Minute unterwegs bis vor die Treppe, die hinab zum Ratskeller führte. Heute Nachmittag war ihr erstes Treffen mit acht Interessenten, die der Vogt hierher eingeladen hatte. Aber nicht schlicht in das Restaurant, ihm war es um Geheimnistuerei und den Zauber von Exklusivität gegangen. Für Isabella war vorgesorgt, sie wurde in Empfang genommen, vorbei an den Tischen und zum Einstieg in die unterirdischen Gewölbe geleitet. Auf dem Weg dorthin begegneten sie einem Saaldiener, der etwas zur Seite stand wie ein Wächter und der unvermittelt erstarrte. Sie schaute auf und erschrak ebenfalls über das dumpfe Klopfen hinter der Wand gegenüber. Im Vorbeigehen meinte sie gesehen zu haben, wie eine Spur von sandigem Mörtel aus den Fugen rieselte. Ihr Begleiter reagierte nur kurz, beschleunigte sofort seine Schritte und stieg eine steinerne Treppe hinab in ein Gewölbe, das zum Weinkeller führte.

Diese Kellergänge liegen vier Meter tief und reichen weit unter die Umgebung des Rathauses hinaus. Isabellas Weg führte an Verzweigungen vorbei, um mehrere Ecken, und sie bemerkte, dass sie ohne Hilfe nicht zurückfinden würde. Die wenigen brennenden Kerzen und Öllampen auf ihrem Weg ließen Einzelheiten und Ausdehnung der Anlage nicht einmal erahnen. Waren sie auf einem direkten Weg oder wurde sie in die Irre geführt?

»Wohin gehen wir?«

»In den Rosekeller, wie gewünscht. Es wundert mich, dass jemand mächtig genug ist, Euch den Zutritt zu erlauben.« Die Antwort ihres Begleiters hatte einen ablehnenden Unterton. Sie schwieg zu dieser Unhöflichkeit.

Isabella lebte im vierten Jahr in Bremen und ihr märchenhafter Aufstieg mit Hilfe des Roten Gerd hatte sie bis in diese Welt der gesellschaftlichen Anerkennung gebracht. Sie erhielt Einladungen und besuchte Orte, deren Existenz für sie bisher nicht vorstellbar waren. Allein der Gang durch die tieferen Gewölbe des Ratskellers war für sie ein Eindruck, der sie weiter weg aus dem Teufelsmoor in die Erwartungen neuer Abenteuer zog.

Längst war eine Mischung aus Furcht, Spannung und Neugier über sie gekommen. Die Beklemmung hatte sich neben den zuckenden Schatten der Gitter verstärkt, die wie geschmiedete Wächter vor den wertvollsten Flaschen deutscher Weine jede Begehrlichkeit abwehrten. Nur flüchtig hatte sie das große Weinfass an der Stirnseite einer Kellerwand wahrgenommen, vor dem eine Tafel den Jahrgang anzeigte: 1653.

»Seit 200 Jahren wird der Wein aufgehoben? Wozu?«

»Das Weinfass in diesem Kellerraum ist so groß, dass Ihr hineinkriechen könntet. Und weil der Wein ein wahres Qualitätswunder ist, wird er als *Rose* bezeichnet.«*

Isabella schwieg. Die Eindrücke dieser Welt waren ihr so fern. Weder im Traum noch in der Fantasie hatte sie sich damals vorgestellt, dass es so etwas in der Umgebung ihrer Heimat, dem Teufelsmoor, geben könnte. Am Ende des Ganges standen sie nach dem langen Irrweg vor einer angelehnten, mit Schnitzereien verzierten Holztür. Der Mann trat zur Seite, schob mit einer Hand die knarrende Tür auf, hielt die Öllampe in die Höhe und gab ein Zeichen, alleine weiterzugehen.

»Weiter darf ich Euch nicht begleiten. Ich warte hier.«

Isabella zögerte lange, denn vor ihr öffnete sich ein kurzes Gewölbe, das ihr Ehrfurcht einflößte. Rechts und links des Ganges lagerten schwer und unverrückbar Eichenfässer. Auf jedem brannte eine Kerze, die den Weg beleuchteten, der die Botschafterin des Vogts wie von Zauberhand tiefer in ihre Mission zog. Sie tastete sich langsamen Schrittes über die uralten schweren Steinplatten am Boden.

»Das ist der Apostelkeller.«

Sie erschrak. Ihr Begleiter war ihr trotz seiner Ankündigung, zurückbleiben zu wollen, leise einige Schritte gefolgt. Aber warum hatte er diese Erklärung mit unsicherer Stimme geflüstert? Er

* Zu Isabellas Zeit war das Fass ca. 200 Jahre alt. Es existiert bis heute und nach fast 400 Jahren soll der Wein sogar immer noch genießbar sein. Bei einer Kellerführung kann es besichtigt werden.

bedeutete ihr mit einem Handzeichen, die Tür am Ende der Gasse zwischen den Fässern aufzuschieben. Gleichzeitig duckte er sich in die Dunkelheit des hinter ihm liegenden Gewölbes. Isabella war allein.

»Viel Glück!«

Hatte sie das richtig verstanden? Um Himmelswillen, was wird jetzt geschehen? Wie mächtig ist der Vogt, dass er mich zu meinem ersten Treffen von Interessenten in diese Unterwelt zu senden vermag?

Sie erinnerte sich kurz an die Begegnung damals in ihrem Haus, wie er sie erpresserisch zur Mithilfe aufgefordert hatte und gleichzeitig immer wieder die strikte Geheimhaltung einforderte. Von der Maschine durfte seiner Ansicht nach die Welt erst erfahren, wenn es für das Teufelsmoor zu spät war. Dazu passten jetzt die Geheimniskrämerei und die konspirativen Treffen mit den Interessenten. Aber dieser Aufwand?

Sie zögerte einen Moment am Ende des von den Kerzen auf den Fässern beleuchteten Ganges. Jetzt stand sie vor einer doppelflügeligen Tür, schob langsam die eine Seite an und ließ nach dem ersten Knarren der Scharniere wieder los. Sie hatte bemerkt, dass der Raum dahinter hell erleuchtet war.

»Nur Mut, kommt herein!«

Neben ihrer Vorsicht kam Zorn in ihr auf. Überall Kommandos! Sie war es doch, die der Welt etwas erklären sollte. Und wieder hörte sie die fordernde Stimme.

»Kommt endlich!« Energisch stieß sie jetzt die Tür auf, deren schmiedeeiserne Klinke gegen die Wand knallte. In diesem historischen Raum fanden sonst nur geheime Treffen der Bremer Ratsherren statt. Acht Personen warteten, einige hatte sie auf den früheren Empfängen im Rathaus gesehen.

Der Eindruck der anwesenden Herren nahm sie gefangen und ihre Unsicherheit hatte sie nur schwer hinter dem wuchtigen

Aufschlagen der Tür verborgen. Die Männer in den schwarzen Anzügen und Zylindern auf dem Kopf saßen regungslos vor ihren Weingläsern. An dem runden Tisch waren die Plätze in Richtung Tür unbesetzt, sodass für alle der Blick auf Isabella frei war, die in dieser Lücke stand. Mit einer winzigen Geste von Höflichkeit lüfteten die Herrschaften ihre Hüte, hoben sie kurz grüßend in die Höhe und stellten sie vor sich ab. Ansonsten verharrten sie bewegungslos. Jemand löste die Anspannung. »Gnädigste Frau de la Conté, der Vogt hatte uns dringend nahegelegt, heute zu hören, wie wir seinem neuartigen Projekt folgen könnten. Beginnt!«

Verbindlich war das nicht! Sie hatte die Anweisung, mit ihrer charmanten Art Erwartungen zu wecken, jedoch bemerkte sie, dass weder Nettigkeit noch Humor diese steife Runde auflockern könnten. Sie kam sich derart verloren vor, wie sie jetzt sachlich von den bisher unbekannten Möglichkeiten für das Teufelsmoor berichtete und fantastische Gewinne in Aussicht stellte. Gerne hätte sie mit mehr Begeisterung und Fantasie gesprochen, doch erstickte diese Versammlung mit ihrer rein geschäftlichen Nüchternheit ihre Emotionen. Darum wich sie weiteren Einzelheiten aus. »Weil es unmöglich ist, das Konzept insgesamt hier zu erklären, lade ich Euch ein, das Modell der Maschine in der Rathaushalle zu sehen und Anteile zu zeichnen. Der Termin ist …«

Sie fand keine weitere Beachtung. Die Zylinder wurden aufgesetzt und jemand notierte einige Zeichen mit Kreide auf der Tischplatte. Gleichzeitig beugten sich alle kurz über die Notiz und richteten sich wieder kerzengerade auf. So verharrten ihre Zuhörer regungslos und scheinbar gesichtslos. Vielleicht war es dieser Anblick, der Isabella in jedem der Gesichter Ihren Gerd erkennen ließ. Der Eindruck erschien derart real, dass sie fast auf die Gruppe zugestürmt wäre. Die unsichtbare Wand der emotionslosen Stimmung hielt sie jedoch nach nur einem Schritt zurück. Auf sie wirkte es, als säßen die völlig gleich aussehenden Gestalten schon seit ewigen Zeiten an diesem Tisch. In der Hoffnung, dass es doch noch etwas zu besprechen gab, wartete die Botschafterin des Vogts einen Moment ab.

Von den Herren gab es selbst nach ihrem fragenden Blick zunächst keine Reaktion. Dann standen sie langsam auf, beugten sich zur Mitte des Tisches vor und flüsterten miteinander. Isabella verstand nichts. Sie gaben sich rätselhafte Handzeichen, nahmen wieder Platz und verharrten erneut in ihrer einheitlichen Haltung wie lebensgroße Spielpuppen.

Was erkläre ich nur dem Vogt, alias Jasper von Waldersfeen, zu diesem merkwürdigen Verhalten? Sie war irritiert und meinte, ihre Mission nicht erfüllt zu haben. Doch über diese Zweifel verstand sie nicht genau, wie ausgeklügelt die Strategie zum Verkauf der Anteile war. Ohne es zu wissen, hatte sie soeben eine Menge Geld verdient. Nur erkannte sie bisher nicht die unterschwellige Art, wie das funktioniert hatte.

»Frau Conté!« Sie trat zwei Schritte zurück und drehte sich um. Der Wächter, der vor dem Eingang zur Versammlung postiert war, hatte die korrekte Anrede in seiner Aufregung vergessen und fuchtelte mit den Armen. »Ja?« Isabella schaute ihn mit abwesenden Augen an, die zu sagen schienen: Doch nicht jetzt, ich bin hier nicht fertig, lass mich in Ruhe! Aber seine Hand mit der Öllampe zitterte und immer wieder zeigte er mit einer rückwärtsgewandten Armbewegung an, dass sie ihm folgen müsse, sofort!

Sie reagierte fragend und er flüsterte, damit sie niemand sonst hörte. »Kommt mit, seit Ihr an der Wand vorbeigegangen seid, wird das Klopfen lauter. Ich befürchte, die hämmern sich raus!«

»Wer, gibt es Bauarbeiten?«

»Gütiger Himmel, nein, der Krach kommt aus dem Schwarzen Loch. Das passiert üblicherweise nur in der Neujahrsnacht, aber seit Ihr …« Er hatte lauter gesprochen und den Herren huschte für Isabella unerwartet ein spöttisches Lächeln über die Lippen.

Genau genommen kam ihr die Unterbrechung gelegen, denn diese Runde der Investoren war nicht ihr Fall. Sie zuckte wie zur Entschuldigung mit den Schultern und rief den Herren zu: »Der Termin ist Freitag der übernächsten Woche um drei Stunden nach zwölf Uhr Mittag. Eine schriftliche Einladung wird es nicht geben.«

Die Herrschaften schauten sich überrascht an, Sie waren es gewohnt, untertänigst gebeten zu werden. Mit einem ungeduldigen Kommandoton in der Stimme hatte sie nie zuvor jemand angesprochen, und keinesfalls hätte eine Frau so etwas wagen dürfen! Die Hektik und plötzliche Aufgeregtheit verstanden sie ebenfalls nicht. Zwar war ihnen die Geschichte des Schwarzen Lochs bekannt. Wie alle aufgeklärten Menschen hielten sie die Erzählungen für eine Erfindung, um mit der Gruselgeschichte Gäste in den Ratskeller zu locken, denn bei spannender Unterhaltung verkaufte sich der Wein wie von selbst.

»Kommt endlich!« Der Mann lief vor Isabella den Gang hinunter.

Isabella hatte in ihrer Kindheit unbeschwerte Stunden erlebt, wenn sie sich nach mühevoller Arbeit auf dem Bauernhof in eine Traumwelt zurückzog. Dann wurden die Wesen aus ihren Sagen- und Fabelbüchern lebendig. Sie begann zu zweifeln, ob die Erlebnisse heute Fantasie oder Wirklichkeit waren.

KAPITEL 8
DER KNÖCHERNE WÜRFEL

Isabella wurde energisch und blieb stehen. »Halt! Bleibt stehen, kommt zur Besinnung, was ist da los? Was ist das Schwarze Loch?«

Er drehte sich außer Atem um. »Ihr habt keine Ahnung, oder?« Sie schob ihn beiseite, trat einen Schritt vor und versperrte ihm in dem engen Gang den Weg. Sie wiederholte die Frage.

Er hatte sich kraftlos wie resigniert gegen dic Wand gelehnt und fügte sich aus Höflichkeit, denn eine Frau war ihm hier nie zuvor alleine begegnet. »Diese Gewölbe und die geheimen Stollen sind wie mein zweites Zuhause. Ich kümmere mich um alles, kenne mich aus und habe in vierzig Jahren manchen Spuk erlebt. Aber was heute im Schwarzen Loch geschah, ist …« Er stockte erneut. »Hinter der heute zugemauerten Wand gab es vor anno 1561 eine lasterhafte Spielerhölle. Es wurde gespielt, bis die Augen auf den Knochenwürfeln kaum mehr zu erkennen waren. Ganze Vermögen wechselten die Besitzer. Aber am Silvesterabend des selbigen Jahres gab es den höchsten jemals bekannten Einsatz. Der Zimmermeister Barthold hatte alles verspielt und war fest entschlossen, mit einem Schlag das Schicksal zu wenden. Unter wilden Flüchen auf Tod und Teufel forderte er einen neuen Einsatz und überließ sein Leben den rollenden Würfeln. Seine Frau versuchte ihn abzuhalten und die Mitspieler sprangen vom Tisch zurück und verweigerten die Wette. Barthold fluchte erneut und wenn niemand gegen ihn antreten wolle, müsse er eben mit den Toten spielen. Der Glockenschlag zum neuen Jahr erklang und es bewegten sich die Steinplatten unter den Stühlen. Aufgeweckt von den Flüchen stieg ein Totenskelett nach dem anderen heraus und nahm am Tisch Platz. Sie rollten auffordernd die Würfel und die Frau des Zimmerers fiel in Ohnmacht.«

Isabella wurde zum Weitergehen aufgefordert.

»Kommt endlich, die Geschichte ist zu lang, wir verlieren Zeit. Das Klopfen heute steht mit Euch in Verbindung, wie ich ahne. Sehen wir nach, ob es stimmt.«

Er schritt voran und der Schein der Öllampe durchbrach die Gitter vor den Nischen und huschte zuckend über Weinflaschen, die hier zu tausenden säuberlich wie für die Ewigkeit gestapelt lagerten. Die letzten Stufen nahmen sie hektisch hinauf in den Kellersaal, der sich jetzt zum frühen Abend mit weiteren Gästen gefüllt hatte. Rechterhand ragte ein Ziegelmauerwerk in der dunklen Ecke neben der Treppe auf.

Der Mann blieb stehen und lauschte. Außer dem Klappern der Teller und dem Raunen aus dem Restaurant war kein Laut zu vernehmen. Auf sein Zeichen setzte Isabella langsam einen Fuß vor den anderen auf die Mauer zu. Wieder war ein dumpfes Hämmern zu hören. Sie wich zurück, das Klopfen brach ab.

»Das hatte ich gemeint, Gnädigste, das ist der Punkt. In der Neujahrsnacht lärmt es immer hinter dieser Mauer, aber jetzt, mitten im Jahr? Das gab es bisher niemals zuvor! Wer seid Ihr, dass Ihr die Geister dort zum Leben erweckt?«

»Unsinn, das glaubt Ihr doch selbst … nicht!«

»Da!« Er zeigte auf den Boden unterhalb der Wand. Mit einem dumpfen Schlag war von innen ein Ziegelstein aus der Mauer geschlagen worden. Er rutschte auf einer Spur staubigen Mörtels über die Steinplatten. Wieder herrschte Stille und erst ein unregelmäßiges Klack-klockklack ließ Isabella genau hinsehen. Ein kleiner gelblichweißer Stein war aus der Öffnung gerollt. Das dumpfe Klopfen hinter der Wand war jetzt leise rhythmisch und es klang wie ein lockender Ruf. Sie näherte sich zuerst vorsichtig und dann entschlossen, hockte sich hin und erkannte einen rauen, kantigen Würfel aus Bein, dem knöchernen Werkstoff für Spielsteine. Kaum, dass sie zugegriffen hatte, fuhr die Hand eines Skelettes aus der Öffnung, packte Isabella am Arm und hielt unerbittlich fest. Den Schock bemerkte sie nicht, denn ein Ton wie von einer fallenden Kokosnuss ertönte hinter der Wand. Mechanisch beugte sie sich vor und sah in die leeren Augenhöhlen eines Schädels, der zu Boden gerollt war und sie durch das Loch anstarrte. Die schnarrende Stimme mit Zähneklappern war kaum zu verstehen.

»Rettet … rettet die Stadt vor …, nehmt Euch in Acht, befreit uns. Achtet auf den Würfel, er weist den Weg. Wir spielen nicht mehr, wir verlieren nichts mehr, aber wenn Ihr uns ruft, so kommen wir!« Hatte sie da einen Hilferuf und gleichzeitig ein Versprechen gehört? Ihr Arm wurde freigegeben und die knöcherne Hand zog den Schädel langsam in die Dunkelheit hinter der Öffnung zurück, gefolgt von einem Griff nach dem Ziegelstein, mit dem die zuvor geschlagene Mauerlücke wieder von innen verschlossen wurde.

Die klappernden und scharrenden Geräusche durch die Skelettknochen, das Schieben des Steines auf den Fliesen und der hölzerne, rüttelnde Klang der Stimme blieben in Isabellas Eindruck zurück, so dass sie lange still verharrte. Gedankenverloren schaute sie den Staub auf dem Fußboden an, der zurückgeblieben war. Nach kurzer Besinnung pustete sie die Reste auseinander und alles sah aus, wie zuvor.

Isabella erhob sich langsam und drehte sich zu dem Kellerwächter um. Er hatte nur gesehen, wie sie auf den Knien vor der Mauer gehockt hatte. Jetzt erst einmal raus hier. Sie übernahm die Initiative. »Kommt mit, es ist vorbei, Ihr habt Euch geirrt, der Krach hier hatte nichts mit mir zu tun! Da war gar nichts!«

»Aber …«

»Hört doch, alles bleibt still. Ich habe den Stein zurückgesetzt, lasst uns das vergessen. Helft mir bitte hinaus zu meiner Kutsche.«

Oder gehe ich zurück, um mich von der Versammlung in aller Form zu verabschieden? Im selben Moment zitterte der Würfel in ihrer Tasche. Sie hielt inne und probierte erneut einige Schritte in Richtung der Kellertreppe zu den Gewölben. Wieder schüttelte sich der Spielstein in ihrer Hand. Auf dem anderen Weg hinaus durch das Restaurant geschah nichts und Isabella hatte ein erstes Zeichen gelernt. Sie verstand es als ein »Nein« oder »Vorsicht«.

Der Mann begleitete sie bis zu ihrer Kutsche vor den Arkaden des Rathauses. »Erzählt, was passierte damals 1561, nachdem die Frau des Zimmerers in Ohnmacht gefallen war?«

»Die Skelette ließen die Würfel rollen und alle zeigten die niedrigste Punktezahl. Da gab es für den armen Barthold nichts mehr zu gewinnen, er war verloren und spielte in seiner wilden Entschlossenheit dennoch weiter. Die Zähne in den Schädeln schlugen bei ihrem klappernden Gelächter zusammen, das die Neujahrsgesellschaft im Ratskeller hatte jäh verstummen lassen. Es war still geblieben in dieser Nacht in Bremen. Auch nach Mitternacht hatte man immer wieder versucht, die Domglocken zu läuten, und obwohl sie wie wild bewegt wurden, klang kein Ton über die Stadt. Der Zimmermeister blieb verschwunden und es wurde vermutet, dass die Skelette den armen Mann in ihre Welt unter die Fußbodenplatten gezogen hatten. Denn am Ende des Spiels soll ein wildes Durcheinander beobachtet worden sein und danach hätten sich die Knochenmänner hastig in ihre Löcher sortiert und die Steinplatten darüber gezogen. Augenblicke später schoben sich erneut einige der großen Fliesen beiseite und ein Skelettarm fegte einige vergessene Knochenreste zusammen und zog auch diese in die Tiefe.

Bartholds arme Frau hatte seit dem Abend viel wirres Zeug geredet und sie starb kurze Zeit später im Spital, ohne dass jemand eine Krankheit erkannt hätte. Der Rat der Stadt ließ Tage später die Öffnung zu dem Spieltisch in der Kellernische zumauern, damit sich ein derartiger Vorfall nicht wiederholen würde. Seitdem poltern in jeder Neujahrsnacht die toten Knochen, um rechtschaffende Bürger zum lasterhaften Spiel herauszufordern.«

»Wirklich?« Isabella gab sich gelangweilt. »Guter Mann, sagt selbst, so etwas gibt es nicht, das sind doch nur alte Gruselgeschichten, ich habe heute nichts gehört!«

Der Würfel zuckte zwei Mal in ihrer Jackentasche und sie wertete es als Zustimmung.

Vor einigen Jahren war Isabella mit dem Roten Gerd zum ersten Mal mittellos am Findorffer Hafen angekommen. Wie sich die Zeit geändert hatte! Heute wurde sie in wichtiger Mission erwartet.

KAPITEL 9
DIE ENTSCHEIDUNG DES LICHTS

Die Kutsche kam Isabella wie eine Trutzburg vor. Erst das Zuklappen der Tür gab ihr einen Moment der Sicherheit. Ihr verschreckter Begleiter hatte ihr höflich beim Einsteigen geholfen und sich zaghaft zurückgezogen. Sie holte langsam und wiederholt tief Luft, um sich zu beruhigen. Es gibt sie also doch, die Figuren, Wesen und Geister aus den Überlieferungen ihrer Kinder- und Jugendzeit. Anfangs hatte ihre Mutter Geschichten vorgelesen und später hatten sich die Freundinnen in Scheunen und dunklen Dachböden getroffen, um die alten Schauermärchen zu erzählen und neue zu erfinden. Dort wetteiferten sie um die gruseligsten Monster, Riesen und andere Plagegeister aus dem Sumpf der Moore. Isabella hatte die Bücher nie ernst genommen, denn ihr Wissen aus der Schule sprach gegen die Existenz übernatürlicher Ereignisse. Oder war doch etwas Wahres daran, wenn sie von der unteren Welt des Moores hörte, dem Unnerbodden?

Hatte sie den festen Griff der fleischlosen Hand im Keller tatsächlich erlebt? Sie schaute auf ihren Unterarm und sah die Abdrücke auf ihrem Ärmel und suchte nach dem knöchernen Spielstein in ihrer Rocktasche, der sich jetzt glatt anfühlte. Zu allem Überfluss hatte er sich verändert und sah aus, wie ein beliebiger Würfel aus ihrer Zeit. Was führt mich zu diesen Ereignissen? Warum hatte vorhin dieser alte Knochen reagiert und mir den Weg gewiesen? Geschieht es unabsichtlich oder gibt es einen Plan? Wieder zuckte es zwei Mal in ihrer Hand. Sie hatte endlich verstanden und beschlossen, den Rat des Spielsteins ernst zu nehmen.

Die Zeit drängte und nach ihrem wenig erfreulichen Auftritt vor den stocksteifen Herrschaften im Rosekeller hoffte sie auf ein angenehmeres Treffen im Gasthaus Moorperle am Findorffer Hafen. Mit einem Blick zurück über den Marktplatz und zum Roland schaute sie auf den schmuddeligen Zugang zur Böttcherstraße. Den Termin dort morgen Nachmittag erwartete sie schon jetzt mit Unbehagen.

Sie löste die Bremsen und gab dem Pferd das Zeichen zum Traben. Zügig führte sie die Fahrt durch die Sögestraße in Richtung des Hannoverschen Bahnhofs, der 1847 errichtet worden war. Nach dem Überqueren der Gleise bog sie links ab, denn vor ihr lag die Baustelle des geplanten Bürgerparks. Als sie an der Bürgerweide vorbeifuhr, auf der heute kaum ein Mensch zu sehen war, stieg ihr der Duft von Waffeln in die Nase. Es waren nur die Erinnerungen an die Ausflüge mit Gerd zur Zeit der Märkte. Die Tagträume wurden jäh unterbrochen, denn sie erreichte ihr Ziel, den Torfschiffhafen in Findorff. Wegen des Bahnbaues hatte man das Hafenbecken aus der Innenstadt hierher verlegt. Einige schiffbare Kanäle, auf denen noch vor Monaten der Schmuggler unterwegs gewesen war, wurden nach und nach zugeschüttet. Nur knapp zehn Jahre hatten ausgereicht, um diese vielen Veränderungen herbeizuführen.

Die Eindrücke vom Wandel der Stadt durch den technischen Fortschritt verstand Isabella mit ungewöhnlicher Klarheit. Die Anstrengungen des Vogts mit der altertümlichen Maschine aus Holz sah sie jedoch voller Sorge. Aber er schätzte das vielleicht richtig ein. Denn er hatte ihr erklärt, er müsse nicht das Gleiche tun, wie alle anderen. Wo viele sind, ist noch mehr Konkurrenz. Das Moor ist speziell und nicht jeder sieht, was ich dort sehe. Vertraue mir! In nicht allzu langer Zeit wird es vorbei sein mit dem Torfstechen. Entweder jetzt oder nie, war seine unmissverständliche Devise Isabella gegenüber gewesen. Dennoch sah sie, was hier in Bremen an Fortschritt möglich war. Ihre Sorgen hatten zugenommen bei dem Gedanken, dass der Vogt mit seinem Vorhaben scheitern könnte und sie dadurch ihre gesellschaftliche Stellung verlieren würde. Falls sie, selbst ohne es zu wissen, falsche Versprechungen anpreist, wäre sie erledigt.

Ich werde mich vorbereiten!

Sie hielt am Gasthaus Moorperle und erinnerte sich an ihre Zeit hier am Hafen. Genau wie vor einigen Jahren lagen die Torfschiffe am Anleger, Fuhrwerke wurden bereitgehalten für das Entladen der Schiffe am kommenden Morgen. Hier hatte sich nichts verändert und es wirkte, als wäre diese Welt für ewig wie eingefroren. Der leichte Wind des Abends wehte den braunen Torfstaub über den Hafen. Alles war ihr vertraut, die Geräusche, der Geruch von brackigem Wasser, dem Teer vom Abdichten der Schiffsplanken und den vorbereiteten Speisen, die auf der Brennhexe im Torfkahn erwärmt wurden. Gruppen von Moorbauern standen beieinander und weiter zurück drang der Lärm eines Streites herüber, den ein Landjäger zu schlichten versuchte. »Wenn die wüssten, was passieren wird.« Isabella hielt vor dem Gasthaus Moorperle an, sie wurde erwartet. Der Wirt erkannte sie. Damals hatte sie unter dem Namen Elsbetta ihr erstes bescheidenes Zimmer in der Stadt in diesem Haus bezogen. Jetzt traute er seinen Augen nicht, wie sie sich verändert hatte. Sie beugte sich über den Tresen. »Ihr erkennt mich, wie ich sehe, sagt, was ist mit meiner Kammer von damals?« Sie wartete keine Antwort ab und schob eine kleine Goldmünze unauffällig unter seine Hände.

Sie hatte sich soeben verhalten wie der Rote Gerd beim Besteigen des Schiffes in Bremen. Beide waren sich ähnlicher, als sie selbst es je bemerkt hätten.

»Sorgt dafür, dass diese Unterkunft in zwei Wochen frei wird. Fragt nicht, erzählt nichts, ich lasse einige Kisten bringen. Verstärkt die Tür und das Schloss. Dann wartet Ihr ab.« Er hatte die diskreten Hinweise verstanden, richtete sich auf und zeigte auf eine Tür an der hinteren Wand der Gaststube. »Ihr werdet erwartet!«

Sie bedankte sich und bahnte sich ihren Weg durch die Tische im Schankraum. Einige Gäste aßen, andere tranken reichlich und eine Gruppe fiel durch lärmendes Gezänk auf. Vor den Männern stapelten sich Gegenstände und seitlich flackerte eine fast abgebrannte Kerze. Isabella war zügig vorbeigegangen, um zu ihrer Verabredung mit den Interessenten zu gelangen. Durch den Luftzug erlosch die Flamme. Hinter ihr gab es Geschrei und jemand rief: »Was fällt Euch ein, Ihr habt das Licht gelöscht und ich habe verloren!«

»Was passiert hier denn überhaupt?« Sie drehte sich um und zeigte Interesse, um die Situation zu beruhigen. »Wir verkaufen bei brennender Kerze!«

»Wie bitte?« Sie trat heran und die Männer blieben angespannt und verunsichert sitzen. Eine Frau, die sich selbstbewusst für sie interessierte, war hier selten zu Gast. Sie versuchte, das Durcheinander auf dem Tisch zu verstehen, die vielen Gegenstände, der erloschene Kerzenstummel und die Aufregung der Gruppe, das alles passte nicht so recht zusammen.

»Wenn Seeleute lange vermisst werden oder jemand sein Leben auf dem Meer verloren hat und die Erben sein Hab und Gut zum Verkauf freigeben, wird alles am brennenden Licht versteigert. Heute wurde ich ausgewählt, die Zeremonie durchzuführen. Aber ihr habt die Seele des Toten verscheucht?«

»Wie, verscheucht? Warum sollte ich …?«

Der Würfel in ihrer Tasche zuckte mehrfach wie zur Bestätigung, dass der Mann recht hatte. Isabella wurde aufmerksamer.

»Die Versteigerung ist zu Ende, wenn die Kerze erlischt. Dann gilt das zuletzt gerufene Gebot. Der Verstorbene hat dadurch angezeigt, wer den Zuschlag erhalten soll. Wir glauben daran und jetzt wissen wir nicht, ob es wirklich sein Wille war.«

»Dann wiederholt die Prozedur einfach.« Isabella sah das praktisch.

Jemand anderes meldete sich zu Wort. »Ihr habt unterbrochen und Ihr müsst es fortsetzen. Hier, nehmt den Würfel und wenn die Eins fällt, ist die Seele versöhnt und wir entzünden die Flamme erneut.« Isabella hatte einen Termin und war nicht bereit, hier zu diskutieren. »Gut, damit es weitergeht, ich habe selbst einen.« Sie hoffte, dass er glatt war und niemand die knöcherne Herkunft erkennen würde. Sie warf ihn mit Schwung über den Tisch, er holperte ungewöhnlich lange und zeigte kurz die Sechs, um nach einer ewigen Sekunde wie durch Geisterhand und ohne, dass er berührt worden war, mehrmals zu kippen: Eins!

Die Münder blieben offen und sie spürte Unbehagen wegen dieses Zufalls, der wie gesteuert gewirkt hatte. Zögernd griff sie nach ihrem Würfel und schob ihn in die Rocktasche zurück. Gleichzeitig flackerte die Kerze wieder auf, ohne dass sie jemand entzündet hätte. Isabella war weitergegangen und bevor sie die Tür zum rückwärtigen Raum erreichte, hörte sie erregtes Gemurmel vom Tisch dieser sonderbaren Versteigerung. Nur das letzte, energisch ausgesprochene Wort verstand sie: »Hexe!«

Was passiert mit mir in dieser Stadt? Sie kam sich vor wie eine Getriebene, die das Diesseits mit dem Jenseits der Toten und Geister vereinte. Dieser Würfel ist nicht aus der realen Welt. Wer steuert ihn und warum zeigt er ausgerechnet mir etwas an? Das Gerede hinter ihr beachtete sie nicht weiter und schob die Türe zum Raum der Versammlung auf.

Eine Überraschung war für Isabella die Begegnung mit Menschen, die im Angesicht der zu erwartenden Gewinne wie entfesselt danach strebten, Beteiligungen zu erwerben. Wieder einmal zeigte sich, dass der geheimnisvolle Umgang mit Informationen nützlich war.

KAPITEL 10
DAS LACHEN DER GESCHE

Es gab keine Zeit zum Nachdenken. »Oh, gnädige Madame de la Conté! Wir erwarten Euch schon.« Abrupt blieb sie stehen und zog dabei die Tür hinter sich zu. Vor ihr stand Moorkommissar Erasmus Castell. Mit diesem Mann hatte sie am allerwenigsten gerechnet. Er war vor Jahren auf den Hof ihrer Mutter und des Stiefvaters gerufen worden, um Streit zu schlichten. Isabella hatte ihn sofort erkannt, aber er bemerkte nicht, dass er das Mädchen Elsbetta von damals vor sich hatte.

Castell war einer der Nachfolger des berühmten und allseits beliebten ersten Moorkommissars Jürgen Christian Findorff, der fast hundert Jahre zuvor neue Kolonien im Moor gegründet hatte. In allem, was er ausführte, war ihm am Wohlergehen der Moorbauern gelegen. In Worpswede steht ihm zu Ehren ein Denkmal. Straßen, Plätze und nicht zuletzt diesen Torfschiffhafen hatte man nach ihm benannt.

Der gute Ruf des Amtes hatte Erasmus Castell zu ähnlicher Beliebtheit verholfen. Seine Anwesenheit hier im Kreise möglicher Investoren, wo es darauf hinauslief, den Torfstechern den Brenntorf kurzerhand abzugraben, war für Isabella unbegreiflich. Wem kann man vertrauen? Jetzt ist er begierig, auf dem Rücken derer, die er schützen sollte, seinen Vorteil zu suchen. Am Ende »verkauft« er den Torfraub den Moorbauern noch als Heldentat und persönliche Weitsicht.

Sie verabscheute ihn!

Hier trat er heute auf, um zu erfahren, wie und wo endlich Anteile an der Abbaumaschine ausgegeben werden. In seinem Tross hatte er eine ganze Schar von Beamten aus der Region um das Teufelsmoor, wie Gnarrenburg, Stade, Otterndorf, Cuxhaven oder dem neu gegründeten Bremerhaven. Erasmus Castell hatte den Geheimtipp in seinen Kreisen verbreitet.

Isabella war übel bei dem Gedanken, was sich hier zusammenbraute. Diese Herrschaften waren beauftragt und wurden dafür bezahlt, das Moor zu verwalten und das Leben der Menschen zu deren Wohlergehen zu organisieren. Stattdessen waren sie jetzt bereit, die Zukunft der Moorbauern zum eigenen Vorteil zu verkaufen.

Das hatte sie nicht erwartet und gleichzeitig keine Idee, was ihre Vorstellung von besseren Investoren eigentlich war. Jetzt erklärte sie, wie vorhin im Weinkeller, das Vorhaben und dass es ohne schriftliche Einladungen ablaufen würde. Sie verteilte Losungsworte für die Reihenfolge der Verkäufe und nahm Erasmus Castell und seine Adlaten in die Liste der Käufer auf, die mit ihrer Gruppe eine Priölke bestellt hatten, eine der winzigen abgeteilten Sommerlauben mit je einem Tisch im Ratskeller. Dieses Privileg hatte er sich vorab mit einem erheblichen Einstiegsgebot erkauft. Vom Vogt war dafür eine bevorzugte Berücksichtigung bei den knappen Angeboten zugesagt.

Isabella wusste es besser. Der Vogt hatte immer davon gesprochen, den maximal möglichen Geldbetrag einzusammeln. Es gab keine »knappen Angebote«. Der ganze Zauber diente dem schönen Schein für eine exklusive Idee.

Die Einblicke in die regionale Finanzwelt verursachten ihr Übelkeit. Niemand ist besser, weder der Vogt noch seine Investoren. Und dafür wird das gesamte Teufelsmoor geopfert? Sind die verrückt?

Wie eine Getriebene versuchte sie, hier fertig zu werden, und verließ den Raum mit letzter Kraft. Bei dem Gang durch das vordere Lokal sah sie an einem seitlichen Tisch ihren Stiefvater beim Kartenspiel. Er bemerkte sie nicht und Isabella nahm die Begegnung innerlich regungslos zur Kenntnis.

Was will er in der Stadt? Etwa auch Anteile an der Maschine kaufen? Das sähe ihm ähnlich, mit dem Geld meiner Mutter zu spekulieren. Dieser faule Zeitgenosse!

Am Tresen schaute der Wirt wie zur Bestätigung ihrer Abmachung von vorhin zu ihr herüber, nickte und verabschiedete sich damit. Sie bestieg ihre Kutsche und selbst das Pferd zog es auf direktem Weg nach Hause. Es hatte ihren Gemütszustand gespürt.

Der Plan sah für Isabella vor, dass die Termine weitere zehn Tage so weitergingen, und ihre Bereitschaft dazu war allein durch die Erlebnisse heute bereits am Ende. Einem Impuls folgend bog sie rechts ab und nach kurzer Fahrt hielt sie vor dem hoch aufragenden Packhaus des Vogts. Zu dieser Stunde war niemand an der Rückseite des Schlachte-Hafens zu sehen. Das Licht der Straßenlaternen erhellte kaum die wenigen Meter von der Kutsche bis zur massiven Eingangstür.

Selbst die Art des Einganges passt zu ihm, dachte Isabella grimmig. Einerseits der obligatorische schwarze Umhang, andererseits dieser abwehrende Empfang vor den eisenbeschlagenen Brettern der Haustür. Sie bewegte den Ring des bronzenen Türklopfers mit dem Kopf einer Medusa, der seit Kurzem hier hing.

Legt der sich nie zur Ruhe? Denn wenige Sekunden nachdem das Klopfzeichen verklungen war, öffnete der Vogt mit einer Öllampe in der Hand. Das Pferd scheute etwas im Schein des Lichtes, dann war es wieder still. Er sagte kein Wort und schaute Isabella mit abweisendem Blick an.

»Jasper, so geht das nicht weiter, die Aufgabe ist nicht zu schaffen! Wohin mein Weg mich führt, erlebe ich Dinge, die aus einer Geisterwelt kommen. Ich will nicht mehr!«

Jetzt, im Frühjahr 1856, war es, als regneten spitze Eiszapfen vom Dach. Das kalte Schweigen des Vogts nahm seine verzögerte Antwort vorweg.

»Wir haben eine Abmachung. Ich werde mich an die meine halten und Euch großzügig entlohnen. Das wird nur möglich sein, wenn Ihr Euren Teil erfüllt. Ihr wollt nicht weitermachen? Dann verschwindet ins Teufelsmoor, wo Ihr hergekommen seid!« Er drehte sich um und hatte die Tür schon in der Hand, um sie ihr vor der Nase zuzuschlagen.

»Jasper!« Es klang flehend und er schaute sie erneut an und sprach versöhnlicher, ignorierte jedoch abermals ihre Einwände.

»Los jetzt, fahrt nach Hause, schlaft aus und dann an die Arbeit. Ihr hattet einen schweren Tag.«

Damit war die Unterhaltung beendet. Die Tür fiel ins Schloss und Isabella begegnete ihrem einsamsten Moment im Leben. Erst das ungeduldige Schnauben des Pferdes erinnerte sie an die Weiterfahrt. Der Weg führte zurück über den Marktplatz und beim Anblick des verkommenen Einganges zur Böttcherstraße erschauerte sie. Dunkel war es dort und ein übler Geruch zog herüber von den Abwässern auf der Straße und den Schlachtabfällen des Tags. Die einst goldenen Zeiten des Handels waren mit dem Niedergang des Schiffsverkehrs auch hier vorbei. Nur wenige Böttcher, Fassmacher, Zuberbauer, Handwerker für Bottiche und Tröge gingen in dieser Gasse noch ihren Geschäften nach.

Wer hat hier die Mittel, sich an der Maschine zu beteiligen?

Sie rechnete darum mit Überraschungen. Zum Beispiel im armen Viertel, dem Schnoor. Dort, wo in früheren Zeiten die Seile (Schnüre-Schnoor) für Schiffe gezogen wurden, war die wirtschaftliche Not heute allgegenwärtig und der Gestank unerträglich. In einem übrig gebliebenen Rinnsal der Balge, einem alten Seitenarm der Weser, strömten die Abwässer offen in Richtung Fluss.

Ausgerechnet hier soll ich in einem Badehaus hohe Vertreter der Kirche aus dem Dom treffen? Isabella hatte ihre Stationen gelernt und versuchte nicht, sich vorzustellen, wie der Vogt alle diese »hoheitlichen Herrschaften« zuvor für sein Vorhaben begeistern konnte. »Wie kommen die vom Dom zum Treffpunkt? Die gehen doch nicht mit ihren kostbaren Gewändern und feinen Schuhen durch die matschigen Gassen im Schnoor?«, hatte sie damals gefragt. »Aus der Zeit der Bischöfe gibt es einen unterirdischen Gang vom Dom zum Badehaus, der heute kaum bekannt, aber noch intakt ist. Macht Euch keine Gedanken, geht einfach und folgt meinem Plan.« Ihre innere Orientierung sträubte sich, die Termine für die kommenden Tage vollständig in der Fantasie fortzuführen.

Ich schreibe später ein Buch und berichte dort über die weiteren Erlebnisse!

Auf dem seitlichen Domshof in der Nähe einer im Pflaster eingelassenen Markierung, unterbrach ein fernes Gelächter die Stille der holpernden Heimfahrt.

Lieber Himmel, auch das noch! Das »Lachen der Gesche Gottfried«! Ich bilde mir das ein! Oder lacht sie uns alle aus?

Der Würfel zuckte kurz hintereinander.

Dann ist es wahr?

Der Stein ruckelte erneut zwei Mal.

Viele Leute in Bremen wollten das höhnische Gelächter gehört haben, doch Isabella hatte den Erzählungen keinen Glauben geschenkt. Jetzt verfolgte sie selbst der Spott der an dieser Stelle durch das Schwert hingerichteten Giftmischerin. Fünfzehn Menschen hatte sie mit Arsen qualvoll zu Tode gebracht.

Kurze Zeit später erreichte sie ihr Zuhause. Der Dienstbote half ihr beim Aussteigen, versorgte das Pferd im Stall hinter dem Haus und schob die Kutsche nebenan in den Unterstand. Isabella ließ sich in einen Sessel fallen, aß appetitlos ein wenig halb vertrocknetes Obst und einige Brotreste aus ihrem Vorratsschrank in der Küche. Sie hatte sich die letzten Tage nur mit ihrer Aufgabe beschäftigt. Für genussvolle Marktbesuche fehlte ihr schon seit Langem die Zeit.

Ohne das Essen wahrzunehmen, starrte sie an die Decke. Die Erlebnisse heute waren geradezu abenteuerlich gewesen und sie hatten sich in ihr festgesetzt, um für immer im Gedächtnis zu bleiben! Nie wieder, schwor sie sich, würde sie sich auf mysteriöse Erscheinungen einlassen. Sie übersah, dass nichts davon Einbildung war und dass sie nicht davor fliehen konnte. Sie gehörte längst zum Kreis der Auserwählten, die Zugang zu dieser Zwischenwelt hatten.

Welchem Ziel dieses höhere Privileg folgte und wer es ihr zugestand, sollte sie in den kommenden Jahren erfahren.

Sie nickte im Sessel ein und schreckte kurz darauf wieder hoch. In den ersten Traumbildern hatte sie Schlangen gesehen, die sich um den Medusenkopf am Türklopfer des Vogts gewunden hatten. Wer einen Kopf der Tiere abschlägt, lässt damit sofort zwei neue wachsen. Wer in die Augen der Medusa schaut, versteinert. Im Traum verharrte sie bewegungsunfähig auf der Treppe vor der Haustür des Vogts und es gab kein Entkommen.

Der Albtraum hielt lange an.

Der große Tag, der im Rathaus zu Bremen alles entscheiden sollte, war gekommen. Isabella hatte die bisher erlebten Schrecken verarbeitet. Sie stand früh auf und nahm sich Zeit für eine perfekte Erscheinung. Heute kam es darauf an. Erfolg oder Niederlage!
In der Werkstatt des Vogts hatten die Handwerker etwas gebaut, dessen Zweck sie nicht verstanden. Nachdem das Werk fertig war, schüttelten sie den Kopf.

KAPITEL 11
DIE SAAT DER GIER

Die Tür wurde von zwei Saaldienern geöffnet und Isabella ließ den Einzug in den Saal kurz verzögern, um die Spannung zu erhöhen. Sodann sahen die Gäste, wie etwas Großes in den Raum gezogen wurde, womit das Gemurmel der Anwesenden schlagartig verstummte. Es schien, dass das Publikum das Atmen bei diesem Anblick vergessen hatte.

Musik setzte ein und vier Männer in fantasievollen Uniformen, die dennoch an die Arbeitskleidung der Moorbauern erinnerte, betraten nebeneinander mit kraftvollem Gang die Obere Rathaushalle. Quer vor sich her trugen sie waagerecht eine Stange, an der rechts und links je ein großes Zahnrad befestigt war mit fünf sternförmig nach außen zeigenden Spaten. Von den Stichblättern reflektierten Goldmünzen bei jeder Umdrehung der Achse das Licht der von Kerzen hell erleuchteten Kronleuchtern.

Das einer Quadriga ähnliche Gespann zog einen Wagen, auf dem das Modell der Maschine präsentiert wurde. Etwas angedeutetes Gras und trockener Torf darunter verdeutlichten den Einsatzort.

Gleich dahinter schoben die beiden Saaldiener auf einem rollenden Podest Isabella in den Saal. Sie stand aufrecht und regungslos mit einem übergroßen Buch im Arm und winkte mit knappen Gesten dem Publikum freundlich zu. Ihre Erscheinung schien zu schweben.

Wie geplant erhoben sich dafür bestellte Zuschauer und applaudierten. Die anderen folgten nach und nach ihrem Beispiel. Das Gespann hielt an, die Musik spielte Schlussakkorde und Isabella, wieder mit respektvoller Hilfe der Saaldiener, stieg vom Wagen und schritt zum erhöht stehenden Rednerpult. Sie schaute mit offenem Blick ihr Publikum an, wendete sich sodann den Helfern zu und erlaubte ihnen, sich zurückzuziehen. Die höflich wirkende Geste war dennoch ein Befehl.

Das leise Schließen der Tür hallte in der Stille des Raumes nach. Niemand bewegte sich, es fiel kein Wort und mit gebannten Augen starrten die Teilnehmer auf diese bisher nie gesehene Eröffnung einer Veranstaltung. Der Vogt hatte Isabella in den Wochen zuvor mit Hilfe einer Schauspielerin aus dem Theater Bremen in der Kunst des Redens und der dazu passenden Gesten ausbilden lassen.

Jetzt war der Augenblick, in dem die Theorie auf die praktische Anwendung traf, doch wegen fehlender Übung war nichts, wie erwartet. Auf einmal überkam Isabella das Gefühl, alles vergessen zu haben. Sie überspielte die Schwäche mit einer Kunstpause, indem sie in ihrem Buch blätterte und immer wieder bedeutungsvoll in den Saal schaute. Einen zweiten Anlauf würde es nicht geben. Sie riss sich zusammen und schob ihre zögerlichen Gedanken beiseite.

»Allerdurchlauchtigster, Großmächtigster König, Allergnädigster König und Herr! Hochgeehrteste Herren«, Isabella ließ die übertrieben fantasievolle Anrede wirken. Korrekt war sie nicht, denn weder gehörten König Georg V. von Hannover zum Publikum noch waren ihr die Titel und gesellschaftlichen Stellungen der sonstigen Teilnehmer bekannt.

Sie vermutete, wie bei der Wahl des eigenen Namens auf den Rat ihres damaligen Förderers, des Roten Gerd, dass die Bedeutung der Anrede dem Publikum gefallen würde. Lieber eine Nummer zu groß! Sie variierte die Wortwahl.

»Hochwohlgeborene Herren, Ihr seid gekommen auf persönliche Einladung oder Empfehlungen. Mein Name ist Isabella de la Conté. Ich heiße Euch im Namen des Vogts willkommen. Mit Freude sehe ich, wie vielfältig das Interesse an einer wirtschaftlichen Möglichkeit ist, die unerkannt im Boden des Teufelsmoores schlummert. Für die einen ist es nur Torf, den es dort schon immer gab und mit dem sich die Siedler abquälen, seit sie es auf sich genommn hatten, dort ihre Heimat zu suchen. Sie laufen in Holzschuhen über diesen Matsch und wissen nichts von seinem Reichtum, wenn er nur genutzt werden würde. Für die anderen aber, die nachdenken und etwas Fantasie mitbringen, werde ich hier und heute demonstrieren, wie wir den Torf in Gold verwandeln.«

Ihre Angst war abgefallen und mit jedem weiteren Satz fand sich Isabella in ihre Rolle. Sie hatte nicht die Absicht, ihr Publikum mit Euphorie zu überfordern, sondern frühzeitig Fakten preiszugeben. Besser, sie wehrte mögliche Kritik sofort ab, bevor sie im großen Finale gegen störende Einwände anzukämpfen hätte. Darum kam das erste massive und fast vernichtende Vorurteil von ihr selbst, indem ein dafür bezahlter Mann laut und ungehobelt in den Raum rief: »Hochgräfliche Madame de la Conté, Ihr verschwendet unser aller Zeit. Was wir dort sehen, müsst Ihr nicht erklären. Ihr sagt, diese Maschine gräbt Torf aus, genau das Zeug, das tausende Moorbauern ein karges Leben fristen lässt. Wenn daraus bisher niemand Vorteile ziehn konnte, wie kann es funktionieren, wenn man Erfolgloses vergrößert? Dadurch wird die Not der Torfstecher eingetauscht gegen eine tausendfach größere Armut durch dieses Gerät. Nur heißt das armselige Ergebnis dann: Wir Anteilseigner verlieren unser Geld!«

»Danke, noch jemand?« Ein anderer von ihr selbst bestellter Kritiker sprang auf und rief verächtlich: »Sehe ich das da richtig? Euer Ding ist komplett aus Holz gebaut. Was bezweckt Ihr damit, etwa zurückzugehen in eine Zeit, in der mit Muscheln bezahlt wurde? Jetzt investieren alle in die neuen Dampfmaschinen. Wäre Eure Moorkonstruktion aus Eisen gebaut und kraftvoll mit Kohle betrieben, ja, dann würde ich Anteile zeichnen. Oder verstehe ich die Welt nicht richtig?«

»Eine treffliche Überlegung von Euch, sofern Ihr davon ausgeht, wie alle anderen handeln zu wollen. Es liegt zwar bereits fast 200 Jahre zurück, damals wurde in den Niederlanden auf Tulpenzwiebeln mit der Aussicht auf hohe Gewinne gewettet. Weil darum die Kurse für eine Tulpe bis zum Wert eines großen Haues anstiegen, brach die reine Gier aus. Niemand wollte zusehen, wie andere reich wurden und darum wurden immer neue Wetten abgeschlossen, selbst mit geliehenem Geld, bis … sich erste Vorsicht in Angst verwandelt hatte. Der Rest ist Geschichte, in nur zwei Tagen verloren alle Anteile ihren Wert und die Zwiebeln verotteten unbeachtet.«

Es war still in der Halle.

»Oder denkt an den Betrug der britischen Regierung in der Südsee von 1720. Ja, Hochwohlgeborene, Ihr hört richtig, vertraut den Regierenden nicht. Geht nur rüber zur offiziellen Börse gegenüber. Dort mischt sich die Verwaltung unsichtbar in euere Zahlen ein. Jedenfalls hatten die Engländer Anteile auf ein Handelsmonopol für Südamerika ausgegeben, auf dessen Erfolg gewettet wurde. Aber den Wertpapiern fehlte das Entscheidende: der Wert! Denn alle Rechte dafür lagen in spanischer Hand. Kaum hatte sich das herumgesprochen, war das eingezahlte Kapital verloren.«

Gemurmel im Raum, die Stimmung drohte zu kippen.

Isabella nutze diese Gelegenheit sofort. »Wie Ihr, allerwerteste Anwesende, aus meinen Beispielen der Vergangenheit verstanden haben werdet, kann es das falsche Produkt sein, wie die Tulpenzwiebeln, oder man beteiligt sich an etwas, das es gar nicht gibt. Das nennt man Betrugsmasche und wenn das von der eigenen Regierung kommt, ist dieses Verbrechen besonders hinterhältig.

Diese Risiken kann niemand abwenden. Die gibt es! Wie Ihr seht, nehme ich Eure Bedenken sehr ernst. Absichtlich habe ich diese Vorgänge erläutert, damit Ihr in der Lage seid, den Unterschied zum Unternehmen des Vogts zu erkennen. Im Gegensatz zu damals spielt sich das Geschehen hier und heute vor Euren Augen ab. Ihr seht, Ihr prüft, Ihr seid direkt dabei und könnt das Moor förmich schmecken! Es existiert tatsachlich! Keine Geheimnisse, keine Regierung, die sich einmischt und euch das Geld wieder abnimmt.«

Einige der Herrschaften nickten sich bedeutungsvoll zu.

»Zu den abfälligen Hinweisen über die Maschine aus Holz: Wer diese Idee, mit der übliche Wege verlassen werden, versteht, wird den Erfolg erleben.« Das war zwar nur eine Behauptung, aber durch lange Erklärungen hätten die folgenden Worte ihre Überzeugungskraft verloren.

»Jetzt ist der Zeitpunkt zu gehen, falls noch jemand der Meinung wäre, dass Vorurteile eine gute Idee sind, um Geld zu verdienen.« Das erneute Gemurmel in der Halle ignorierte sie. »Gekommen bin ich, um Euch eine bis heute geheime Erkenntnis zur Teilhabe anzubieten, an die bisher niemand gedacht hat.« Sie hob den Arm und zeigte in Richtung Marktplatz. »Wer jetzt immer noch die Absicht hat, lieber den Angeboten für übliche Ideen hinterherzurennen, möge sich jetzt dort anstellen. Die Börse ist gleich gegenüber, wie ich eben bereits erwähnt hatte!«

Isabella hatte Mut bewiesen und wurde überrascht. Niemand stand auf, um die Versammlung zu verlassen, und darum sprach sie ab sofort leise, was zur Folge hatte, dass ihr Publikum stiller wurde, um ihre Ausführungen weiter verstehen zu können. Zuerst versöhnte sie sich mit ihren Kritikern.

»Eure intelligenten Fragen hatten geholfen, den Kern unseres Unternehmens zu erkennen. Ihr habt selbstverständlich recht, die Menschen im Teufelsmoor sind seit Jahrhunderten arm. Warum lässt sich dennoch vermuten, dass ausgerechnet dort unerkannte Werte zu finden sind? Ebenso ist es wahr, dass leistungsstarke Maschinen heute aus Metall sind und dampfbetrieben. Alles richtig und doch liegt der Stein der Weisen wie so oft versteckt. Ab und zu stolpern die Menschen sogar darüber und bemerkten nicht, welche Werte zu ihren Füßen lagen. Die meisten sehen zuerst Hindernisse, andere erkennen einen Weg zu einer neuen Welt.«

Die Zuhörer hingen an Isabellas Lippen, sie hatte das Vertrauen zurückgewonnen. Darum wurde sie fordernder und die gespielte Begeisterung zog das Publikum auf ihre Seite: »Kommt mit mir auf eine Reise der unbekannten Ideen. Schaut mitleidig den anderen hinterher, die jeder Mode nachrennen, und lasst sie laufen. Ihr aber haltet inne und freut Euch, wie die Herde das Gold achtlos in den Boden trampelt und weiterzieht. Wenn später die von ihrer Rastlosigkeit Getriebenen enttäuscht zurückkommen werden, haben wir inzwischen ein Vermögen aus dem Teufelsmoor gegraben. Ihr, meine hochwohlgeborenen Herren, wollt Ihr eines Tages bereuen und Euch fragen: Heiliger Torf nochmal, hätte ich nur zugehört und verstanden?«

Isabella gab sich etwas erschöpft und alle fühlten mit ihr. Sie nickte kurz, nahm einen Schluck Wasser aus dem bereitstehenden Glas und freute sich still. Das Publikum wartete ab, denn nach der vernichtenden Kritik hatte sie mit ihren Worten erreicht, dass ihr jetzt Beachtung für ihr Anliegen entgegengebracht wurde.

Sie erinnerte sich an die Ermahnungen des Vogts. »Fakten sind nicht allzu wichtig, die meisten sind überfordert und folgen am Ende denen, die vorpreschen. Erkenne die wichtigen Leute und zeige ihnen vor dem geistigen Auge das viele Geld, das sie verdienen werden. Beginnen die zu kaufen, folgt die Herde, ohne dass Ihr dafür arbeiten müsst. Details strengen an, erwarteter Geldsegen schafft Wohlbefinden.«

Sie hatte diese Hinweise nicht vergessen und ab jetzt waren ihre Notizen überflüssig. Die Worte flogen ihr zu.

»Hochwohlgeborene!«, rief sie zum Klang der Tischglocke, um die Gespräche zu beenden. »Im Moor liegt der Brennstoff, der hier gebraucht wird und durch den die Stadt seit Jahrhunderten gewachsen ist. Der Abbau mit Spaten durch die einzelnen Torfstecher ist langsam und mühsam. Dennoch schaffen es diese Leute, im Jahr Hunderttausende Körbe Torf nach Bremen zu bringen. Die Geldwerte insgesamt sind enorm, doch sie verteilen sich auf unendlich viele Bauern, Schiffer und Transporteure, vom Zoll ganz zu schweigen. Diese Maschine erledigt praktisch alle Arbeiten gleichzeitig und sämtliche Erlöse, die bisher im Teufelsmoor versickerten, gehören ab jetzt Euch, unseren Anteilseignern.«

Hinter Isabella stand eine große Tafel, auf der ein Gehilfe die geförderten Mengen und die daraus resultierenden Zahlen fein säuberlich notierte. Die Unruhe im Saal gab ihr Sicherheit, alles richtig gemacht! Darum traute sie sich eine kleine Belehrung zu.

»Hochverehrteste, hochwohlgeborene Herren, eine Maschine aus Holz? Ja, manch einer könnte das lustig finden, wenn da irgendwo ein Witz wäre. So ist es jedoch oft. Auf den ersten Blick mag etwas lächerlich wirken, wer dagegen genau hinsieht, erkennt, was Euch reich werden lässt. Ich empfehle dringend, die heutigen Informationen nicht weiterzugeben. Nehmt die Freude mit am geheimen Wissen und der exzellenten Idee, die oft nur deshalb verächtlich gemacht wird, weil andere sie nicht hatten! Schweigt und genießt!«

Es war still im Saal und Isabella erklärte, dass Holz preiswerter und vor allem leichter ist als Stahl und dass diese Konstruktion im Moor nicht versinken kann. Zusätzlich sparen wir das Gewicht einer Dampfmaschine ein, weil Menschen mit ihrer Kraft die Rollen antreiben werden. Die Tretwalzen sind gleichzeitig Auftriebskörper und werden die Maschine selbst im Sumpf oder Wasser manövrierfähig halten.

Das war das Signal an einen Ihrer Claqueure, der aufsprang und unter Beifall rief: »Genial, ich bin dabei, wo kann ich Anteile zeichnen?«

Isabella hatte nicht die Absicht, weitere Fragen zuzulassen. Denn nebensächliche Einwendungen aus Unverständnis oder von Wichtigtuern könnten die Diskussion aus dem Ruder laufen lassen. Das war ihr zu riskant und darum läutete sie die Glocke.

»Jetzt kommt der angenehme Teil des Protokolls. Genießt eine Stunde die frische Luft und begebt Euch sodann in das große Gewölbe des Ratskellers, unseren wunderbaren und von Wein verzauberten Bacchus-Keller. Dort ist das Modell der Maschine ausgestellt, damit Ihr sie studieren und verstehen könnt. Wein steht bereit und unsere Damen beantworten Fragen zum Kauf der Anteile. Leider sind die Priölken seit langem ausgebucht für die Zeichnung größerer

Einlagen. Zu späterer Stunde werden dort aber sicherlich Plätze frei. Ansonsten stehen für Euch Tische rund um das Modell bereit.«

Die Musik setzte wieder ein und Isabella verließ ihr Pult mit dem Buch in der Hand und schritt gemessen durch eine rückseitige Tür. Dort stand schweigend der Vogt und erschöpft von der Anspannung lehnte sie sich an seine Schulter und verbündete sich für den Augenblick mit dieser Situation. Das erste Mal klangen seine Worte ungewöhnlich sanft und fast dankbar: »Gut gemacht, sehr gut gemacht!« Der knöcherne Würfel, den sie immer bei sich trug, war durch einmaliges Ruckeln anderer Meinung. Sie wusste, warum.

Helfer brachten das Modell in den Ratskeller.

Verschwörung, Geheimnistuerei und Ablenkung, das waren die Zutaten des Vogts zu seinem Meisterwerk, wie er es nannte. Je höher die versprochenen Gewinne, desto schneller wird der Verstand ausgeschaltet.
Er war bereit, mit der Menge zu spielen.

KAPITEL 12
DIE FALLE

Der Ratskeller hatte Isabella seit Tagen zur Verfügung gestanden. In den Gewölben herrschte rege Geschäftigkeit durch die Vorbereitungen. Zuerst waren Tische in der Mitte des Schankraumes vor den vier riesigen Zierfässern zusammengestellt worden, um darauf das Modell der Torfabbaumaschine zum Anfassen zu präsentieren. Ringsherum waren Stehtische angeordnet. »Das wird hier keine gemütliche Veranstaltung, wir wollen verkaufen und dann wieder weg mit den Leuten!« Sie hatte unwillkürlich den Tonfall des Vogts angenommen. Sie gab klare Anweisungen an ihre Helferinnen, die mit besonderem Eifer bei der Sache waren.

Denn nachdem Isabella, damals unter ihrem richtigen Namen Elsbetta, vor Jahren das Teufelsmoor verlassen hatte und im Findorffer Hafen mittellos angekommen war, arbeitete sie mit den Brockenweibern beim Entladen der Torfschiffe. Wie es ihre Art war, hatte sie dort erkannt, wie die Arbeitsabläufe organisiert werden könnten. Den Frauen, die die Torfbrocken aufsammelten, hatte sie damit eine Perspektive gegeben und für sich selbst Verbündete und Freundinnen geschaffen. Bis jetzt, nach ihrem wundersamen Aufstieg in die gehobene Bremer Gesellschaft, hatte sie unauffällig ihre früheren Kontakte gepflegt. Das geschah ohne konkrete Absicht. Es war ihr innerstes Bedürfnis, aufgebaute Brücken nicht wieder einzureißen. Vor einigen Wochen hatte die Stunde für ihre alten Beziehungen geschlagen. Die Vorbereitungen an den Anteilsverkäufen erforderten stetig größere Anstrengungen und nachdem sie ihre früheren Kameradinnen eingeweiht hatte, waren diese mit Begeisterung zur Stelle. Die Bezahlung aus dem Etat für die Finanzwerbung war großzügig und alles Weitere klang so abenteuerlich und neu, dass die Frauen gerne das erforderliche Fachwissen erlernten, um hier mitzumachen. Die Kostümschneiderei hatte den Auftrag erhalten, eine Art Uniform zu entwerfen. Isabella hatte eine Veranstaltung vor Augen, wie sie nie zuvor gesehen worden war.

Der finanzielle Aufwand für dieses Ereignis war hoch. Dennoch hatte der Vogt sie ermutigt, jede Möglichkeit der Werbung zu nutzen. Er war der Ansicht gewesen, dass mit Zögerlichkeit nur die halbe Maschine realisierbar sei, mit anderen Worten: gar keine! »Die Werbetrommel muss im Verhältnis zur Größe des Projektes stehen. Wir erhöhen den Etat ohne Erklärungen. Dass die Kapitalgeber zusätzlich diese Kosten bezahlen werden, merken die gar nicht. Das ist ohnehin zu derem Besten, denn wenn wir hier sparen, gehen die Einsätze komplett verloren! Und, Isabella, heute verkaufen wir den Menschen nur Papier und eine schöne Vorstellung von der Zukunft. Viele können etwas gewinnen, aber auf jeden Fall werde ich reich und Ihr mit mir! Das Spektakel kann nicht groß genug sein, Ablenkung ist alles!«

Er bemerkte ihre Bedenken und gab selbst die Antwort: »Wir betrügen niemanden, denn wir bauen die Maschine wirklich und sie wird Torf ausgraben. Aber wenn etwas schiefgeht, dann gewinnen wir natürlich trotzdem!« Damit hatte er ihre letzten Vorbehalte genommen und sie war bestrebt, eine Art Theatervorstellung zu inszenieren, die wegweisend für künftige Generationen begnadeter Verkäufer wurde. Den althergebrachten Begriff Brenntorf für die Torfballen benannte sie um. Ab heute hieß es Teufelsbrocken, nichts würde anderes sein als zuvor, nur klang der Torf jetzt heißer, größer, mächtiger! »Wir erhöhen die Qualität und den Preis, nur mit Worten und einer Vorstellung von teuflischer Hitze. Genial, nicht wahr?« Der Vogt hatte es Isabella oft so oder ähnlich erklärt und sie hatte die Regeln verinnerlicht.

»Verzeihung, Jasper, nur falls hier nachher jemand fragt. Der Amtmann Cornelius war mehrmals vor eurem Haus, um zu kontrollieren. Bisher vergeblich, wie Ihr sagtet. Braucht diese Maschine eine Genehmigung von der Regierung? Die Zöllner mischen sich doch in alles ein!«

Der Vogt hatte wirsch unterbrochen. »Natürlich, ja, das weiß ich, aber den Krieg mit den Papieren führe ich nicht. Wir gewinnen Torf und verhindern mit Gewalt, dass uns jemand stört. Der Amtmann hat es ja auch nicht in mein Haus geschafft. Aber falls gefragt wird, sagt einfach …, ach, ich greife ein, wenn es zu dieser Frage kommen sollte.«

Heute Abend waren nur die persönlich geladenen Gäste an der Reihe, die mehrheitlich Wert auf Anonymität gelegt hatten. Sie alle waren interessiert, das Projekt geheim zu halten, doch schon bald streuten immer mehr Mitwisser eine Flut von Gerüchten. Inzwischen hatte sich herausgestellt, wie nützlich das war, denn jetzt stürzten sich die Menschen erst recht begierig auf alle Neuigkeiten. Isabella erkannte das Potenzial und ließ in den Zeitungen berichten, ohne konkret zu werden. Es entstand eine Mischung aus Boulevard und echter Nachricht, so dass selbst im *Bremischen Unterhaltungsblatt* kurzweilige Artikel unter der Rubrik *Geschwind – gibt's Neues?* erschienen. Die Auflagen stiegen und das Interesse an den geheimnisvollen Sensationen rief die Konkurrenzblätter auf den Plan. Isabella hatte die Neugier schließlich auf die Spitze getrieben.

Sie hatte sich mit dem Vogt beraten und vorgeschlagen, einen Tag nach diesem geheimen Verkaufsabend für die Großinvestoren einen »Volksverkauf« zu veranstalten, um in der Gunst der Stunde noch erheblich mehr Geld einzusammeln. Er zeigte sich begeistert: »Bestens, wenn es unmöglich ist, das Projekt geheimzuhalten, dann doch geheimnisvoll öffentlich, oder so ähnlich. Nutzen wir doch diese kostenlose Werbung aus.« Isabella hatte freie Hand.

Der Bürgerfreund, *Der Bremer Telegraph*, *Bremer Lesefrüchte* und der *Courier an der Weser* kündigten die öffentliche Veranstaltung im Ratskeller groß an und empfahlen, sicherheitshalber genügend Grote, Thaler Gold, Champagnerthaler oder benachbarte Währungen anderer Städte dabei zu haben. Hohe Beteiligungen seien mit Banknoten zu bezahlen. Nicht vergessen wurde der Anreiz, dass sich die investierten Beträge vervielfältigen könnten. Die vorsichtig beschriebenen Risiken interessierten niemanden mehr. Zu schön war die Aussicht auf das versprochene Glück.

Nirgendwo war erwähnt worden, dass der Handel der Hauptanteile bereits heute, einen Tag vor dem öffentlichen Verkauf, stattfand. »Die Reste reichen für die kleinen Leute doch aus«, war die überhebliche Meinung des Vogts. »Wer an Tipps für Gewinne aus der Zeitung glaubt, dem ist ohnehin nicht zu helfen.«

Doch jetzt richtete sich das Augenmerk auf die alles entscheidenden nächsten Stunden. Die Arbeiter hatten es nicht leicht, das sperrige Modell der Maschine über die Treppen auf den Marktplatz und an den dort wartenden Gästen vorbeizuschleppen. Die Stufen in den Ratskeller waren kein Hindernis mehr und sie hoben das Gerät auf den vorbereiteten Tisch in der Mitte des Raumes. Hier hatten die Bühnenbauer des Stadttheaters eine Szene aus dem Moor als Modell aufgebaut, die auf einen Blick die Gewinnmöglichkeiten verdeutlichte.

An der Seite stand die Figur eines einzelnen Moorbauern mit der Ausbeute eines Tages an gestochenem Torf. Die Miniaturtorfmiete war nur zwei Zentimeter hoch. Gleich daneben wurde dargestellt, wie groß die Menge an Torfsoden war, die von hundert Torfstechern gewonnen wurde. Auch dieser Stapel war nicht beeindruckend und recht klein. Aber hinter der angedeuteten Spur der Maschine mit ihren vielen Spaten stapelten sich haushoch die Torfballen.

Am hinteren Ende der Szene stand ein gläsernes Kästchen. Darin lag ein Stück Torf mit einer Goldmünze daneben. Den Rest erledigte die Fantasie. Denn alle hatten das Bild der gezeigten Menge vor Augen und rechneten diese insgeheim in die Währung Gold um.

Das Gedränge nahm den Gästen fast den Atem, denn wenige Minuten zuvor hatten sich die Türen für das geladene Publikum geöffnet, die Isabellas Vortrag in der Oberen Rathaushalle gehört und nun den Weg in den Ratskeller gefunden hatten. Gleichzeitig hefteten ihre Helferinnen Tabellen mit einem Zeitplan vor die Priölken. Die Reihenfolge war in den letzten Wochen nach der persönlichen Einladung mit Kennwort und Decknamen geregelt worden. Interessant fand Isabella die Bezeichnungen, die ihre künftigen Anteilseigner gewählt hatten, um den eigenen Namen nicht zu nennen: Moorteufel, Mitmacher27, Meinemoorwelt, Reicher Fuchs, Torfgold333 oder Spatenglück gaben einen Einblick in die Erwartungen der Kunden.

Die Priölken, die kleinen Sommerlauben im großen Schankraum des Bremer Ratskellers, bieten etwa acht Personen um einen Tisch Platz. Diese engen, vom allgemeinen Betrieb abgeschirmten Nischen sind geschaffen worden, um ungestörte Gespräche zu ermöglichen. Die vorbestellten Anteilsausgaben wurden in den winzigen Räumen im Stillen abgewickelt, sodass niemand von der Höhe der Einzahlungen erfuhr. Anders dagegen war der Ablauf an den Stehtischen geplant. Wie in den Priölken, so standen auch hier je zwei Damen bereit, die Angebote zu erklären, Aktien zu verkaufen und das Geld einzunehmen.

Zur selben Zeit brachten im Teufelsmoor einige Torfkahnfahrer stapelweise Zeitungen mit den Berichten über die Planungen für das Torfabbaugerät zu den Gehöften und Moorkaten. Bisher waren die Moorbauern der Meinung, Jan sei ein Spinner. Als er im vergangenen Jahr von einer riesigen Maschine erzählte, hatten sie das für ein Gerücht gehalten und ihn ausgelacht. Jetzt regte sich erster Widerstand und Menschen, Tiere und Fabelwesen schlossen sich zu einer nie dagewesenen Allianz zusammen.

Der Vogt hatte der Maschine niemals das Unheil beigemessen, das sie unter den Moorbewohnern anrichten würde. Überlegungen dazu waren ihm fremd und anfangs hatte Isabella versucht, ihn vorsichtig umzustimmen. Er war auf der Stelle wütend geworden und hätte beinahe die Kontrolle verloren: »Was soll ich noch beachten? Die da im Moor leben wie im Mittelalter und verstehen vom Fortschritt sowieso nichts, die Torfköpfe.« Von da ab hatte sich ihr Verhältnis zum Vogt zusehends verschlechtert.

Diesem war jeder Gedanke an eine ausgewogene Beteiligung anderer zuwider und er sah sich alleine im Zentrum der Welt. Im Glanz der Kerzen und der berauschenden Atmosphäre im Ratskeller fehlte nicht nur ihm, sondern allen, die als Auserwählte von seinem Projekt profitieren wollten, jedes Gespür für die Folgen ihrer Absichten.

Wo der Sehnerv durch die Netzhaut führt, gibt es eine Lücke in der Bildwahrnehmung, die das Gehirn beliebig ausfüllt, und wir bemerken es nicht einmal. Über das Ohr baut sich mit Hilfe der Information in der Vorstellung ein gedankliches Gemälde auf, das umso farbiger wird, je intensiver wir uns das wünschen. In dieser Nacht im Ratskeller erstickte ein Schleier aus Gier die letzte Vorsicht und die Farbenpracht in den Köpfen explodierte.

KAPITEL 13
DER BLINDE FLECK

Die ersten geladenen Gäste hatten am Modell ihre Möglichkeiten erkannt und diskutierten die ungewöhnliche Idee des Vogts. Durch die Doppeltür vom Marktplatz und über die Treppe in den Ratskeller schritten ständig weitere Besucher hinab. Sie waren überwältigt von der Stimmung aus Licht und Musik. Der Duft von Räucherkerzen und der leichte Schleier des Rauches umfingen die Teilnehmer und ließen sie den Alltag vergessen. Es war ein Anblick, den in dieser Zeit sonst nur das Theater bieten konnte.

Gegenüber stand Isabella auf einem Podest. Rechts und links neben ihr jonglierte je ein bunt gekleideter Gaukler mit Keulen in der Form von Spaten. Die wirbelnden Werkzeuge symbolisierten die Arbeitsleistung der Maschine. Davor boten die Damen in den Fantasieuniformen einen für die Zeit umwerfenden Anblick. Dennoch kehrten einige der Besucher mit der lauthals verkündeten Meinung um, dass sie sich in Finanzfragen nicht von einer Frau belehren ließen. Zum Glück schaute die Mehrheit den Nörglern nur mitleidig hinterher und genoss einen Ratskeller, wie er sich erstmals in diesem überschwänglichen Glanz präsentiert hatte.

Die Kerzen verbreiteten ein weiches Licht, in dem das Gewölbe zu einer Theaterbühne wurde, die allein bei ihrem Anblick Applaus einzufordern schien. Isabella winkte die Menge näher zu sich heran. Zwischen den Tischen und bis in die rückwärtigen Gänge hinein bewegten sich raunend die Interessenten weiter vor. Deren Blicke auf die Maschine mit der Darstellung ihrer Leistungsfähigkeit reichten aus, um die Erwartungen auf Gewinne nochmals anzufachen.

Eine Glocke ertönte und Isabella eröffnete die Rede wie bereits zuvor mit echten und fantasievollen Anreden wie hochwohlgeborene, gräfliche, hochverehrte, allerdurchlauchtigste Herren. Sie selbst vermochte mit den Schnörkeln der Sprache wenig anzufangen und kam sofort zum Thema:

»Meine Hochwohlgeborenen, Ihr nehmt an einem Projekt teil, das bisher niemand zu beschreiten wagte. Wer richtig hinschaut, erkennt sofort: Keine Konkurrenz weit und breit. Denn die große Herde der Investoren läuft wie die Schafe den neuen Dampfmaschinen hinterher. Hier aber sehe ich die entschlossenen Wölfe, die selbstbewusst ihren eigenen Weg einfordern.«

Isabella schmeichelte ihrem Publikum. Sie hatte auf die übliche Floskel »die Vorteile sind« verzichtet. Sie meinte, wer die Möglichkeiten nicht erkennt, ist ohnehin falsch hier. Nach einer Kunstpause fuhr sie fort.

»Nun zum Ablauf des Abends: Ihr kauft eine Aktie für zehn Vereinsthaler des Deutschen Zollvereins oder deren Wert in anderen Währungen, die im Bereich des Zollvereins akzeptiert werden. Umrechnungsdifferenzen gehen zu Lasten des Käufers. Wir alle nennen den Vereinsthaler auch Champagnerthaler, weil wir dafür eine gute Flasche des edlen Tropfens kaufen könnten. So schwer es fällt, wir verzichten heute auf den Genuss, und erhalten später zehn Mal mehr … Champagner!«

Leises Gelächter nahm die Anspannung vom Publikum.

»Es gibt eine vorbestimmte Anzahl Beteiligungsscheine, die nummeriert sind. Das dient Eurem Schutz, denn mehr Geld, als das Projekt kostet, wird nicht eingesammelt. Diese Begrenzung bedeutet, dass bei steigender Nachfrage die Preise pro Aktie steigen werden. Ihr seid also frei unter euch selbst zu kaufen und zu verkaufen oder bei der angegebenen Handelsadresse.«

Diese Information über die Möglichkeit des selbstbestimmten Handelns der Teilnehmer fand positives Echo. Isabella war auf dem richtigen Weg.

»Hier auf der Tafel notieren wir die Kurse.« Sie zeigte auf ein hoch aufragendes Schwarzes Brett, an dem der Ausgabekurs stand: 1 Anteil gleich 10 Vereinsthaler!

»Hört Ihr die Glocke schlagen, ist der Einsatz in den Priölken oder an den Tischen möglich. Unsere Spezialistinnen kommen mit den Blankoaktien zu Euch, zeichnen und siegeln diese vor Euren

Augen und werden die Bezahlung annehmen. Es ist nur ein einziger unbegrenzter Kauf hier und jetzt gestattet, damit niemand ausgeschlossen wird. Zukäufe nur über den aktuellen Kurs von anderen Teilnehmern, los!« Isabella schlug die Glocke und die leise Musik spielte kaum hörbar weiter.

Erst jetzt bemerkte sie den Vogt, oder besser den Freiherrn Jasper von Waldersfeen, wie er eine Gruppe zu einer Priölke anführte. Nur Isabella kannte ihn unter diesem zweiten, wahrscheinlich ebenfalls falschen Namen. Welche Stellung dieser sonderbare Mann in der elitären Gesellschaft der Stadt innehatte, war ihr bis heute verborgen geblieben.

Später beabsichtigte er, als Vogt aufzutreten und sein Alter Ego »Freiherr« würde zuvor gegangen sein. Sie nickte ihm beim flüchtigen Blickkontakt unauffällig zu. Ihre Verbindung zum Vogt war allseits bekannt, soweit er als Freiherr öffentlich auftrat, hatte er sie angewiesen, ihn zu ignorieren.

Sie gab ein Handzeichen und die gekauften Anteilsscheine wurden an die Tische gebracht, gesiegelt und gegen Geld ausgehändigt. Kaum war das Geschäft erledigt, kamen die Nächsten an die Reihe. Kaffee und Wein gab es für alle, die später den geplanten Auftritt des Erfinders der Maschine abwarten wollten.

Einen Moment später meinte Isabella, es sei Zeit, die Stimmung anzuheizen und völlig willkürlich notierte Sie einen neuen Kurs für die Aktie: 11 Vereinsthaler auf dem Markt unter Teilnehmern. Der Ausgabekurs blieb bei den festgeschrieben 10 Talern, was zur Folge hatte, dass jetzt alle bisherigen Zauderer an die Ausgabetische drängten. Der Verkauf beschleunigte sich wie durch Zauberhand.

Im Hintergrund lief eine geschmierte Organisation aus List, Täuschung und Überwachung. Nur scheinbar trugen einige von Isabellas vertrauten Helferinnen die Schatullen mit dem Geld in rückwärtige Räume. Zuvor wurden sie blitzschnell in unscheinbare Kisten gestellt und wieder zurück in den Saal gebracht und unauffällig von der Rückseite aus in den riesigen Prunkfässern gestapelt. Hier, so hatte Isabella gemeint, seien die Einnahmen sicher verwahrt, weil öffentlich nicht bekannt war, dass die Fässer jetzt leer waren. Das größte davon stammte aus dem Jahr 1737 und vermochte den Inhalt von etwa 37.000 Flaschen des edlen Rebensaftes zu fassen. Die Zierstücke, groß wie kleine Hütten, tragen bis heute die klangvollen Namen: Affenfass, Löwenfass, Drachenfass und Delfinfass.

Erst der Vogt in seiner Rolle als Freiherr hatte Isabella in das Geheimnis eingeweiht, dass die Behälter zum Zweck der Spionage leer sind. Zu verlockend war es für die Herren des Stadtrats, die Verstecke zur Beobachtung des Schankraumes zu nutzen; vom Tratsch der betrunkenen Gäste erfuhren sie oft die Wahrheiten, die sonst niemand öffentlich aussprach. Isabella hatte hier die perfekte Umgebung gefunden. In dreien der vier Fässer wurde gezählt und sortiert. Aus dem vierten überwachten Spione den Saal durch einige offene Fugen zwischen den Brettern. Mit fortschreitender Zeit wuchs die Besorgnis über die Sicherheit, weil bergeweise Geld direkt neben den Verkaufstischen lag, nur getrennt durch die dünne Holzwand. Aber keiner der Gäste bemerkte etwas. Den Kurs hatte Isabella soeben auf 13 Thaler heraufgesetzt. Die Stimmung durfte nicht nachlassen.

Von Beobachtern aus dem Fass wurde ihr zugetragen, dass einige Teilnehmer nach ihrem Kauf skeptisch bis besorgt wirkten, während sie im Gespräch beim Kaffee zusammenstanden. Doch langes Nachdenken war nicht möglich, denn vom Eingang her wogte neuer Lärm in den Saal. Zwei Käufer hatten zuvor den Ratskeller verlassen und waren mit einem Bremer Landjäger zur Unterstützung zurückgekehrt. Seine Uniform passte so gar nicht in die Gesellschaft und der schrille Ton seiner Trillerpfeife zerschnitt die geschäftige Stimmung. An seiner Seite drängten sich wie Schutz suchend zwei der »hochwohlgeborenen« Herrschaften des Abends. Sie reckten ihre vor einer Stunde erworbenen Beteiligungsscheine für alle sichtbar in die Höhe, winkten und riefen: »Betrug! Das ist Betrug hier, diese Maschine funktioniert nicht! Illegal ist dieser Handel auch. Wir fordern unser Geld zurück!«

Unter dem Gewölbe war es sofort totenstill und die Luft schwer wie Blei, das jegliche Regung zu Boden schlug. Alle Augen waren auf die Gruppe um den Polizisten gerichtet. Isabella bestieg mit gemessenen Schritten ihr Pult und erwiderte zunächst nichts. Sie ließ die Kritik erst auf das Publikum wirken, denn sie war sicher, dass ihre Antwort dann noch begieriger erwartet werden würde.

Da Panik nicht von Nutzen war, griff sie langsam zu ihrer Glocke, läutete betont leise und erhob die Stimme erst, als sich alle Köpfe ihr zugewandt hatten. Wie beiläufig ignorierte sie zunächst die beiden Störenfriede und sprach den Ordnungshüter direkt an, um ihm die Wichtigkeit zukommen zu lassen, die er kraft seines Amtes erwarten durfte. »Ihr, werter Herr Landjäger, habt besonnen gehandelt und diese geschätzten Herrschaften unter Eurem Schutz zu uns geleitet. Darum wurde sogar unserem Anliegen hier im Ratskeller Eure geschätzte Aufmerksamkeit zuteil. Ich wiederhole mich und sage nochmals verbindlichsten Dank.«

Ein Zettel wurde Isabella gereicht mit der Nachricht, dass sich vor der Tür zwei weitere Landjäger postiert hatten. Aber sie ließ sich nichts anmerken, und weil sich alle fragten, was auf dem Papier stand, wendete sie sich der Kursanzeige zu und las zum Schein nochmals genau. Sie gab vor, diese Information sei der neue Höchstkurs. Sie rief der Schreiberin an der Tafel zu: »14 Vereinsthaler!« Der Wert wurde sofort für alle gut sichtbar notiert.

Jetzt erst wandte sie sich den beiden Skeptikern zu. »Meine gnädigste Bitte um Verzeihung. Ihr habt Zweifel? Die solltet ihr haben! Das Teufelsmoor ist gefährlich und unser Unternehmen ist neu. Risiken lauern überall. Dennoch beschreiten wir gemeinsam diesen mutigen Weg, weil wir fast alle hier im Saal verstanden haben, dass es nur eines großen energischen Schrittes bedarf, dem Teufelsmoor seine Reichtümer zu entreißen.«

Sie ließ die Worte durch eine lange Kunstpause wirken.

»Ihr aber fordert Euer Geld zurück? Bitte sehr!« Eine Helferin kam mit einem Tablett, um die Anteilsscheine, die zurückgegeben werden sollten, einzusammeln. Dass die Scheine sofort ohne Diskussion entgegengenommen wurden, irritierte die Zweifler und sie zögerten. Sie hatten erwartet, dass ihr Begehren abgelehnt werden würde.

Aber die Helferin forderte energisch die Rückgabe ein und Isabella ließ den aktuellen Kurs auszahlen. So erhielten die beiden nicht nur ihr eingesetztes Geld zurück, sondern zusätzlich den Gewinn der letzten Stunde. Beschämt senkten sie die Köpfe und mit mehr Thalern in der Tasche als erwartet, bahnten sie sich ihren Weg zum Ausgang. Die geschickte Verkäuferin erklärte laut, dass sie die neuen Kurse sofort auszahlen würde, und bot mutig an, dass jeder auf der Stelle diesem Beispiel folgen könne. Aber niemand meldete sich, um sich nicht bei weiteren Wertsteigerungen um höhere Gewinne zu bringen.

Sie konzentrierte sich sofort wieder auf den zügigen Fortgang der Verkäufe und darum wandte sie sich erneut an den Landjäger, um diese Störung zu beenden. »Verehrter Herr Ordnungshüter, wir sind Euch zu Dank verpflichtet, bitte geleitet die Männer, die uns Betrüger genannt haben, nunmehr hinaus!«

Der Uniformierte nickte ihr zum Gruß zu: »Verzeiht die Unterbrechung, es war meine Pflicht, den Beschwerden dieser beiden Herrschaften nachzugehen. Aber wie ich mich überzeugen konnte, geht hier alles nach Recht und Gesetz zu.« Für Isabella war das der Ritterschlag. Die Aussage des Landjägers hatte die Wirkung eines Gütesiegels und überzeugte selbst die, die mit einem Kauf bisher gezögert hatten.

Nach dem ersten Schock durch die Unterbrechung war ihr Umgang mit der Bedrohung ein Geschenk des Himmels und förderlich für die Geschäfte. Sie hatte durch die sofortige Auszahlung schnelle Gewinne überzeugend vorgegaukelt und die letzten skeptischen Geister überzeugt. Jetzt fielen alle Hemmungen und es wurde gekauft, als wären die Teufelsbrocken morgen früh ausverkauft.

Nach jedem Rausch ist ein Moment der Ernüchterung nicht weit. Einige Käufer im Publikum fragten sich zu spät, ob denn alles so perfekt sein könne, wie vorgetragen. Eine Mischung aus Gerüchten und Angst vor Verlusten brachte unangenehme Fragen hervor, die schließlich laut diskutiert wurden.
Jetzt schlug die Stunde des Vogts!

KAPITEL 14
ERSTE ZWEIFEL

Nachdem die Störenfriede und der Landjäger den Ratskeller verlassen hatten, wurden die weiteren Abschlüsse an den Tischen routiniert abgewickelt. Wie ein Uhrwerk funktionierte die Organisation: Scheine gegenzeichnen, Siegeln, Geld einnehmen und Aktie aushändigen. Glückwunsch, Lächeln und … die nächsten bitte.

Das war die Gelegenheit für eine kurze Pause. Isabella hatte sich, wie sonst die Spione des Stadtrates, in ein Zierfass begeben und saß direkt an der Stirnwand in Richtung der Stehtische zu den Gästen. Bisher waren nur wenige Besucher gegangen, darunter, wie vermutet, der Freiherr Jasper. Nach Abschluss der Käufe trafen sich die meisten Teilnehmer in den Gängen und weiter zurück am Ausschank von Kaffee und Wein. Ab und zu erreichten Isabellas Ohren Gesprächsfetzen durch die Bretter des Fasses:

»Habt ihr eigentlich mal ein Originalteil der Maschine gesehen?«

»Nein, aber es kommen Schiffe am Hafen an und die Ladungen verschwinden nach irgendwo, und das unerkannt.«

»Ich weiß von den Eichenfahrern, dass sie viel Holz in das Teufelsmoor transportieren.«

»Na also, dann bauen die doch was, oder?«

»Was war das eigentlich mit dem Roten Gerd? Hatte die Jagd auf ihn mit der Maschine zu tun?«

»In der Zollstelle am Torfhafen soll der Amtmann Cornelius …«

Isabella war zurückgeschreckt. Was hörte sie da? Wir müssen handeln, bevor hier die Stimmung umschlägt! Mit ihrem Gedanken, etwas zu unternehmen, betrat soeben der Vogt das Fass, um mit ihr zu sprechen. Sie informierte ihn über die aufkommenden Bedenken. »Gut, ich werde mich jetzt zeigen, bitte kündigt mich an!« Der entschlossene Mann zögerte keine Sekunde.

Sie schlug vom Rednerpult die Glocke und ihre Stimme betonte die Worte ungewohnt laut und fast im Stil eines Zirkusdirektors.

»Ruhe bitte, allerhöchste, geschätzte Herrschaften!« Die Ansage ließ das Gemurmel im Saal augenblicklich verstummen. »Hört, hört, was unser Erfinder, Baumeister und Glücksbringer für das Teufelsmoor, hochgeschätzte wohlgeborene Herrschaften, zu berichten hat.«

Einige Zuhörer lächelten über die freundliche Bemühung einer respektvollen Anrede. Sie sprach weiter mit der Ankündigung der Sensation des Abends.

»In alter Zeit sind die Kaufleute der Hanse durch ihre wagemutigen Seefahrten reich geworden. Heutzutage dürfen wir im Teufelsmoor weit höhere Gewinne erwarten. Die genialen Entdeckungen der Grauen Eminenz des Hafens an der Schlachte haben uns hier zusammengeführt. Da ist er, der geheimnisvolle Mann für Erfolg, der Einzige, der Großartige …, bitte sehr, der Vogt!«

In diesem Moment wurden weitere Lichter entzündet und der Mann für große Visionen, wie er sich selbst insgeheim bezeichnete, schritt mit wehendem Umhang auf die Bühne, die Kapuze in das Gesicht gezogen. Der Anblick war keine Überraschung, denn seit Zeitungen berichtet hatten, war er in den Fokus des Interesses gerückt. Bisher umfing ihn eher ein Schleier aus Bewunderung, doch je mehr Geld eingezahlt wurde, umso kritischer erhoben sich erste Stimmen. So erhielt er zunächst durch seine ungewöhnliche Erscheinung alle Aufmerksamkeit, in der er nochmals den Sinn der Maschine zu erklären versuchte. Aber die Wiederholung der Vorzüge war dem Publikum jetzt zu viel an Eigenlob. Eine Frage traf ihn unvermittelt wie eine Keule: »Vogt, wir wollen keine Geschichten über Eure Genialität, sondern Klarheit über Euch persönlich. Wer seid Ihr, woher kommt Ihr? Und wie war Eure Beziehung zum Roten Gerd, der von den Zöllnern gejagt wurde? Dann sollen der Amtmann Cornelius und seine Männer vom Zoll seit einigen Tagen in der Gegend am Hafen spurlos verschwunden sein, also ganz in der Nähe Eures Hauses. Es gab Gerüchte über Verbindungen zu Euch, wie man so hört. Ist das Projekt in Gefahr?«

Derweil schrieb Isabella im Hintergrund einen neuen erfundenen Aktienkurs an die Tafel: 18 Thaler.

Der Vogt überlegte etwas zu lange und die Kunstpause verfehlte ihre Wirkung. Die Skeptiker sahen sich bestätigt und es gab weitere Handzeichen für eine Wortmeldung. Doch er ignorierte die Begehren und erhob leise, aber bedeutungsvoll die Stimme.

»Werter Herr, Ihr sprecht Eure Zweifel sicher für viele der Anwesenden aus und es sind gleich mehrere, wie ich vernommen habe.« Er war kaum in der Lage, seinen Zorn zu verbergen und darum ließ er mit Absicht emotionale Erregung erkennen und sprach jetzt laut:

»Was ist Fortschritt? Ihr seid hier, um an der Antwort teilzuhaben! Es ist leicht, aus der Sicherheit der Menge heraus Fragen zu stellen, die nicht mit unserer Mission im Zusammenhang stehen. Ihr fragt Euch, wer ich bin? Wer aber seid Ihr, werte Herren Siemermeyer, Timmermann, Albertat und Hoffkäufer, dass Ihr Euch aufschwingt, mich mit Nebensächlichkeiten zu belästigen?«

Bei jeder Nennung eines Namens hatte er Blickkontakt gesucht, um zu beweisen, dass er offenbar alle Teilnehmer namentlich kannte. Die Angesprochenen wurden aus ihrer Anonymität gerissen und waren irritiert, weil der Vogt wusste, wer sie waren.

Er fuhr fort, indem er auf andere Personen zeigte und sie ebenfalls im Einzelnen adressierte. Betretenes Schweigen war die Folge. Damit hatte niemand gerechnet und Verunsicherung machte sich breit. Der Vogt hatte die Oberhand zurückgewonnen und er sprach jetzt im Ton eines hypnotischen Beschwörers.

»Welche Bedeutung hat ein kleiner Schmuggler für uns? Ja, ich kannte den Roten Gerd und der Teufel weiß, wie er besiegt wurde. Amtmann Cornelius ist verschwunden? Was soll's, wer war das schon? Aus Hannover wird man Ersatz schicken. Aber wen interessiert dieser Kleinkram mit dem Zoll auf Torf, Kaffee und Zucker?

Die kassieren ein paar Grote Gebühr für kleine Tüten mit Krümeln, lächerlich! Ihr aber seid die Nachfahren der berühmten Hansekaufleute und stellt mir derartig kleinkrämerische Fragen? Genau jetzt entsteht Euer neues Imperium, völlig unerwartet für die Welt und zu Ehren Eurer Vorväter. Ja, Ihr habt richtig verstanden, ein Imperium für Brenntorf und, was wir ausgraben, wird als Teufelsbrocken berühmt werden. Die kleinen Torfsoden von den Torfkähnen wird niemand mehr haben wollen.«

Er wurde sachlicher: »Berührt alle dieses komplizierte Bauteil der Maschine und stellt Euch vor, wie Ihr damit größer und größer werdet. Es ist echt, es ist real und nur ein winziger Baustein. Vergleicht es mit dem Modell!« Der Vogt gab ein schweres Eisenteil nach unten in die Menge, das zur Begutachtung weitergereicht wurde.

»Ihr zweifelt, weil Ihr mich nicht zu kennen glaubt? Oder bin ich Euch bereits so vertraut wie Ihr Euch selbst? Ihr lebt versteckt, getarnt, Ihr legt den Reichtum nicht offen und seid diejenigen, die heute hier sind, weil Ihr erwartet, dass ich Euren Wohlstand vermehre. Seht her!«

Der Vogt zeigte auf die Kurstafel.

»In nur drei Stunden hat sich Euer Einsatz fast verdoppelt! Darum nehmt die Gewinne, genießt und schweigt. Niemand außerhalb unserer Kreise wird etwas erfahren und ihr solltet nicht darüber reden, wenn Euch Euer Geld lieb ist. Ihr habt die gleiche Kapuze auf wie ich, nur ist die Eure unsichtbar!«

In der Kunstpause bewegten sich die Herrschaften nicht und standen mit beschämter Haltung vor dem charismatischen Redner. Mit ungehemmter Energie und Zorn in der Stimme sprach er weiter und zog damit das Publikum tiefer in seinen Bann.

»Darum urteilt nicht über mich! Denn Ihr WOLLT, dass ich hier stehe! Ihr WOLLT, dass ich diese Arbeit für Euch erledige, die Ihr Euch selbst nicht zutraut. Also hört auf, die Vorteile zu nehmen und später den moralischen Finger zu erheben. Euch, meine hochwohlgeborenen Herrschaften, wäre ich dankbar, wenn ihr Eure Gewinne nehmt und Euch schweigend umdreht und geht. Dank erwarte ich nicht. Aber lasst mich meine Arbeit fortsetzen für Euren Erfolg, wie Ihr längst verstanden habt!«

»Was ist mit den Moorbauern?«, traute sich jemand, zu rufen.

Der Vogt lief unter der Kapuze rot an, niemand sah es. Einige bemerkten, dass er tief einatmete, um genügend Luft für den nächsten gespielten Anfall zu haben. Er war entsprechend laut.

»Was um alles in der Welt soll mit denen sein? Anstatt Torf zu stechen, arbeiten die bald in unserem Transportwesen. Die Zeit ändert sich. Die Maschine wird tiefe Schneisen in das Moor schlagen, die zu breiten Kanälen werden für unsere großen Torfschiffe. Außerdem haben wir es eilig, in wenigen Jahren wird Kohle den Torf abgelöst haben. Glaubt mir: Kohle ist der bessere Torf! Was wir hier erledigen, ist im Interesse der Torfstecher.«

Der Redner senkte die Stimme.

»Es ist bald vorbei mit dem Moor, aber zuvor räumen wir dort alles ab, denn niemand hatte bisher das Potenzial erkannt. Jetzt hattet Ihr das Glück, im richtigen Moment davon zu erfahren.« Der Vogt hatte sich mit diesen Worten mit dem Publikum versöhnt und seine Anhängerschaft war wieder gewachsen. Er verabschiedete sich höflich und verließ die Bühne. Applaus war zu hören, doch zur allgemeinen Überraschung kehrte er zurück.

»Nur eine Sache noch!«

Mit diesen Worten war seine linke Hand in eine Seitentasche seines Umhanges gefahren und er hielt eine übergroße, schwere Brille aus massivem Messing in die Höhe. Mit leichten Bewegungen wendete er sich in alle Richtungen zum Publikum, das sich schweigend und erstaunt fragte, welche Überraschung jetzt kommen würde. Die Aktion war perfekt kalkuliert, um nochmals die ganze Aufmerksamkeit zu erhalten.

Die Brillengläser dieses klotzartigen Metallgestells waren mit geringer Vergrößerungswirkung geschliffen. Darauf eingraviert zeigten Tabellen und Zahlenreihen Werte an, die nur sichtbar wurden, wenn ein zweites Glas mit einem Einstellknopf am Rand darüber geklappt wurde. Etliche schwarze Drehknöpfe und Schieberegler auf den engen, goldartig schimmernden Metallflächen des Gestells offenbarten bei dieser flüchtigen Betrachtung nicht, was sie ausrechnen und anzeigen könnten.

Der Vogt ließ die allgemeine Verwunderung wirken.

»Wie oft habt Ihr, meine hohen Herrschaften aus Bremen, das ferne Teufelsmoor besucht? Etwa nie? Das hatte ich vermutet. Die Reise ist beschwerlich und dauert zwei bis drei Tage. Aber dort wird jetzt die Maschine in einem riesigen Haus montiert. Später werdet Ihr eingeladen zu sehen, welch ein gigantisches Gerät Eure Gewinne ausgraben wird. Und falls Ihr Eure Profite im Blick zu behalten wünscht, kauft diese technische Brille. Damit schaut Ihr später auf die geförderten Berge von Torf. Zuvor wird der aktuelle Kurs der Aktie links am Rad eingestellt, sodann legt Ihr diesen kleinen Hebel um und auf der Skala erscheinen Eure Werte, wie Name, Adresse und die Höhe der gezeichneten Anteile.«

Ein Diener setzte eine der inzwischen bereitgelegten Brillen auf und führte die Handhabung vor, indem er auf das Modell der Maschine sah und einige Stellschrauben bediente. »Das Gerät kann noch viel mehr! Mit dem Baufortschritt werdet Ihr Eure zu erwartenden Gewinne erkennen.«

»Vorbestellungen und die Bezahlung nehmen unsere freundlichen Damen des Verkaufs jetzt entgegen. Fahrten in das Teufelsmoor zur Besichtigung der Baustelle und Arbeitsweise der Maschine bieten wir ab dem Torfhafen an, wenn die Arbeiten weit genug vorangeschritten ist. Komfortabel eingerichtete Torfkähne werden Euch, unsere geschätzten Teilhabenden, an den Ort des Geschehens bringen. Fahrkarten sind im Handelsbüro meines Hauses an der

Schlachte erhältlich. Dort werden vor der Reise auch die Kursanzeigebrillen ausgehändigt. Danke für Euer gnädiges Interesse!«

Der Vogt hatte keine Gelegenheit zum Verkauf von Zusatzartikeln ausgelassen. Die Folgen, die dadurch eines Tages auf ihn zukommen würden, hatte er zu diesem Zeitpunkt nicht vorhersehen können.

Die Menge erhob sich und unter Applaus schritt er von der Bühne und entzog sich für diesen Abend weiteren Diskussionen. Isabella ließ das erneut einsetzende Gedränge hin zu den Verkaufstischen mit leiser Musik untermalen. Die Listen der Brillenbestellungen wurden länger und länger. Sie war erleichtert wegen der allseits positiven Stimmung, die der Vogt mit seiner Rede punktgenau erreicht hatte. Die Zufriedenheit der Käufer war sichtbar gewachsen, seit er die »Kontrollbrille« erklärt hatte. Wer sie aufprobierte und zum Tisch mit dem Modell schaute, erkannte in den Skalen sich verändernde Werte, wenn einer der Drehregler bedient wurde. Dass dieses nur eine optische Täuschung durch das Verschieben von gravierten Gläsern war, die durch das Licht der vielen Kerzen Reflexe erzeugten, bemerkte niemand.

Die Rede war für Isabella ein Lehrstück, und sie führte sich die Ebenen der Informationen darin vor Augen. Zuerst waren da die Selbstsicherheit des Vogts und die klare Logik, was wichtig ist, und was nicht. Die Betonung, die Emotionen und die Begeisterung für das Vorhaben war bis in den letzten Winkel der Gehirne gekrochen und hatte die Nachricht eingebrannt, ohne dass sie ausgesprochen worden war: Wer nicht teilnimmt, verliert!

Aber den Höhepunkt des Abends hatte Isabella in der Brille erkannt. Es war nur ein Gestell mit Gläsern und doch ein Heilmittel gegen die Angst und Vorbehalte der Investoren, die ihnen der Vogt damit genommen hatte. Dieses sonderbare Gerät diente nur zur Zerstreuung der Zweifel durch das Anschauen von irgendetwas. Aber wie sie richtig schlussfolgerte, es war nur ein Gefühl – wirkliche Kontrolle sähe anderes aus.

»Er kann es eben! Der Vogt verkaufte Beruhigung und scheinbare Kontrolle, also nichts, und selbst da kingelte die Kasse!« Morgen zum »Voksverkauf« war sie nicht eingeteilt. Die Sonderveranstaltung diente nur dem Zweck, möglichst viele kleine Beteiligungen in die Bevölkerung zu streuen, um die Anzahl der Befürworter zu erhöhen. »Wer beteiligt ist, wird nicht gegen das Projekt kämpfen.« Sie hatte ihre Sätze leise gesprochen und zog sich für heute aus der Aufgabe des Verkaufs zurück.

Von den Besuchern unbemerkt hatten die Leute des Vogts den Marktplatz um das Rathaus überwacht, um den Abtransport der Einnahmen des Abends zu sichern.

KAPITEL 15
ISABELLAS WEITSICHT

Die meisten Gäste waren gegangen. Ein harter Kern trank noch länger Wein und Isabella hörte bruchstückhaft, wie sich die Investoren gegenseitig bestätigten, alles richtig gemacht zu haben. Die Anspannung fiel von ihr ab. Für andere unsichtbar sank sie kraftlos auf einen Stuhl hinter dem Rednerpult und die Eindrücke des Tages zogen wie mit einem Blick durch ein Kaleidoskop im Geiste vorüber. Die zuckenden, sich überlagernden Bilder gaben ihr keine Vorstellung von der Zukunft, sondern eine Vielzahl von unbestimmten Ereignissen.

Was wird aus mir, wenn der Vogt mit seinem Unternehmen scheitert? Es wäre das Ende meiner Zeit in dieser Stadt, niemals wieder würde mir jemand vertrauen. Und so beschloss Isabella, dieser Möglichkeit zuvorzukommen.

Sie erhob sich und schritt an der Rückseite der großen Prunkfässer entlang. In den ersten dreien saßen am Tisch je zwei Personen, die Münzen und Geldscheine sortierten und zählten, bewacht von einem Aufseher. Goldstücke und Silbertaler legten sie in Holzkästen, Papiergeld, Zubehör, Quittungen und Listen wurden in Ledermappen gesammelt.

Isabella erreichte das vierte Fass, als zufällig der Vogt aus der Öffnung trat. Sie stolperte wegen der Enge unversehens in seine Arme. Es wurde eher ein Zusammentreffen, das Verlegenheit auslöste, denn sie wich zurück. »Gut, dass wir uns sehen. Alles ist nun besprochen und jetzt ist die Aufgabe erledigt. Bezahlt mich wie vereinbart, gebt mir meine Freiheit wieder und klopft nicht noch einmal bei mir an.«

Er gab Isabella ein Zeichen, ihm in das Fass zu folgen. Sie nahmen Platz und saßen sich schweigend am Tisch gegenüber. Von außen drang dumpf das undeutliche Gemurmel der Gäste durch die Eichenbretter. Gläser klapperten beim Aufräumen und Rufe waren zu hören, mit denen die letzten weinseligen Investoren zum Verlassen des Ratskellers aufgefordert wurden.

Beide fühlten sich ausgebrannt und waren dennoch nicht am Ziel. Für ihn war der Abend wie ein Anfang auf dem Weg in die Zukunft seiner Visionen, und Isabella stand am Start in ein Leben voller Zweifel und ohne klare Perspektive. Ihr fehlte ein Fixpunkt am Horizont, eine Vorstellung davon, wohin ein Aufbruch lohnte. Ihre Familie hatte sie vor Jahren wegen des jähzornigen Stiefvaters verlassen und ihren großen Gönner Gerd aus einer unbedachten Stimmung heraus verraten. Das hatte zur Folge, vom Vogt für seine Zwecke erpresst worden zu sein. Erst jetzt fiel ihr auf, dass zu keiner Zeit ihre eigene Zukunft von Bedeutung gewesen war. Sie fühlte sich leer und ausgenutzt.

Ihre schwermütigen Gedanken wurden unterbrochen. Der Vogt, heute in Hochstimmung über den Erfolg des Abends, zeigte er sich von einer verständnisvollen Seite. »Euer Auftritt war wunderbar, Isabella, niemand sonst hätte das geschafft. Dann habe ich inzwischen verstanden, dass ich Euch nichts bedeute, und ich akzeptiere es. Auch hatte ich Euch zur Mitarbeit gezwungen. Dennoch, ich hatte keine Wahl, hier kommt Euer Lohn!«

Isabella schaute auf, es gab da etwas an seinen Bewegungen und im Tonfall der Stimme, das sie an Gerd erinnerte. Größe, Haltung und jetzt diese anerkennende Geste? Wer ist das, woher stammt er? Ihr Blick traf abwesend seine Augen.

»Was ist, Isabella?« Es war keine ernst gemeinte Frage, denn er drehte sich zur Seite und klopfte ein Zeichen an die Bretter des Fasses. Es wurden zwei Kisten mit Geld und eine Kiste mit Gold- und Silbermünzen hereingetragen. Die Bezahlung hatte sie damals als Bedingung für die Zusage zur Mitarbeit verlangt. Jetzt hielt er sein Versprechen, und zwar großzügiger als vereinbart. Aber warum? Sie nahm die letzte Kraft zusammen und belehrte ihn unmissverständlich: »Vogt, Jasper, Freiherr, wer immer Ihr in Wahrheit seid, versucht nicht, mir zu schaden. Genauso, wie ich mit Erfolg für Euch gearbeitet habe, fiele mir etwas ein, Euch zu vernichten!« Er verzog keine Miene und hütete sich, die Drohung zu unterschätzen. Er hatte ihre Hartnäckigkeit früh erkannt.

Aus den anderen Fässern wurden die Kisten unter Bewachung auf den Marktplatz geschleppt und in Fuhrwerke verladen. Nacheinander rollten sie ab in Richtung Schlachte, zum Packhaus des Vogts. Etwas seitlich wartete eine Kutsche in der Dunkelheit.

»Ich halte ebenfalls Wort und werde in einigen Wochen zum Stapellauf Eurer Maschine neben Euch stehen!«, fuhr Isabella am Tisch im Weinfass fort, »dort sehen wir uns dann zum allerletzten Mal!« Die Enttäuschung war dem Vogt anzumerken und sofort verhärteten sich seine Gesichtszüge. Sie erschrak selbst über ihr forsches Auftreten. Es war leichtfertig, diesem Mann zu drohen, gegen dessen Willen es kein Mittel zu geben schien.

Sie hatte erfahren, dass im Umfeld des Hafens Menschen verschwunden waren, von denen niemand wieder aufgetaucht war. Die Spannung an Ihrem Tisch löste sich, denn der Vogt sprach freundlich: »Die erste Bewegung der Maschine, auf der die rotierenden Spaten Torf abgraben, wird ein großes Ereignis. Ihr seid schließlich die Botschafterin des Unternehmens Teufelsbrocken-Brenntorf. Wir werden diese Angelegenheit doch wohl erfolgreich zu Ende bringen, oder?« Sie nickte erleichtert, denn sie hatte mit einer Drohung gerechnet.

»Bringen wir Euer Geld in Sicherheit.« Damit beendete er die Unterredung und rief seine Männer herein. Sie nahmen die Kisten mit dem Namen de la Conté auf und brachten sie auf den Marktplatz. Isabella und der Vogt folgten und sie wies den Weg zur seitlich wartenden Kutsche.

Das Pferd reagierte nervös auf den Vogt.

Nachdem die Träger die Behälter verstaut hatten, schickte er die Männer fort. Sie hatten keinen wertvollen Inhalt vermutet, denn an den Tagen zuvor hatte Isabella vorausschauend bei jeder Gelegenheit mit leeren Kisten hantiert oder wertloses Zeug mit nach

Hause genommen, um eine alltägliche Situation zu vorzugaukeln. Darum erschienen die Umstände heute wie gewohnte Routine. Der Vogt schaute jedoch misstrauisch auf die beiden Kutscher auf dem Bock, die er nie zuvor bei Ihr gesehen hatte. Sie ließ ihm keine Zeit zu weiteren Zweifeln. »Alles war wie geplant, viel Erfolg weiterhin. Den Termin für das große Ereignis der Maschinentaufe erfahre ich sicher aus der Zeitung? Ich werde dort sein, um zu Euren Investoren zu sprechen.« Sie blieb gnadenlos geschäftlich, stieg ein und gab einem der Wagenlenker durch eine freundliche Berührung am Arm ein Zeichen zur Abfahrt. Dem Vogt hatte sie keine Gelegenheit zur Antwort gegeben.

Hier stimmt etwas nicht! Ist sie mit den Kutschern vertraut?

Auf dem Marktplatz verstreuten sich die letzten Besucher und es trat die gewohnte Ruhe ein. Hätte der Vogt im Fortgehen zum Roland aufgeschaut, wäre ihm das verwunderte heftige Kopfschütteln der Figur aufgefallen, die hier seit gut 450 Jahren ihres Daseins bewegungslos verharrte. Einen Auflauf wie diesen hatte er bisher nicht erlebt. Vielleicht erhielt sein steinerner Hals in dieser Nacht Risse, die ein Jahrhundert später zum Austausch des Kopfes führen sollten.

Nach kurzer Fahrt hielt Isabellas Gespann vor ihrem Haus und die Kutscher halfen beim Entladen. Im Wohnraum angekommen zog sie die Vorhänge zu und zündete Licht an. Im Salon standen bereits etliche dieser Kisten des Vogts ohne Inhalt und ihre Helfer stellten die neuen Schätze dazu und umarmten Isabella herzlich. Sie brach in Tränen aus und bedankte sich schluchzend bei ihren Brüdern, Ernst und Albert, die inzwischen zu jungen Männern herangewachsen waren.

Seit sie Gerd fortgeschickt und der Vogt sie unverschämt und rücksichtslos erpresst hatte, blieb Elsbetta, wie Isabella ursprünglich hieß, ihren Wurzeln treu. Sie hatte wieder vorsichtig den Kontakt zu ihrer Mutter gesucht, die vor Gram über den Verlust der Tochter und den jähzornigen Ehemann schwer erkrankt war. Das Glück, endlich von der lange Vermissten zu hören, hatte sie wieder etwas in das Leben zurückgeführt.

Die Brüder stellten die Kutsche ab und versorgten das Pferd. Sie schlichen zurück und erreichten unerkannt die Haustür, denn niemand durfte bemerken, dass Isabellas Fahrer in der Nacht im Hause blieben. Diesen Skandal mochte sie sich nicht ausmalen. Von Familienmitgliedern hatte die Gesellschaft in Bremen zuvor nichts erfahren.

Sie kamen zurück in den Salon und fanden ihre Schwester schluchzend am Boden zwischen den Kästen und Kisten. Obwohl sie alles durchdacht und genau geplant hatte, war sie nach den Anstrengungen des Tages nicht mehr in der Lage, sinnvoll zu handeln. Wie befürchtet, war das Gespräch mit dem Vogt unter gegenseitigen unterschwelligen Drohungen beendet worden. »Ich bin in Gefahr und muss auf der Hut sein, denn wer weiß schon, was sich dieser Verrückte in Zukunft noch ausdenken wird?« Isabella hatte unverständlich gemurmelt und nicht mehr bemerkt, wie sie zu Bett gebracht wurde. Sie schlief vor Erschöpfung ein und ihre Brüder schauten ab und zu durch die Vorhänge auf die Straße. Albert erschrak und ließ den Stoff fallen. Von einem Baum gegenüber wurde das Haus beobachtet.

Das sonderbare Wesen, das sich dem flüchtigen Schmuggler im Teufelsmoor angeschlossen hatte, ließ sich bei ihm nieder. Sie schauten vom Bug des Schiffes in Richtung Osten, der aufgehenden Sonne entgegen.

KAPITEL 16
GERDS ERKENNTNIS

Die beiden Passagiere sahen den Anstrengungen der Mannschaft zu, wie sie das Schiff vom Ufer aus auf dem Treidelpfad an Seilen zogen. Die Männer einiger Ortschaften am Flusslauf boten den Weserschuten Treideldienste an. Eine Gruppe, die am Tau zog, hieß »die sieben Faulen« und zwar selbst dann, wenn ihre Anzahl höher oder geringer war.

Für die Bewältigung schwieriger Etappen standen Pferde bereit und das kleine Segel diente zur Unterstützung bei günstigem Wind. Wurde die Strömung zu heftig, half oft nur, anzulegen und abzuwarten. Eine Fahrt flussaufwärts dauerte eben so lange, wie es die Umstände hergaben.

»Mein Name ist Fablax, ich kenne alle Ereignisse des Teufelsmoores und schreibe sie für unser Archiv auf, das alles Wissen bewahrt, na ja, zumindest das, was wir eben so herausfinden. In Unnerbodden, der tieferen Ebene, verwahren wir es, bis die Zeit kommt, dass die Welt von uns lernen will – was wir allerdings nicht so bald erwarten.« Das wuschelige Wesen hatte Gerd unvermittelt angesprochen. Es lehnte an seinem Knie und vom Ufer aus nahmen die Männer an den Tauen eine stille Gemeinschaft zwischen Mensch und Hund wahr.

Die Begegnung der beiden sowie die Möglichkeit, Gerd von einer Mission zu überzeugen, war von den Moorhexen aus Unnerbodden genau geplant worden. Alles kam darauf an, wie der ehemalige Schmuggler auf die Hintergründe reagieren würde, von denen er durch die Berichte des Fabelwesens bald erfahren sollte. Dass Gerd selbst eine Rolle darin gespielt hatte, ahnte er bisher nicht. Fablax veränderte seine Position und saß direkt vor ihm, reckte kurz die weichen Haare in die Höhe und gähnte ausgiebig, um den kommenden Informationen eine entspannte Note zu geben. Sein aufgerichtetes Haarkleid fiel wieder zusammen und er schaute Gerd eindringlich lange an, bis dieser fragte: »Was? Kommt noch etwas Bedeutendes oder genießen wir nur die herrliche Luft?«

Fablax' Maul war selbst beim Sprechen kaum zu erkennen. »Wilhelm Gerd zu Jagdfein, höre mir zu!« Die Gelassenheit des Angesprochenen war sofort dahin. »Woher kennst du diesen Namen? Das ist unmöglich!«

Ohne auf die Erregung seines Gegenübers einzugehen, fuhr Fablax fort: »Siehst du, so ist es mit euch Menschen, ihr glaubt nur an das, was ihr selbst wahrnehmen könnt oder wollt. Alles andere existiert für euch nicht oder ihr tragt eine unbestimmte Vorstellung mit euch herum, die wenig mit der Wirklichkeit zu tun hat. Du hattest im vergangenen Jahr eine schwere Zeit. Ich weiß alles über dich, seit Jahren schon, denn aus den Binsenbüscheln hatten die Moorhexen beobachtet, wie du eine Frau in deinen Kahn einsteigen ließest. Auch die Wolken über dem Himmel von Worpswede hatten dich verfolgt! Aber frage nicht nach Einzelheiten, denn es kommt jetzt darauf an, dass du den Zusammenhang verstehst.«

Gerd schaute seinen aufdringlichen Begleiter ungläubig an. »Wie kommst du darauf, dass ich deine Geschichte überhaupt hören will? Wie das letzte Jahr für mich war, weiß ich wohl am besten. Mit dem Teufelsmoor bin ich fertig, ich werde nie wieder dorthin zurückkehren!«

Fablax traf Gerd an einer empfindlichen Stelle. »Und die Frau? Sie wartet auf dich!« Sobald er das hörte, sprang er auf, drehte sich um und lief einige Schritte mit abwehrender Geste in Richtung Heck. Dennoch war es ihm unmöglich, den folgenden Worten zu entkommen. »In diesem Augenblick arbeitet sie zwar für den Vogt, der sie gezwungen hat, Geld für seine Maschine zu sammeln. Sie hatte keine Wahl, aber glaube mir, sie liebt dich immer noch.«

Er drehte nur den Kopf und erwiderte: »Unsinn, sie hat mich belogen und betrogen, das undankbare Miststück! Nur ihretwegen bleibt meine magische Uhr geschlossen, damit ich mich nicht verrückt mache, mit dem, was ich sehen könnte. Sie hat sich mit dem falschen Mann eingelassen. Der Schwarze Vogt ist ein Monster, er will stets alles. Andere Menschen zählen für ihn nicht! Und du, was willst du wirklich von mir? Es kommt doch niemand daher, um meine gescheiterte Liebe zu retten. Bisher suchten nur diejenigen meine Nähe, die eigene Interessen hatten und Hilfe von mir erwarteten. Du wärest nun der Erste, der sagt, hallo Wilhelm Gerd, hier bin ich und helfe dir in ein schönes neues Leben. Das gibt es nicht, du willst irgendwas von mir. Und übrigens: Meine neuen Pläne gehen dich nichts an!«

»Also gut, lassen wir für's Erste deine Bedenken beiseite und ich erkläre dir, warum wir gemeinsame Interessen haben. Was ich will, das erwartest auch du selbst von deiner Zukunft.«

Gerd wurde spöttisch. »Ach was?« Er hielt es für überflüssig, irgendetwas über sich selbst zu erklären. Das wäre auch nicht notwendig gewesen, denn Fablax hatte bereits alle Informationen und war froh, dass der flüchtige Schmuggler dem kommenden Vortrag auf dem engen Schiff nicht ausweichen konnte.

»Du wirst sehr wohl wieder ins Teufelsmoor zurückgehen und erst einmal mit Verstand nach deiner verlorenen Liebe schauen.« In voller Absicht war Fablax sofort wieder zum wunden Punkt in Gerds Seele zurückgekehrt. »Vergiss bitte nicht, die intelligenten Fähigkeiten dieser Frau sind der einzige Grund, warum der Schwarze Vogt es schaffen könnte, das gesamte Teufelsmoor zu zerstören und damit auch unsere verborgene Heimat Unnerbodden.«

Gerd antwortete etwas versöhnlicher. »Ja, ich weiß einiges über die Fabelwesen und Riesen. Ich habe viel gesehen und was ich erlebte, habe ich letztes Jahr im Packhaus des Schwarzen Vogts aufgeschrieben. Aber ich vermute, die vielen Blätter sind beim Untergang meines Schiffes für immer verloren gegangen.«

»Im letzten Jahr ist viel passiert, wovon du keine Ahnung hast.« Fablax kam mit diesen Worten endlich auf den Punkt. »Außerdem solltest du erfahren, wie die Tiere und Fabelwesen das Moor beschützen.«

»Gut, wir haben noch zwei Tage Zeit, bis wir in Wanfried ankommen. Also, wo willst du beginnen?«

»Schon bevor du den Kampf mit den Zöllnern angezettelt hattest, war der Vogt auf die Idee für eine riesige Maschine gekommen, das Moorgetüm, wie er sie damals nannte. Ha, ha, jetzt nennt er das Monstergerät freundlich Moorkultivator, was wohl harmloser klingen soll. Ohne dass du es bemerkt hast, gab es um dich herum bösartige Entscheidungen, die dein geliebtes Teufelsmoor vernichten könnten. Deine Zukunft dort ist bedroht, denn wird die Maschine tatsächlich gebaut und frisst sich durch die Landschaft – gibt es danach kein Teufelsmoor mehr.«

»Na und? Was redet der da? Ein neues Leben in dieser Sumpflandschaft? Für mich niemals mehr!«

»Ich beginne mit dem Moment, der das Gleichgewicht im Teufelsmoor aus der Balance gebracht hat. Der Anfang allen Unheils war, als der Vogt den Entschluss für seine Monstermaschine gefasst hatte.« Fablax wartete, bis Gerd signalisierte, dass er zum Eintauchen in die Ereignisse von damals bereit war.

»Unsere Moorhexen an den Ufern der Kanäle und Flüsse berichteten, dass der Vogt oft mit einem Torfkahn allein unterwegs gewesen ist. Ein Mann, schwarz gekleidet mit Kapuze, ist scheinbar ohne Grund durch das Moor gestriffen? Wozu, warum?«

Gerd schwieg, denn darüber war ihm nichts bekannt.

»Wir hatten den Mann verfolgt und erreichten die Packhäuser am Schlachte-Hafen in Bremen. An einem der letzten kalten Wintertage 1855 trat die dunkle Gestalt vor die Tür des größten Hauses und nahm ein rätselhaftes Gerät in Betrieb.«

KAPITEL 17
DER IMPULS

Tagsüber hatte niemand den Schwarzen Vogt bisher wahrgenommen. Überhaupt war nichts Genaues über ihn bekannt, nur, dass er im größten Packhaus an der Schlachte lebte, das er vor Jahren zu einem Spottpreis erworben hatte. Im alten Flusshafen an der Weser war der lohnende Warenumschlag lange vorbei. Darum hatte er den Kauf des Hauses für eine günstige Gelegenheit gehalten, weil er der Meinung war, dass sich mit seinen Ideen die Zeiten wieder ändern könnten. Doch verging Jahr um Jahr, ohne Aussicht auf eine Belebung des Handels. Wie so oft trieben ihn die Sorgen um seine Zukunft aus dem Haus. Kurz, die Geschäfte liefen schlecht. Je länger die Jagd nach einer zündenden Idee andauerte, desto hektischer versuchte er, einen kreativen Gedanken zu fassen. Doch die richtige Eingebung blieb aus.

Hinzu kam, dass er nicht dazu veranlagt war, sich mit Kleinkram zu befassen. Die Größe seiner Geistesblitze passte bisher zum Umfang seines genialen Hauptes, das er hoch erhoben über den Schultern trug. Er hielt sich für großartig und unfehlbar. War es Marotte oder ein Markenzeichen, dass er die Kapuze seines schwarzen Mantels niemals ablegte und das Gesicht verborgen hielt? Er hatte auf den oberen Stufen vor der Tür innegehalten, die kühle Winterluft tief eingeatmet und mit der linken Hand unter seinen mantelähnlichen Umhang gegriffen. Er umfasste einen etwa zwei Meter langen, verzierten Holzstab und stelle ihn mit dem ausgestreckten Arm vor sich ab. Mit starren Augen schaute er in einen faustgroßen blauen Kristall, der an der Spitze des Stabes mit Lederbändern im Wurzelholz fixiert war. Einige Minuten geschah nichts, bis im Tageslicht nur blass erkennbar, aus dem gläsernen Objekt ein breiter Lichtstrahl schoss, der sich im hohen Bogen bewegte und schließlich im Teufelsmoor den Boden berührte. Mit den Augen lenkte er das Ende des Lichtbogens über die Landschaft.

Vor seinem Auge erschien aus dem Kristall heraus eine durchsichtige, flimmernde Fläche, auf der sich die winterliche Einsamkeit des Moores zeigte.

Einige Tiere huschten vorüber und ein Schuljunge war auf dem Weg zum Unterricht. Seit Tagen immer ein ähnliches Bild. Es war so langweilig!

»So wird das nichts! Torf, wohin man schaut. T o r f e l s m o o r müsste es heißen, nicht Teufelsmoor? Dorthin schaue ich nie wieder! Er zog den Stab zurück unter den Umhang. Ein Blitz der Eingebung muss mich treffen, der meine Energie für ein neues Ziel freisetzt. Diese Kraft wird den Kristall aufwecken, und er zeigt mir die Zukunft. Ich brauche Geduld, große Dinge sind Inspiration, ich darf nicht versuchen, etwas zu erzwingen!«

Mit diesen Worten war er die wenigen Stufen auf den Gehsteig hinabgestiegen und wandte sich flussabwärts in Richtung Vegesack. Je weiter er heute am Ufer der Weser voranschritt, umso mehr verließen ihn die mentalen Kräfte. Neu zu denken fiel ihm schwer, denn er haderte noch immer mit den gescheiterten Versuchen, im Harz ganze Bergkuppen abzutragen, um daraus Schotter für die neuen Eisenbahnen zu gewinnen. Das Material war zu hart und seine Eisenhämmer hatten sich bei den Tests schnell abgenutzt. Wären die Steine weicher, würde eine leichte Mechanik ausreichen. Erneut hatte er sich in der Vergangenheit verloren und damit für neue Ideen geistige Hürden aufgestellt.

Selbst hier an der frischen Luft blieben die Inspirationen aus, seine Schritte wurden kleiner und mit tief geneigtem Kopf schaute er auf das Kopfsteinpflaster der Straße. Das beim Gehen hypnotisch vorbeiziehende Muster der Steine war einschläfernd. Plötzlich stutze er, denn vor ihm breitete sich eine sandige Fläche aus, die ihn aus der Trance riss. Was hatte er da eben gesehen? Endlos viele fast gleiche Pflastersteine? So unscheinbar diese Erkenntnis erschien, sie erregte sofort sein Interesse.

Er schaute sich um und bog rechts ab, weil sich dort eine Straße fortsetzte, die in einem anderen Muster gepflastert war. Erneut faszinierten ihn die Steine. Einzeln haben sie kaum einen Wert, aber in der Masse …

Er beachtete zum ersten Mal diese mühevolle Kunst der Straßenbefestigung und sie führte seine Schritte bis zum Torfhafen in Findorff. Nur wenige Torfschiffe hatten sich den Weg nach Bremen gemacht. Oft wurde das Brennmaterial in der Stadt gegen Ende des Winters knapp, und Moorbauern, die einen Vorrat an trockenem Torf auf Lager hatten, nahmen die mühsame Reise in der kalten Jahreszeit auf sich, um höhere Preise zu erzielen.

Etwas verächtlich beobachtete er das Treiben der Händler. Diese Mühsal für kleine Torfballen? Die haben doch keinen Wert! Außerdem endet an diesem Hafenbecken die moderne Welt; je weiter man rausfährt, umso weiter reist man in der Zeit zurück. Da draußen gibt es doch nur Moor und rückständiges Mittelalter. Seit Jahrhunderten schaufeln die Siedler den klebrigen nassen Matsch, den sie Torf nennen, aus dem Boden. Oberflächlich und abfällig hatte er die Situation eingeschätzt und sich mit Verachtung abgewendet.

Ein lauter Streit zwischen einem Torfbauern und einem Händler um die Bezahlung ließ ihn umkehren. Wieder sah er die wackeligen Torfschiffe und den Berg abgeladenen Torfes. Durch das hartnäckige Feilschen und den jetzt hohen Preis erkannte er blitzartig, wie begehrt der Brenntorf war. Der Wert ergibt sich aus dem Bedarf?! Kaum etwas in der Stadt würde funktionieren ohne das Heizmaterial aus dem Teufelsmoor. Niemand könnte kochen oder heizen, es gäbe kein Brot aus den Bäckereien und die Kessel der Bierbrauer blieben kalt. Im Geiste führte er die Liste fort und erkannte, dass die Stadt, wie er sie heute erlebte, sich nur durch dieses unscheinbare Brennmaterial hatte entwickeln können. Was jedoch seit Jahrhunderten wie unveränderliche Gewissheit erschien, geriet durch den technischen Umbruch zunächst kaum bemerkbar ins Wanken.

In der stillen und kalten Winterluft hing der Rauch der Lokomotiven des nahen Hannoverschen Bahnhofs, den er jetzt wahrnahm. Kohle hatte mit der Eisenbahn Einzug in die Stadt gehalten und seit einem Jahr lieferte die neue Kokerei das Stadtgas für über 1.000

Straßenlaternen. Dennoch blieben seine Gedanken beim Torf, der immer noch die wichtigste Energiequelle für das städtische Leben darstellte und den es im nahen Teufelsmoor praktisch unbegrenzt gab.

Auf dem Heimweg waren seine Schritte wieder energiegeladen und mit erhobenem Kopf führte er seine Überlegungen fort. Tausende Moorbauern und Schiffer sind in der Lage, von ihrer Arbeit zu leben. Was wäre, wenn ich das alles selbst organisieren würde? Mit einer großen Maschine für das Torfstechen könnte ich den Handel komplett übernehmen. Bremen verbraucht Unmengen dieses Materials. Seine Erkenntnis reifte, dass mehr hinter dem Torfgeschäft steckte, als der erste Eindruck erahnen ließ. Ausgerechnet hier, im kleinsten Hafen der Stadt, an dem die moderne Welt der Dampfmaschinen endet, finde ich eine Idee für ein unendlich großes Geschäft. Wie die Steine auf dem Boden haben die Torfballen einzeln kaum einen Wert. Aber es kommt auf die Menge an. Masse ist angesagt!

Eine Idee war geboren und in den folgenden Tagen hatte der Vogt auf eine Entscheidung hingearbeitet. Vor allem eine strategische Erkenntnis trieb ihn zur Eile an. Seit 1847 in Bremen der Hannoversche Bahnhof eröffnet worden war, hätten die Torfstecher die Auswirkungen auf ihre Zukunft täglich vor Augen haben müssen. Die Lokomotiven wurden mit Kohle beheizt. Sie ist darum besser als Torf, hatte der Vogt erkannt. Es wird nicht lange dauern, bis der getrocknete Matsch nicht mehr gebraucht wird. Oder schlimmer, es wird eine Eisenbahnstrecke durch das Teufelsmoor bis nach Worpswede gebaut, wodurch die Torfkahnfahrer überflüssig wären. Die Zeit für Brenntorf wird schneller zu Ende sein, als sich die Menschen vorzustellen vermögen. Entweder ich verkaufe den gesamten Torf jetzt oder er bleibt auf ewig im Moor.

Nur vier Wochen später kamen mit dem Frühjahr die Schiffe wieder in großer Zahl am Torfschiffhafen an. Zunächst deutete nichts darauf hin, dass die Lebensgrundlage der Moorbauern mit den Plänen des Schwarzen Vogts vor dem Ende stand.

KAPITEL 18
DIE ENTSCHEIDUNG

Die dunkle Gestalt zwischen den eng stehenden Häusern beobachtete die Torfkähne. Der Mann im schwarzen Kapuzenmantel war praktisch unsichtbar, weil das Licht der aufgehenden Sonne die enge Gasse bisher nicht erreicht hatte.

Körbe mit Torfballen wurden per Hand an Land gehoben und auf Pferdefuhrwerken ausgekippt. Reihen von Torfkähnen warteten am Anleger darauf, entladen zu werden, und bis tief in den Kuhgraben hatten große und kleine Schiffe festgemacht. Leere Kähne fuhren ab und die nächsten rückten an die Kaimauer vor. Wie zum Takt einer Uhr bewegte sich dieses Bild, und doch schien es immer das Gleiche zu sein. Heute Morgen war es windstill und die meisten Torfschiffer hatten ihre Segel am Mast gelassen. Tag für Tag und Jahr um Jahr, mal mit, mal ohne Segel. Außer im Winter.

Dieser Kundschafter war der Schwarze Vogt und nur die Brockenweiber, die ebenfalls morgens zur Arbeit hier erschienen, hatten ihn wahrgenommen und tuschelten über den sonderbaren Fremden. Kaum hatte das Entladen angefangen, verstummten die Frauen und halfen, den Torf auf die Fuhrwerke zu heben. Brocken, die herunterfielen, waren ein Teil ihres Lohnes. Gleichzeitig blieb die Hafenanlage auf diese Weise in einem aufgeräumten Zustand.

Seit der Betrieb in diesem Frühjahr im Torfhafen erwacht war, kam der Vogt täglich her, um den Handel zu beobachten. Wochenlang hatte er die Morgenstunden hier verbracht und die Körbe mit Torf gezählt, deren Menge er in Listen eintrug. War er einen Tag verhindert, rechnete er einen Durchschnittswert hinzu. Früh verließ er heute seinen Posten und ging zurück zu seinem Haus an die Schlachte.

Die Zeile der Packhäuser stand parallel zur Weser. Ankommende Waren brachten die Hafenarbeiter von den Lastkähnen vor die Speicher, die nur wenige Fenster, aber viele Ladeluken hatten. Unter jedem Giebel gab es einen Kranausleger mit Flaschenzug, der die Waren auf die Höhe des richtigen Stockwerkes hievte. An der

Rückseite der Häuser verlief eine Straße und parallel dazu einer der vielen Kanäle der Stadt.

Durch den Flur betrat der Vogt einen hallenartigen Raum seines Packhauses, in dem Tische standen, auf denen unzähligen Papierstapel lagen und Pläne ausgebreitet waren. Weitere Zeichnungen hingen an der Wand. Seit dem ersten Gedanken an den Torfabbau im großen Stil hatte er an den technischen Möglichkeiten gearbeitet.

Von der Weserseite schien die Mittagssonne durch Fenster, die immer geöffnet blieben, um frische Luft hineinzulassen, denn die Feuchtigkeit am Hafen schadete dem empfindlichen Papier. Er war achtsam, weil es keine Kopien gab.

Auf einer der Arbeitsplatten stapelten sich die Bögen mit den Notizen seiner Beobachtungen und jetzt fügte er die eben erst ermittelten Werte hinzu. Allein heute hatte er 1.800 Körbe Torf gezählt und als er seinen Standort verließ, war der Betrieb weitergegangen. Das geht Tag für Tag so, nur am Sonntag ruhen die aus. Er rundete das Ergebnis auf 2.000 Körbe pro Tag auf. Die Aufzeichnungen ergaben, dass die Moorbauern in den letzten vier Monaten der Saison nahezu 200.000 Einheiten angeliefert hatten.

Kein Wunder, dass die Torfstecher arm bleiben. Die Menge des Torfes hat zwar einen hohen Wert, aber auf wie viele Hände verteilt er sich? Mehr als 1.600 Torfschiffe soll es jetzt im Teufelsmoor geben, und nicht jeder Torfbauer hat ein eigenes Schiff. Da bleibt für den Einzelnen nichts übrig. Der Vogt prüfte nochmals seine Zahlenkolonnen und rechnete das Ergebnis auf das Jahr hoch. Er kam auf die Menge von 600.000 Körben Brenntorf pro Saison. Wie zur Bestätigung warf er den Kohlestift auf den Tisch, sprang auf und versuchte, seine wilde Entschlossenheit unter Kontrolle zu bringen. Er rief: »Das Ding wird sofort gebaut.«

Der Vogt hielt sich für einen genialen Strategen, der außerdem fast alles selbst erledigen kann. Diese Eigenschaft gestaltete die Arbeit mit der größer werdenden Schar seiner Berater schwierig.

KAPITEL 19
SPEZIALISTEN

Allein die technische Seite einer Konstruktion zum Torfabgraben führte ihn an die Grenze seines Verständnisses. Der Vogt war so klug zu verstehen, wo sein eigenes Wissen endete. Um in der Lage zu sein, die gewünschte Torfmenge zu fördern, würde eine gigantische Maschine notwendig sein. Letztlich waren es die Bedingungen im Moor, die die Maschinenkonstruktion vorgaben. Wenig Metall, dafür Holz, selbst für die mechanischen Teile. Das erschien zweckmäßig, klang jedoch für diese Zeit altmodisch und rückwärtsgewandt. Wie das Teufelsmoor!

Ohne einen modernen Dampfantrieb verblieb nur Muskelkraft. Für die technische Umsetzung umgab er sich mit den Könnern seiner Zeit. Er hatte Spezialisten für Mechanik, Eisenverarbeitung und Antriebstechnik engagiert. Die Planung der äußeren Struktur überließ er den Schiffszimmerleuten.

Der Vogt gab die Bedingungen vor, die für einen Einsatz im Moor erfüllt werden mussten: »Der Untergrund ist weich und es gibt Wasserflächen, die Maschine kann nur arbeiten, wenn sie leicht und schwimmfähig ist. Während sie durch viele Männer auf fünf Walzen vorwärtsbewegt wird, treiben Zahnräder über Ketten Hunderte Spaten an, die den Torf abstechen. Sämtliche Teile können wir in Bremen bauen, die danach mit Lastkähnen in das Teufelsmoor gebracht werden. Dafür errichten wir ein riesiges Haus und montieren dort die Maschine.«

Die Runde der Spezialisten vermochte das alles kaum zu verstehen. Sie kamen aus der Welt des Fortschritts. Sie hatten Dampfantriebe entworfen und die gaben ihren Konstruktionen eine bisher unbekannte Kraft.

»Vogt, Ihr sagt, das Teufelsmoor ist ein nasses Gebiet und der Boden besteht aus abgestorbenen Pflanzenfasern. Manchmal schwimmt das Land unter den Füßen der Bauern auf, Häuser versinken und Menschen auch. Viel Armut gibt es dort, Wege werden mühsam mit Sand von weiter her aufgeschüttet und Fuhrwerke kommen nicht gut voran. Sogar zur Kirche sind die Menschen im Kahn unterwegs. Was, um alles in der Welt, wollt Ihr in dieser rückständigen Gegend?«

Geduld war die Stärke des Vogts nicht. »Rückständig also? Ja, das dachte ich auch. Aber die Moorbauern sind klüger, als ihr alle glaubt. Die Bedingungen dort haben sie erfinderisch gemacht, darum unterschätzt sie niemals! Die haben ganz Bremen von ihrem Brenntorf abhängig gemacht und ohne sie gehen hier die Lichter und Öfen aus. Ich gebe zu, dort im Moor wirkt auf den ersten Blick alles rückständig gegenüber den neuen Techniken. Aber man muss genau hinsehen, denn dort wird Gold ausgegraben. Heutzutage kommen Tausende Torfkähne im Jahr mit Ladung hier an. Das hat bisher nur niemand richtig erforscht und nachgrechnet. Also konstruiert mir diese Maschine und nun will ich nichts mehr hören von Dingen, deren Zusammenhänge ihr nicht versteht!«

Der Vogt erklärte nur dieses eine Mal, sonst er gab Befehle. Seine Fachleute kamen von weit her und ihre Hilfe war teuer, nur darum hatte er sich bisher mit seiner Ungeduld in der Gewalt. Als ein Techniker aus der Runde seiner Konstrukteure fragte, was mit den Moorbauern geschieht, wenn sie ihre Arbeit verlieren werden, antwortete er nur knapp: »Ich brauche Euch als Ingenieure, nicht als Philosophen!«, und ließ den Störenfried von drei Männern herausführen. Kurze Zeit später waren aus dem Keller Schreie zu hören.

Ja, der Vogt verstand es, andere zu motivieren! »Zurück zur Sache. Es muss noch berechnet werden, was die Maschine wiegen und wie hoch der Widerstand im weichen Moor sein darf.« Einer seiner Experten meldete sich.

»Bauen wir die Maschine zu schwer, wird sie nicht funktionieren. Leichter kann sie nicht konstruiert werden, die Grenzen sind erreicht, sie muss von außen leichter werden.« Der Vogt sah ihn fragend und fordernd zugleich an. »Erklärt die Lösungen, nicht die Schwierigkeiten. Wenige Worte bitte!« Der Spezialist hatte den Befehl verstanden.

»Ich habe von den Ballons aus Frankreich gehört, die mittels heißer Luft Menschen in die Lüfte heben können. Diesen Effekt sollten wir nutzen. So etwas brauchen wir!«

Ein weiterer Ingenieur hob die Hand. »Wenn wir die Maschine im Inneren erhitzen, kann damit die Konstruktion ebenso angehoben werden.« Dem Vogt kam die Idee nicht praktikabel vor: »Es werden viele Leute in der Maschine arbeiten, die halten doch unmöglich ein Feuer aus!«

Gerade war der Chefkonstrukteur Dr. Arnaud Accuratio aus Paris eingetroffen. Er sprach fließend Deutsch, jedoch mit auffälligem Akzent:

»Baut einön riesig'ön Ballón über la grandiös Construction. Damitt fliegt sie gar nischt, wird jödoch vön de 'eis'e Luft a la Feuers ange'oben und darum leischter.« Mit diesen Worten hatte sich der kleine, aber intelligent wirkende Mann aus Frankreichs technischer Elite gleichsam vorgestellt und die Lösung präsentiert.

Der Vogt war begeistert, drängte er doch auf schnelle und vor allem pragmatische Ergebnisse. Die immer neuen Schwierigkeiten, die die Ingenieure zu bewältigen hatten, waren nicht nur zeitaufwändig, sondern auch teuer. Und jetzt noch der Ballon? Seine finanziellen Mittel schwanden dahin, er war gezwungen, Investoren zu finden … Damit reifte ein neuer Plan heran.

»Siehst du, das war der Impuls, warum der Vogt deine Isabella später zur Mitarbeit für die Finanzierung seines Projektes erpresst hat.«

Auf dem Weserschiff hatte Fablax seinen Bericht kurz unterbrochen, um Gerd die Bedeutung dieses Momentes vor Augen zu führen.

»Jetzt höre aber, wie es bei der Planung der Maschine weiterging. Das war einige Monate, bevor du dich im Haus des Vogts auf der Flucht vor Amtmann Cornelius versteckt hast.«

KAPITEL 20
DIE MASCHINE

Die ersten Konstruktionspläne sahen Folgendes vor: Fünf Walzen sollten in der Form von riesigen Holzzylindern gebaut werden, in einer Weise, die für Fässer oder Schiffe erprobt war. Darauf würde die Maschine im weichen Moor fahren und bei Bedarf schwimmen können.

Durch die großen Trommeln führten Achsen, die weit herausragten, um an jeder Seite Zahnräder aufzunehmen, über die Ketten angetrieben wurden mit Hunderten von Spaten daran, die den Torf abstachen.

Die äußere Hülle wurde aus Gewichtsgründen in Fachwerkbauweise und mit einem Weidengeflecht geplant, um neugierige Blicke fernzuhalten. »Niemand muss herausfinden, dass dort meine Gefangenen schuften.«

Der Vogt lachte bedeutungsvoll. Er sah sich schon in seinem Leitstand oben am Heck der Maschine Befehle erteilen, die über lange Röhren mit Schalltrichtern an seine Sklaven übermittelt wurden. Wer hier die Kommandos geben würde, stünde für Zuschauer sichtbar im Mittelpunkt. Er manövrierte das Moorgetüm mit der Kraft seiner Worte, während zahlreiche Männer im Inneren die fünf Walzen mit reiner Fußkraft bewegten.

Weit vorne schwebte hoch über dem Boden eine Art Balkon mit verschiedenen Hebeln zur Bedienung des Kolosses. Sogar hier ragten unzählige Kommandorohre vor die zwei Navigatoren, durch die sie Befehle an die Rollentreter leiteten, die der Vogt »Freiwillige« nennen ließ. In Wahrheit waren es gefangene Männer, die wie Sklaven behandelt wurden.

Sie waren zuständig für die Laufleistung auf den fünf Walzen im Inneren der Maschine.

»Verehrter Dr. Professöör Vogt!« Dr. Arnaud Accuratio war sich so kurz nach seiner Ankunft nicht sicher, wie er seinen neuen Arbeitgeber anzusprechen hatte. Dieser nahm die Übertreibung durch die Titel ohne Widerspruch und geschmeichelt an.

»Wie und wo findet Ihr genug Männer für die notwendige Schwerstarbeit für den Antrieb?«

»Nun, da gibt es lange bewährte Mittel aus der Seefahrt, von denen Ihr sicher schon gehört habt. Wir haben einen Hafen hier in der Stadt, aber vor allem weiter nördlich bei den Anlegern in Vegesack und Bremerhaven lungern Seeleute zuhauf in den Kneipen herum. Von denen fangen wir auf die Shanghaier Art soviele ein, wie es der Betrieb auf den Tretrollen erfordert. Ihr versteht, was ich meine? Wir greifen uns die starken Kerle, sperren sie in das Verlies hier im Haus und bei Bedarf werden sie in Ketten gelegt und an die Maschine gebracht. Was in der Seefahrt funktioniert, sollte auch für uns passen.«

»Sünd diese Zeiten nischt ...« Der Vogt unterbrach ihn sofort und ahmte ironisch eine französische Anrede nach: »Monsieur le spécialiste, stellt keine Fragen, die Euch nichts angehen! Ihr seid nicht für mein Gewissen hier! Ist das klar? Und jetzt seht lieber zu, dass Ihr den Mechanismus für die Spaten hinbekommt und das Gewicht reduziert. Löst auch die Probleme, die ich bisher nicht kenne.«

»Pardon le Bailli Vogte, isch schlage Segel vor, um die Vörtrieb zu erleischtörn ...«

»Nicht möglich, wie kann man darauf nur kommen? Dann fangt endlich an!« Die Stimme des Vogts klang spöttisch bei diesem naheliegenden Geistesblitz. »Plant also Masten ein, wie es sie für Torfkähne gibt, wir müssen nicht jedes Rad neu erfinden.«

Von der Seite betrachtet wirkte die riesige Maschine auf der Zeichnung wie eine Art mittelalterliches Schiff auf Rädern mit zu vielen Rudern und zu kleinen Segeln. Das hohe Kastell am Heck diente der Machtdemonstration für den Vogt, wenn er das Kommando führen würde. Um bei Überschwemmungen nicht abgetrieben zu werden, wurde für die monströse Maschine ein neu erfundener

Schraubenanker in Form eines Zapfens geplant. Das aus Holz geschlagene Gewinde würde den Anker beim Eindringen in die Torfschichten in Drehung geraten lassen und das Gewicht seines Eisenkerns sollte ihn durch metertiefen Torfmatsch bis auf den festen Untergrund ziehen. Es sah bereits auf der Zeichnung sonderbar aus, wie der riesige Zapfen vom Heck des Kastells baumelte. So etwas hatte die Welt bisher nicht gesehen.

Bis der Torfabbau vor etwa 200 Jahren den Menschen half, ihrer Not zu entkommen, war das Teufelsmoor kaum beachtet worden. Neue Siedler folgten dem Ruf der Moorkommissare und der Handel mit Torf hatte sich zuletzt nochmals verstärkt. Der damit einhergehende Wohlstand weckte Begehrlichkeiten.

KAPITEL 21
JAN, DER ANDERSMOORIGE

Eine schwer einsehbare Fläche für den Aufbau der Maschine hatte der Vogt zum Beginn seiner Planungen nahe an einem Torfkanal gesucht und gefunden. Hohe Eichen umstanden das Areal und gaben durch eine Schneise den Blick auf den Weyerberg frei.

Hier hatte der Bau für ein getarntes Haus von 60 Metern Länge, 30 Metern Breite und einer Höhe von 35 Metern bereits begonnen. Es wurde eine leichte zweckmäßige Fachwerkkonstruktion errichtet, ausgefüllt mit Weidenflechtwerk. In das dünne Reetdach und die Gefache arbeiteten die Männer des Vogts Moose, Gräser und sogar junge Bäume ein. So getarnt war das Haus trotz der Größe kaum zu erkennen. Es stand nur zweihundert Meter zur Beek, nordöstlich der Ortschaft Teufelsmoor.

Offengeblieben war die Giebelseite, aus der die Maschine später ins Freie fahren würde. Damit war der erste Einsatzweg in einer Sichtachse zum Weyerberg ausgerichtet, denn bis dorthin war die Torfschicht bis zu sieben Meter tief. Hier ließen sich in wenigen Tagen große Mengen abstechen, wie es Tausende Moorbauern mit ihren Spaten in jahrelanger Arbeit niemals schaffen könnten.

Der Vogt agierte im großen Stil! Er war sich sicher, dass vorerst niemand den Bau bemerken würde. Die Transportschiffe mit dem Holz für das Haus waren an den Flüssen Lesum, Wümme, Hamme und Beek, zwar aufgefallen, aber es gab dort etliche Baustellen an den Ufern, was die Transporte auf den ersten Blick erklärte.

Die größte davon war das neue Gasthaus mit der Zollstelle Tietjens Hütte. Obwohl diese nicht fertig war, verlangten die vorläufig stationierten Zöllner eine »Privatgebühr« und »erlaubten« den Schiffen des Vogts, ohne Registrierung die Beek flussaufwärts zu fahren. Er schwieg zu dieser Frechheit und fühlte sich erneut bestätigt, die Frage des Zolls für die Zukunft zu seinen Gunsten final zu lösen, egal wie!

Weiter nördlich zur Baustelle der Maschine führte ein Moorkanal tiefer in die Landschaft zu den Torfstichen der Bauern. Kaum jemand hatte bemerkt, wenn die Transportkähne des Vogts in einen getarnten und von ihm eigens angelegten Seitenkanal zur Entladung einbogen. Obwohl die Aktion unauffällig ablief, war sie von Anfang an heimlich beobachtet worden.

Es gab es an den Flussläufen und Kanälen eine kleine verborgene Welt. Selbst mit einem Torfkahn oder in trockenen Zeiten zu Fuß war es schwer, dorthin zu gelangen. Es gab Wasser, Wiesen, Schilf, Wollgras und einen Himmel zum Verlieben. Für die wenigen Menschen, die mehr verstanden, als nur zu sehen, entfaltete sich hier eine Kraft aus Magie, Schönheit, Liebe und Verständnis.

Jan von Moor, wie er eines Tages genannt werden würde, war eines dieser Kinder, das verstanden hatte, Unsichtbares selbst mit geschlossenen Augen zu verstehen. Jan war 15 Jahre alt und blieb der Schule aus echtem Interesse treu. Fragen fanden bei ihm erst Ruhe, wenn ihn Antworten zufrieden gestellt hatten. Mit seinem Lehrer Theobald Siems ergab sich eine Freundschaft des Wissens. Sie redeten und lernten oft den ganzen Nachmittag miteinander. Nicht dass Jan dazu gezwungen war, doch seine Eltern erlaubten es ihm, ab und zu länger im Schulhaus zu bleiben. Jan war zwar mit anderen Kindern befreundet, aber soweit er sein Teufelsmoor erkundete, war er Einzelgänger geblieben. Seine zurückgezogene Art sollte ihm eine neue Welt eröffnen.

Die Kinder aus dem Dorf und der Umgebung kamen im Sommer zu Fuß und im Winter mit Ruderbooten zum Unterricht. Die Häuser standen auf Wurten, die mit Sand aufgeschüttet und mit Findlingen von der Geest befestigt worden waren, alles herangeschafft mit Fuhrwerken und Kähnen. Manche Kanäle wurden zwar durch Schleusen oder Klappstaue reguliert, aber dennoch überschwemmte das Moor bei Sturmfluten durch das über die Flüsse in das Land gedrückte Nordseewasser großflächig. War diese heftige Flut vorbei, strömten die Wassermassen zurück zum Meer. Dieser Wechsel der Naturschauspiele nahm bei hohem Wasserstand dramatische Ausmaße an, wenn sich Torfschichten vom Grund ablösten und mit allem, was darauf war, abtrieben, mit Ausnahme der Häuser, die erhöht auf den Wurten standen. Aus der Ferne betrachtet wirkte die oft bis zum Horizont reichende Wasserfläche dann wie ein See, auf dem selbst die Gebäude zu schwimmen schienen.

Senkten sich mit ablaufendem Wasser die Torfschollen wieder ab, sah die Gegend fast genauso aus wie vorher. Selten wurden größere Schichten abgetrieben und veränderten die gewohnte Umgebung dauerhaft. Doch wem gehörte der Torf, der oft viele hundert Meter weit wegbewegt wurde? Pech hatte der Eigentümer, dem Land abhandenkam. Unfreiwillige Gewinner waren die Gehöfte, an denen das Treibgut angelegt hatte. Gängige Praxis aber war, dass sich Nachbarn gegenseitig halfen und abgelöste Teile mit Seilen gegen das Abtreiben sicherten, um Konflikte zu vermeiden.

Jan hatte seinen Lehrer gefragt: »Warum geschieht das so, wie kann Land schwimmen?«

»Weil das Moor im Sommer durch die Wärme austrocknet. Der Moorboden besteht aus Pflanzenfasern von abgestorbenem Torfmoos. Die Schichten werden durch geringe Feuchtigkeit porös wie ein Schwamm. Kommt die Flut im Herbst schnell, schwimmen Teile vom Land auf, weil der trockene Torf das Wasser nicht sofort aufsaugen kann. Jan, du bist oft bei mir und ich sehe dich selten zusammen mit den anderen Kindern. Bist du glücklich?«

Jan beachtete diese unvermittelte Frage seines Lehrers nicht, das aktuelle Thema war ihm wichtiger. »Aber meistens schwimmt doch das Land im Winter? Dann ist der Torf nass und nicht trocken wie ein Schwamm.«

»Sehr gut erkannt. Es gibt eine zweite Möglichkeit für das Aufschwimmen. In der Kälte friert das vom porösen Moorboden aufgesaugte Wasser bis in tiefe Schichten. Kommt das Hochwasser, löst sich das Moor vom Grund, weil jetzt das Eis im Boden leichter ist als das Wasser.«

»Glück, was ist das?«, fragte Jan unvermittelt. Er hatte die Frage seines Lehrers also doch wahrgenommen. »Meinen Sie die Zeit in der weiten Landschaft? Dort bin ich oft, wenn ich nicht arbeiten muss. Ich suche alleine abgelegene Stellen und die Tiere, die hier wohnen, kommen dann zu mir. Es ist, als wollten sie mit mir sprechen und ich bemerke, bis zur Verständigung fehlt nicht viel. Ich sehe große, sonderbare Fußabdrücke und Lichter, die es eigentlich nicht geben kann. Auch Stimmen – dann schaue ich mich um, aber es ist niemand da. Ich finde es spannend da draußen, vielleicht weil ich nicht alles erkunden kann. Ist das schon Glück?«

»Vielleicht bist du einer derjenigen, der die Zeichen aus der Unterwelt des Moores verstehen kann, die Unnerbodden genannt wird, also unterer oder tieferer Boden. Alle paar Generationen soll es der Sage nach einen solchen Menschen geben, der diese Fähigkeiten entwickelt hat. Von ihnen stammen übrigens die vielen schaurigen Geschichten über sonderbare Geister, Moorhexen, Riesen, Zwerge und Fantasiewesen, deren Formen und Farben wir uns nicht einmal vorzustellen vermögen. Angeblich kommen der Moorteufel und seine Frau auch von dort – oder was weiß ich …«

»Woher haben Sie das? Wer hat es Ihnen erzählt?«

»Niemand, Jan, das steht in den vielen alten kleinen Büchlein und Heften in plattdeutscher Sprache. Irgendjemand will irgendetwas gewusst haben und hat es aufgeschrieben. Heute werden die Geschichten sogar in hochdeutscher Sprache veröffentlicht. Neumodischer Kram halt. Oder man lockt mit dem Nervenkitzel neue Siedler an, denn das Teufelsmoor ist inzwischen nicht nur in diesem Königreich berühmt.«

»Meinen Sie, Herr Siems, dass das alles stimmt, ich meine die Beschreibungen aus den Büchern?«

»Um Himmels willen, NEIN, die Erkenntnisse der Wissenschaft sprechen dagegen:«

»Warum sagen Sie, dass ich ein Junge sei, der die Fabelwelt verstehen könnte? Sie sagten das eben!«

»Langsam Jan, ich möchte deine Fantasie nicht mit nüchterner Realität zerstören. Du hast ein tiefes Verständnis für diese Landschaft und betrachtest die Welt mit Augen, die in dem Bild, das sie sehen, mehr erkennen, als die meisten von uns. Wenn dich dadurch deine Vorstellung in diese Fabelwelt entführt, ist alleine das ein großes Glück. Fantasie kann ein Meer der Freude sein. Erhalte es dir und schaue, wohin dich diese Gabe führt.«

Endlich hatte ihm jemand zugehört. Jans Eltern waren die täglichen Sorgen mit der Arbeit zu viel, und die Jungen aus seiner Schulgruppe interessierten sich nicht für seine sonderbaren Erlebnisse. Die Mädchen blieben ohnehin unter sich. »Herr Siems, da ist noch etwas und das ist keine Fantasie. Seit einigen Wochen biegen bei höherem Wasserstand immer wieder Lastkähne der Bremer Eichenfahrer von der Hamme in die Beek ab und fahren dann flussaufwärts. Das gab es früher nie. Üblicherweise kommen die leer aus der Stadt und nehmen an der Holtstelle den Torf von kleinen Booten auf und bringen ihn gesammelt nach Bremen. Aber hier weiter nördlich beim Dorf Teufelsmoor habe ich die mit Holz beladenen Schiffe vorher noch nie gesehen. Vom Ufer aus hatte ich die Route unauffällig verfolgt und bemerkt, wie sie regelmäßig in den großen Torfkanal einbogen. An einer bestimmten Stelle halten sie an, einige Arbeiter öffnen einen mit Zweigen verschlossenen kleineren Kanal, der früher nicht vorhanden war, biegen ab und verschließen die Einfahrt wieder. Danach bleiben sie verschwunden. Die Torfbauern bemerken die getarnte Zufahrt gar nicht.«

»Jan, das kann doch nicht sein.« Der Lehrer hatte nur halb zugehört. »Doch, Herr Siems, die bauen da etwas Großes!«, erwiderte Jan energischer. »Wozu denn? Dort ist nichts außer Moor bis zum Horizont. Ich hatte dich gefragt, ob du wegen der Geschichten und deiner Fantasie mehr über das Glück verstanden hast.« Jan war jetzt nicht bereit für diese philosophischen Weisheiten. »Herr Siems, ich weiß nicht, was Glück wirklich ist, aber die bauen da was!« Es war unmöglich, seinen Lehrer von den merkwürdigen Ereignissen zu überzeugen.

Der Junge hat eben Fantasie! Dieser Gedanke des Lehrers verhinderte, dass er die Bedrohung für das Moor erkannte.

Es kommt nicht nur darauf an, was wir sehen, sondern wie es betrachtet wird.

KAPITEL 22
GUT UND BÖSE

Um die unbekannte Welt des Teufelsmoores zu erkennen, braucht es Ruhe und Achtsamkeit. Bis auf wenige Ausnahmen hatten die meisten Menschen trotz deutlicher Zeichen nicht verstanden, welche Wesen hier seit Jahrtausenden ihre Heimat hatten. Spuren wurden zwar gefunden, aber die Ereignisse oft falsch gedeutet.

Erklärungen versuchten die Menschen in den Mythen, Fabeln und Märchen zu finden, die sie sich abends beim Feuer im Flett ihrer Katen erzählten. Etwas Gutes bewirkten die fantasievollen Geschichten der Märchenerzähler. Man gab sich mit den Schilderungen zufrieden und die Fabelwesen blieben in Sicherheit.

In ihrer verborgenen Sphäre war leider nicht alles so harmonisch, wie es auf den ersten Blick zu sein schien. Von außen betrachtet lebte diese Parallelwelt in ausgeglichener Gemeinschaft. Im Inneren gab es Gut und Böse wie in der Menschenwelt.

»Ist es nicht sonderbar, dass beide Seiten Anführer und Gefolgsleute haben, die in ihrer jeweiligen Sichtweise unverrückbar überzeugt sind, das Richtige zu tun?« Wie zuletzt neulich bei dem Gespräch über die Fabelwesen und das Glück, war Jan heute wieder auf das Thema gekommen. »Was, Herr Siems, ist denn in der Mitte? Ich kann doch unmöglich immer nur gut sein, wenn Böses mich bedrängt. Kann man sich mit dem Guten wehren oder ist man gezwungen, sich des Bösen zu bedienen? Wie unterscheide ich das?«

»Die Frage wird so alt sein wie die Welt.« Herr Siems war einer direkten Antwort ausgewichen. »Aber es gibt eine uralte Geschichte über die Weserriesen. Sie haben alle das für sie Richtige getan, bis auf einen, der glaubte, er müsse anders handeln. Der aber lebt bis heute und hat eine gute Zeit. Was es auch ist, manche Entscheidungen haben eine Wirkung für das ganze Leben. Sei dir dessen stets wieder bewusst und verstehe, wenn dieser Moment bei dir anklopft. Denke immer daran, zögere kurz und erkenne, bevor du handelst. Diese Geschichte ist ein Beispiel dafür.«

»Weserriesen? Wir sind doch hier gar nicht an der Weser? Was haben wir damit zu tun?«

»Nicht direkt, aber hier im Teufelsmoor soll irgendwo der Riese Hüklüt versunken sein. Es gibt Hinweise auf einen Zusammenhang, denn hier wie dort haben diese gigantischen Gestalten die Landschaft verändert. Der haushohe Kerl von der Weser hieß Resengresi, weil seine Eltern erwarteten, dass er riesengroß werden würde. Im Erwachsenenalter war nicht nur seine Gestalt haushoch, er hatte zudem Muskeln, die aussahen, als wären es massige Feldsteine. Zu seiner Intelligenz wurde nichts überliefert, aber beurteile es selbst! Er konnte sich nie entscheiden, was er genau er machen wollte.

Er war stets unentschlossen und hatte immer wieder seine Kumpels gefragt, wohin er seinen Riesenfuß setzen könnte oder ob er nur zwei, anstatt dreier Kühe zum Nachtisch nehmen dürfte. Menschen würden ihm auch gut schmecken und er bevorzuge sie als Hauptspeise, aber er hatte Gewissensbisse, denn sie waren klein und schwach.

Die Fragerei funktionierte, bis seine Kameraden entnervt beschlossen, ihm keine Antworten mehr zu geben, denn sie selbst nahmen sich, was sie begehrten. Größer und schwerer wurden sie durch die ganze Fresserei und schließlich waren die Menschen dieser gierigen rücksichtslosen Bande überdrüssig und lockten sie in eine Falle. Die Weserbauern zogen einen gestrandeten Wal mit großem Geschrei zurück in den Fluss, gerade als die Ebbe das Wasser in das Meer zurückzog. Sobald die Riesen das laute Rufen hörten, freuten sie sich auf leckere Menschen als Festmahl.

Kaum hatten sie das Ufer in Sicht, ließ Ihnen jedoch das riesige Meerestier das Wasser im Munde zusammenlaufen. Sie stürzten sich darauf, die Bauern ruderten los und zogen den Wal bis weit auf den Fluss hinaus in die Freiheit. Schließlich nahmen sie ihm das Seil ab, und weil er schneller schwamm, als die fetten Riesen im weichen Flussbett vorankamen, erreichte er die See. Die ungestümen und jetzt kraftlosen Verfolger aber verloren beim Rückweg im Uferschlamm der Weser das Gleichgewicht. Sie wurden durch ihre dicken Bäuche in den Morast gezogen und vom Wasser überspült und weil sie zu schwer waren, gelang es ihnen nicht, wieder aufzustehen. Doch das Drama auf dem Fluss war damit nicht zuende. Im Rennen hatten die Riesen das Wasser aufgewühlt und das Boot der Menschen drohte zu kentern.

Der unentschlossene Resengresi hatte vor lauter Überlegungen und Zweifel die Jagd seiner Kameraden verpasst und sah nun das ungewohnte Bild der Schiffbrüchigen. Für lange Zweifel war keine Zeit und so folgte er seiner guten Seite.

Er sprang spontan ins Wasser, um die die Verunglückten zu retten. Die Menschen bedankten sich überschwänglich, vor allem brachten sie ihrem Helden Heu und Korn für seine Mahlzeiten. Der Riese betrachtete sie fortan als seine Freunde. Es wurde sogar behauptet, dass dieser Riese der erste Vegetarier der Welt gewesen ist.

Nachdem die wilde Riesenbande im Uferschlamm ihr Ende gefunden hatte, wurde mit der Zeit mehr und mehr Sediment angespült, das sich in den weit verteilt liegenden Knochen verfing. Daraus ist die Weserinsel Harriersand entstanden. Und der Riese Resengresi? Mit Glück kann man ihn dort am Weserufer sitzend treffen, wenn er auf das Essen wartet, mit dem ihn die Menschen bis heute aus Dankbarkeit versorgen.«

Herr Siems nahm sich eine Pause und schwieg. Jan beharrte auf der Fortsetzung: »Und? Was dann? Wo ist da Gut und Böse?«

Der Lehrer schaute seinen wissbegierigen Freund lange an, denn ihm war klar, dass eine kurze Antwort bei ihm niemals ausreichen würde. »Schau, Jan, würdest du die Riesen böse nennen? Sie verhielten sich, wie es ihre Natur war. Zwar bekamen sie oft, was sie begehrten, aber es funktionierte auf Dauer nicht. Alles geht irgendwann einmal schief. Resengresi war der Unentschlossene in der Gruppe, doch als es darauf ankam, hatte er ohne zu zögern gehandelt. Jan, jeder braucht einen inneren Kompass für richtig und falsch, und oft liegt die Wahrheit in der Mitte. Aus Sicht der meisten Riesen war die Hilfe für die Menschen falsch, aus der Perspektive eines anderen war seine Entscheidung richtig. Heute hat er ein sorgenfreies Leben auf Harriersand und beschützt dafür die Insel.«

Jan schwieg und fragte sich, was das für ihn zu bedeuten hätte. Bevor er jedoch den Sinn der Geschichte verstanden hatte, fuhr Lehrer Siems fort: »Sag' nichts, Jan. Ich habe dir neulich genau zugehört. Du hast irgendwas im Moor entdeckt, eine riesengroße Baustelle oder etwas Ähnliches. Wenn du so überzeugt bist, erforsche es, aber erwarte nicht, dass dir jemand zuhören wird, denn es klingt unglaubwürdig. Solltest du jedoch etwas beginnen, sei entschlossen. Zu viele Zweifel sind ebenso eine Gefahr.«

In den nächsten Tagen folgte Jan oft dem Flusslauf der Beek und beobachtete die Transportschiffe, die beladen ankamen und kurz darauf leer zurückkehrten. Hin und wieder verdeckten große Planen, was sich darunter verbarg.

Heute war er am Ufer sitzen geblieben und wartete auf den Sonnenuntergang. Er bemerkte ein leises Knacken in den Zweigen und Rascheln im Laub, sodass er bewegungslos lauschte. Hatte er sich geirrt, denn es war sofort wieder still?

Plötzlich hörte er hinter sich flüsternde Stimmen, die fremdartig klangen. Sprachen sie über ihn?

»Das also soll er also sein? Woher weißt du das?«

»Hat mir Ottchen ersszzzählt, der fffflinke Kerl war ihm gefolgt.«

»Auch Fienchen hat sich das aus der Luft angesehen und gesagt, der Junge beobachtet die Schiffe. Der weiß was!«

»Sein Name ist Jan.«

»Zzisch, Irgendwer szsollte mit dem da szprechen.«

Jan erhob sich und schaute über die Schulter. »Ach, nur eine Schlange, die nach Beute sucht.« Er beachtete das gewohnte Schauspiel nicht weiter und glaubte wegen der Stimmen an eine traumartige Einbildung.

In seiner Vorstellung gehörte dem Schwarzen Vogt das Teufelsmoor schon jetzt. Seine Moorabauken stellten das riesige Fachwerk auf, übten zu kämpfen und beobachteten die Torfstecher. Als diese auf die Bockschiffe mit dem Baumaterial nicht reagierten, wähnte er sich in Sicherheit. Die Gefahr lauerte dort, wo er es nicht vermutete.

KAPITEL 23
DAS ZAUBERHAFTE BIRKLEIN

»Wir sollten die anderen treffen, wir müssen handeln und die Moorbauern warnen«, prustete der Moorfrosch außer Atem heraus, denn selbst mit seinen kräftigen Beinen gerieten die Sprünge zu kurz, um der Schlange zu folgen. Sie entfernten sich vom Ufer. »Jetzzzt szsag mal, wie wir daszs machen szsollen«, zischelte die Kreuzotter zurück. »Welcher Mensch szsollte uns verszstehen oder glauben?« Wenn die Aufregung zu groß wurde, versagte ihre Fähigkeit zur klaren Aussprache, sie zischte und lispelte. Da sie eigentlich immer in hektischer Stimmung war, besserte sich dieser Zustand selten. Sie hatte von ihren Freunden den Namen Snoki Twee erhalten und der hatte eine sehr spezielle Bedeutung, jedenfalls für diese Schlange.

Längst hatten einige flinke Tiere den Bau des Montagehauses beobachtet und dort zwei geschwätzige Raben belauscht. Der eine krächzte in die Welt, dass hier eine Maschine entstehen wird, die den gesamten Torf im Teufelsmoor ausgraben würde, bis nichts mehr da ist. Zuerst hatten sie dem Großmaul nicht geglaubt, doch als dessen Kumpel auftauchte und dem Schwätzer mit den Worten »Schnabel halten, das ist geheim« einen heftigen Schlag über den Kopf gab, wurden sie stutzig. Vor allem, weil der Schreihals plötzlich nur noch »nähh, nähh« krächzen konnte, bemerkten die Tiere und Fabelwesen, dass es sich um eine geheime Information gehandelt haben musste. Aber was war hier so wichtig, dass zwei Raben versuchten, es zu verbergen?

Alle Tiere und Fabelwesen des Teufelsmoores waren sich einig und wollten gemeinsam etwas gegen die vielen Spaten der Bauern und die geplante Maschine unternehmen. Sie planten eine Vollversammlung. Je mehr die Anspannung auf dieser illustren Großveranstaltung anwuchs, umso weniger fand sich eine Strategie. Nach der unauffälligen Besichtigung des Hauses und dem Vorfall mit den Raben hatten sich alle erreichbaren Tiere des Moores und die Fabelwesen aus Unnerbodden zusammengefunden. Die Meinungen waren zu vielfältig und es gab Vorwürfe und Geschrei. Doch durch eine unmittelbare Bedrohung findet sich eine tief zerstrittene Gemeinschaft leichter zusammen. In ihrer Angst waren sie sich einig, Widerstand zu leisten und Hilfe zu suchen, und zwar sofort. Aber wie? Und wo? Ihre großartigste Geistesleistung war die Erkenntnis, dass es sinnlos sein würde, es alleine zu versuchen.

Aus der Stille der Ratlosigkeit sprach irgendjemand hilflose Worte: »Achtung, wir haben keine Ahnung, wie die Maschine funktioniert und wir wissen schon gar nicht, warum jemand ein Moorgebiet komplett umgraben will. Wozu macht man das, warum will jemand zerstören, was wir alle lieben?«

Jemand blickte etwas besser durch: »Ich kenne die Menschen. Sie interessieren sich nicht dafür, was WIR lieben, sondern dafür, was sie haben wollen. Da müssen wir nicht verstehen, warum das so ist! Für uns geht es nur darum, dass wir behalten, was WIR lieben!«

Schweigen war die Folge. Doch dann hörte sich die logische Schlussfolgerung so an: »Dieses Gerät wollen die Menschen bauen. Also brauchen wir ein menschliches Wesen, dass nicht nur die Technik versteht, sondern auch uns, die Tiere und Fabelwesen.« Eine kaum zu lösende Aufgabe, wie sich schnell herausstellte.

Der versammelten Gruppe der Moorlebewesen wurde klar, dass sie das Problem entschlossenen Händen anvertrauen sollten, die sich auskannten und mutig handelten. Sie schauten sich um und ihnen fiel nur die zierliche Wollgrasfee Birklein ein, die mit der Sprache der Menschen vertraut war, und darum vielleicht ein Menschenwesen überzeugen könnte, das Problem zu beseitigen. Obwohl die illustre Gemeinschaft sonst bis zum letzten Torfkrümel zerstritten war und sich nicht das Moorwasser unter den Füßen gönnte, waren sie sich dieses Mal einig. Nur die Fee konnte es schaffen!

Leicht war es nicht gewesen, um ihre Hilfe zu bitten, denn sie liebte die Schönheit der Natur und sah in allem nur das Gute. Sie war aber auch nicht dumm und kannte die Macht des Bösen. Doch so gut es ging, verschloss sie Augen davor.

Jedoch hatte sie versprochen, Ausschau zu halten nach einem Menschen, der etwas vom Moor und dem Torfstechen verstand. Dass endlich die Rettung ihrer empfindsamen Natur geplant wurde, freute sie. Vorerst blieb sie ratlos mit dieser Aufgabe zurück und beschloss nachzudenken.

Fast alle fanden sie lieb und nett, trauten ihr die Herausforderung jedoch nicht so recht zu. Manche meinten, sie hätte Zauberkräfte, doch blieb die große Magie leider oft aus und die zarte Schönheit ihrer Aktionen wurde selten erkannt.

Ihre Schwäche aber war, dass sie vor allem Bösen die Augen verschloss und sich weigerte, Neid, Missgunst und Bedrohungen in der Welt zu sehen. Sie wurde oft belächelt, wenn sie durch die Gräser im Moor schwebte und mit ihrem Sternenstab kleine Wunder vollbrachte. Wer ihr Wesen erkannt hatte, sprach respektvoll über die Wollgrasfee und nannte sie das zauberhafte Birklein. Ein einziger boshafter Gedanke nahm ihr die Freude und wer ihre positive Sicht auf die Welt zerstörte, wurde aus der Liste ihrer Freundschaften gestrichen. So war sie sich bisher immer treu geblieben mit ihrem unverstellten Blick auf die Schönheiten des Teufelsmoores. Wer sich ihr anvertraute, wurde belohnt.

Ein watteweicher Nebel am Morgen umschloss den Augenblick, wenn die Sonne die Nebelschwaden durchbrach. In diesem Moment schien die Natur mit ihren blühenden weißen Wollgräsern, den grünen Wiesen, den Gewässern und ihren weitläufigen Schilfrändern der Welt zuzurufen: »Berühre diese Schönheit nicht!«

Ab und zu fand sich eine Birke, die dem weiten Blick auf die Landschaft Halt und Vertrautheit gab. Der Himmel über Worpswede zeigte sich so frei und schien endlos zu sein durch das Wolkenspiel bis zum Horizont. Ein gedachtes Gemälde würde wie die Einladung in ein kleines Paradies aussehen: »Bleib hier! Du gehörst hierher, es ist deine Welt.« Des Nachts blitzten die Lichtpunkte der Glühwürmchen rund um die Ufer der Moortümpel wie ein eigener Sternenhimmel. In diesem Universum lebte die Wollgrasfee. Sie war in den letzten Jahren herangewachsen und heute so groß, wie die älteren Schulkinder, die über die Felder liefen oder mit Booten auf den Wasserläufen zur Schule fuhren.

Dennoch hatte sich ihre Zierlichkeit und Leichtigkeit erhalten. Das zeigte sich durch ihr Kleid aus den weißen Blütenfäden der Wollgräser. Weil sogar die Füße damit bedeckt waren, ließen sich Schuhe nur erahnen. Sie hatte getrocknete Binsen zu einem langen dünnen Seil im Zopfmuster geflochten, so, wie die Menschen, die daraus Flechtwerk herstellten. Birklein band damit ihre wallenden blonden Haare zusammen. Mit den vier Flügeln bewegte sie sich wie eine Libelle durch die Luft. War sie in der Dunkelheit unterwegs, zog ein Schweif winziger Lichter ihre Flugbahn nach. Waren es Glühwürmchen?

Ihre Kraft war die Geduld und diese Denkweise ließ sie oft über sich hinauswachsen. Das genügte leider nicht immer, denn sogar im Reich der Fabelwesen waren Neid und Missgunst ein teuflisches Gespann.

Die Fee hatte vor langer Zeit, als sie selbst noch sehr klein war, sieben kräftige Libellen zu ihrem Schutz gefunden. Heute wurden ihre mutigen Beschützer neben der heranwachsenden Fee von anderen kaum mehr wahrgenommen. Die perfekte Tarnung! Die Flugkünstler hatten sich im Laufe der Jahre zu ihren Leibwächtern entwickelt und die Kampftechniken umfassend verbessert. Kurz, diese kraftvollen Profis hatten, was Birklein fehlte, um in schwieriger Situation zu bestehen. Sie blieben in respektvollem Abstand und umschwirrten ihre Freundin stets wachsam. Die schwarzen Facettenaugen sahen aus wie übergroße Sonnenbrillen und immer, wenn sie ihre Fühler gegen ein Ohr hielten, war klar, dass sie mit neuester Libellentechnik kommunizierten.

Der Chef der fliegenden Sicherheitstruppe trug einen Helm aus einer Blüte und geflochtenen Binsen. Auf den Rücken hatte er sich einen Köcher aus Schilfrohr geschnallt, der mit Pfeilen gefüllt war, die er aus der fleischfressenden Pflanze des Sonnentaus geschnitten hatte. Dazu hatte er die Tentakel der Fangarme abgeschnitten und getrocknet, wodurch diese fest geworden waren. Die Spitze behielt dennoch ihre zähe klebende Wirkung. Lange hatte er trainiert und war darum in der Lage, nacheinander mit jedem seiner sechs Beine Pfeile zu greifen und im Flug wie kleine Lanzen zu werfen. Er war so geübt, dass durch die Schnelligkeit kaum ein Auge seine Bewegungen wahrnahm. Wer in den Hagel seiner Geschosse geriet, bemerkte nicht, woher das Unheil kam, denn seine fliegerische Wendigkeit verwirrte seine Feinde. Der Name dieser Elite-Libelle war Maximus von Gegenwind.

Er war lange durch die Schilfgürtel der Teiche und Flüsse gestreift, um geeignetes Personal für seine Mission zu finden. Sechs bisher unbeachtete Flugkünstler hatten sich um ihn geschart und die Kunst der Täuschung und Ablenkung durch waghalsige Flugmanöver gelernt. Dadurch verwirrten sie ihre Gegner, damit der Weg frei wurde für Maximus und seine Pfeile. Birklein sah seinen Übungen oft zu und obwohl sie bisher niemals in Gefahr geraten war, beruhigte sie die Fähigkeiten ihrer Spezialisten für Sicherheit und freute sich über deren Zuneigung.

»Die Libellen sind nicht stark genug, vielleicht spielen sie nur und haben Spaß, wer weiß?« Sie kümmerte sich freundschaftlich um die kleinsten der Tiere des Moores. Doch konnten sie ihr auch bei ihrer neuen Aufgabe helfen?

»Oder wäre mein leuchtendes Ballett in der Lage, einen Menschen für mich aufzuspüren?« Es mutete schon sympathisch hilflos an, wie sie darüber nachdachte, eine sinnvolle Mission für ihre Glühwürmchen zu finden. Sie überlegte ernsthaft diese Möglichkeit, um sich sofort über ihre naive Idee zu ärgern.

Andererseits verstand sie es, diese winzigen Leuchtpunkte mit dem Zauberstab zu dirigieren. Üblicherweise flogen die kleinen Käfer nachts ohne Ziel wild umher. Birklein versuchte in der Dunkelheit aus Freude an der Schönheit des Lichterspiels, aus den vielen hellen Punkten Muster und Bilder zu formen. Selbst die leuchtenden Insekten zeigten sich begeistert. Endlich wurden diese Künstler des erlernten Formationsfluges ernst genommen. Jedes Leuchtbild übten sie mit Begeisterung und formten Figuren und Symbole, bis eine Unterhaltungsshow entstanden war.

Jetzt, nach dem Training mit der Wollgrasfee, waren sie oft vor den Tieren und Fabelwesen aufgetreten. Sie wurden bekannt unter dem Namen: »Die Zauberlichter vom Teufelsmoor.« Ihre Kunst sprach sich herum und dann hieß es kurz: »Das Glühwürmchenballett tritt wieder auf!«

Aber wie könnten mir diese Fähigkeiten helfen? Sie wirken so zerbrechlich und Kraft haben sie nicht. Die kleinen Schauspieler tanzen und singen fröhlich in ihrer eigenen romantischen Welt. Ich werde auf sie aufpassen! Birklein schaute ihnen liebevoll zu. Kämpfer sind das nicht!

Doch die wichtigsten Gedanken kreisten um ihre spezielle Aufgabe. Von den Menschen hatte sie sich seit jeher ferngehalten, genau wie die Tiere und Fabelwesen. Woher kam deren Idee, ein menschliches Lebewesen würde ihr Problem lösen? Sie verstand nicht. Ausgerechnet ein Mensch, der das Moor zerwühlt, indem er nach Torf gräbt, soll verhindern, dass tausendfach mehr davon ausgestochen wird? Paradox!

Birkleins Hoffnung auf Rettung ruhte auf einer kleinen Gruppe ungleicher Tiere.

KAPITEL 24
DIE GEFÄHRTEN

Nur flüchtig kannte sie die fünf Freunde, die sich gelegentlich auf einer Lichtung zusammenfanden, um Probleme zu besprechen, die sie danach aber nie zu lösen versuchten. Birklein war oft eingeladen, hatte jedoch in letzter Zeit einige Treffen ausgelassen, weil die Gruppe immer und immer wieder über die gleichen Themen diskutierte. Heute war einer der seltenen Tage für eine neue Versammlung. »Besser hier und jetzt anfangen oder ich suche bis in alle Ewigkeit.« Ihr war bekannt, dass mindestens zwei der Tiere Begegnungen mit Menschen hatten.

Das gefürchtete Monstergerät war bisher nirgendwo gesichtet worden und die bloße Existenz des riesigen Hauses überzeugte nicht alle von einer Bedrohung. »Es wird bestimmt nicht so schlimm werden, wie die Angsthasen immer sagen.« Das hatte sie schon zu oft gehört. Es war halt bequemer, erst einmal wegzuschauen.

Die Fee hoffte jetzt, mit Hilfe der Freunde Antworten auf ihre Fragen zu erhalten. Die große Schar der Tiere und Fabelwesen hatte alleine ihr diese schwierige Aufgabe übertragen, ihr, der Schwächsten und Verletzlichsten unter ihnen. Dann hatten sie sich schnell umgedreht und waren mit der Überzeugung gegangen: Birklein schafft das schon!

Vor einigen Monaten war ihr aber doch ein Schuljunge aufgefallen, der öfter in Gedanken versunken durch das Moor streifte und ein feines Gespür für die Landschaft und ihre heimischen Tiere zeigte. Zuletzt hatte sie ihn bemerkt, als er vom Ufer der Beek die mit Holz beladenen Bockschiffe, auf dem Weg zur Baustelle beobachtete. Also muss er etwas wissen. Sie hoffte jetzt, diesen Menschen gefunden zu haben für das Verständnis der Maschine. »Aber alleine mit ihm schaffe ich nichts. Wir brauchen Hilfe von den Tieren, die sich seit Urzeiten in der Gegend auskennen.« Sie war so beschäftigt, dass sie ihre Selbstgespräche nicht bemerkte. »Das ist vielleicht eine Truppe! Wie sollen ein Frosch, ein Storch, ein Fischotter, ein Tagfalter und eine Kreuzotter es schaffen, so miteinander befreundet zu sein, dass sie sich nicht gegenseitig fressen?« Die Frage war berechtigt, denn ein Storch frisst Frösche und kleine Schlangen, der Fischotter ebenfalls, wenn er keine Fische findet. Ein Schmetterling war vor ihm ebenso wenig sicher.

Ursprünglich war das Teufelsmoor eine grüne Sumpflandschaft mit flachen Seen und lebendem Torfmoos, das jedes Jahr um etwa einen Millimeter in die Höhe wuchs. Die unteren Schichten starben ab und wurden zu einem festen Geflecht aus Pflanzenfasern, dem Torf. Menschen hatten hier lange Zeit keine Möglichkeit zum Leben gefunden und darum war das Moor ein Paradies für die Tiere geblieben, die hier heimisch geworden waren.

Vor einigen tausend Jahren hatten Siedler die Gegend erreicht und durch Entwässerung ersten kargen Ackerbau ermöglicht. Für die tierischen Moorbewohner war jedoch immer noch reichlich Platz zum Ausweichen vorhanden. Doch um anno 1750 kam die Wende. Die Landschaft wurde innerhalb weniger Jahrzehnte systematisch mit Gräben durchzogen, Moorkaten und Bauernhöfe entstanden, der Torf wurde abgebaut, getrocknet und als Brennmaterial verkauft. Das Wasser floss über neue Kanäle ab und das Moor trocknete stellenweise aus. Die heimischen Tiere hatten sich in ihrer Bedrängnis zusammengefunden, um ihren Lebensraum zu erhalten. Da sie sich nicht einig werden konnten, wie sie vorgehen sollten, vergingen weitere hundert Jahre und jetzt, anno 1855, war die Situation so schwierig wie nie zuvor. Über Generationen hinweg hatten sie es nicht geschafft, den Menschen die Spaten aus der Hand zu nehmen. Doch war in der jetzigen Gruppe der entschlossene Wille zum Handeln entstanden, bereits Jahre vor der heutigen Bedrohung.

Da wirkte es fast liebenswert komisch, wenn Platon Platsch, der blaue Moorfrosch, wieder einmal wortreich fabulierte, dass endlich »etwas passieren musste«. Er sprach wie ein Wichtigtuer mit vielen Worten und ohne Konkretes zu sagen. Sein freundliches Geplapper mit quakender Stimme hatte ihm seinen Namen eingebracht. Es war versteckter Spott dabei gewesen, ihn nach dem großen Gelehrten Platon zu benennen, dem weisen griechischen Philosophen der Antike. Aber er, Platon Platsch, war begeistert und meinte selbst, dass er diese Anerkennung verdient hatte.

Heute fand endlich ein neues Zusammentreffen der Freunde statt, um das seit gefühlten hundert Jahren aufgeschobene Projekt ihrer Vorfahren zur Rettung des Moores zu besprechen. Birklein hatte sich unter die Eiche in das Moos gelegt, und da sie versteckt in der ausladenden Krone zwischen den Ästen wohnte, kannte sie die immer gleichen ergebnislosen Gespräche. »Reden, reden und nochmals reden, aber niemals einer Lösung näher kommen.« Darum hatte sie in der Vergangenheit nicht mehr teilgenommen.

Schauen wir, ob sie heute endlich aktiv werden. Dieses Mal geht es um Leben oder Tod. Sie wartete geduldig, denn selten war die Gruppe pünktlich. Eine Ausrede fand sich immer. Platon Platsch saß schon lange hier und war trotz seiner blauen Farbe in der wassergefüllten Senke kaum zu erkennen. Das hohe Gras drumherum tarnte ihn und er schaute voller Freude auf die Blumenwiese nebenan, die im Halbschatten einiger Birken lag. Gestern hatte es geregnet und heute gab die Sonne ihre Wärme dazu, sodass feuchtwarme Luft aufstieg und einen Cumulus bildete, eine hoch aufragende Wolke, die Gewitter ankündigt.

Platon Platsch war es egal, wo er in einem Tümpel hockte, nur die Feuchtigkeit und Wärme brauchte er zum Leben. Sein Essen flog ihm praktisch ins Maul, schnapp, wieder war eine Fliege verspeist. Seinem Namen machte er bei jeder Gelegenheit alle Ehre, selbst jetzt ohne Publikum. Dort, wo andere nur ein Quaken hörten, war es in Wahrheit der Vortrag eines großen Philosophen. Weil er sich vorkam, wie ein begnadeter Redner quakte er ununterbrochen vor sich hin, dass er fast das Atmen vergaß und tief dunkelblau anlief. Wenn er es bemerkte, war er ärgerlich über die Unterbrechung, holte aber dann doch Luft, um weiter vor sich hin zu quasseln.

»…Was soll ich sagen? Ich betone seit ewigen Zeiten, dass im Teufelsmoor etwas passieren muss. Was meint ihr, hört ihr mir zu? Nein! Jedoch ist es schließlich ernst, so schlimm, dass ich mir Sorgen um euch und das Moor mache. Ich denke, ihr solltet endlich aufwachen und euch mit dem Problem auseinandersetzen. Ich bin bereit dazu, immer wieder zu erklären, wie das geht – das wisst ihr! Wenn da so gar nichts von euch kommt und immer nur ich es bin, der Lösungen vorschlägt, dann reicht es jetzt! Wie könnt ihr glauben, dass ich alles allein erledige, wie bisher. Nun müssen mal andere ran. Nein und nochmals nein, ich lasse mich nicht …«

»Aber klar doch, ich werde dir helfen, jetzzzzt mache ich daszzz für dich.« Eine hohe Stimme, die etwas zu schnell gesprochen wirkte, hatte ihn unterbrochen. Es folgte ein Rascheln und sofort war es wieder still. Platon kümmerte sich nicht darum. Wie alle großen Redner ruhte er ganz in seiner Mission. »Also, ich lasse mich nicht davon abhalten, die Idee meines Ururgroßvaters nochmals vorzuschlagen, dass wir mit dem Reden aufhören und dass endlich etwas geschehen sollte. Aber mir hört ja keiner zu, oder ihr tut nur so und nehmt mir die Ideen weg. Na gut, dann bleibe ich wohl der Einzige, der hier nachdenkt …« Er schaute von seinem Fetzen aus Papyrus hoch, den er ständig mit sich herumtrug und vorgab, er könne lesen. Die wenigen Symbole darauf waren verblasst und vom Wasser im Teich fast nicht mehr zu erkennen. Aber er liebte das winzige Fragment, das sein Freund Adular, der alte Storch, früher einmal im Gefieder unfreiwillig aus Bremen mitgebracht hatte.

»Erledigt, doch, ich bin fertig!«, rief die zischelnde Stimme wieder, ohne dass etwas geschehen wäre. »Hey Platon, waszzz geht?« Platon Platsch blieb ganz der Schlaumeier und sagte: »Was soll das denn jetzt? Du weißt doch genau, dass hier keiner geht, ich springe und du schlängelst!« Er fand sich originell und redegewandt, wie er den belehrenden Unterton und die Logik seiner Worte hinbekommen hatte. Snoki Twee war eingetroffen, die Kreuzotter. Sie ignorierte seine Begrüßung und stellte zunächst das Verhalten einer unberechenbaren Dame zur Schau. Ihre Natur verlangte von ihr, hinterlistig und verschlagen zu sein. Im Kreise ihrer Freunde war sie jedoch liebenswert und hilfsbereit.

Zeitlebens hatte Snoki ein ernstes Problem bedrückt. Damals in der Schlangenschule ihrer Kindheit hatte man ihr beigebracht, Angst und Schrecken zu verbreiten, das sei schließlich ihre natürliche Aufgabe. Das schaffte sie einige Minuten, doch zwang sie plötzlich eine innere Stimme, sofort freundlich zu werden. Stets kam wahre Nettigkeit über sie, die sie wie eine Krankheit empfand. Die Schulnoten in Schlangenkunde für Hinterlist und Boshaftigkeit waren miserabel und selbst Nachhilfe brachte keine Besserung für ein heimtückisches Verhalten. Später, auf der Schlangenuniversität, erhielt sie den Nachnamen Twee, weil sie zwei Seiten hatte, die nicht zu einer ordentlichen Schlange passten. Sie sei zweigesichtig wurde ihr bescheinigt. Oft hatte sie den Kopf hängen lassen, so wie jetzt. »Ich schaffe es einfach nicht. Mannomann, es geht nicht. Ich will endlich eine richtige Kreuzotter sein!«

Die beiden Freunde redeten gründlich aneinander vorbei, denn Platon fuhr mit seinem nicht enden wollenden Monolog fort: »Angenommen, ein Problem könnte man mit Worten lösen, dann muss ich dir sagen, dass Du besser eine Therapie …«

»Quatsch nicht, Platsch, sei kein Platon. Dein Gefasel hält man ja nicht aus. Ach, egal, hallo, mein Ützepogg!« Snoki unterbrach damit das Gequake und schlängelte freundlich um ihn herum. Sie begrüßten sich wie zwei, die sich lange kannten. »Ützepogg« war im Teufelsmoor eine liebevolle Bezeichnung für den blauen Moorfrosch. Wobei Ütze ganz allgemein Kröte bedeutet. Etwas weniger schmeichelhaft heißt »ützen« so viel wie rumzicken oder auch Krach machen. Auch das traf zu, wenn hunderte Frösche in einem Tümpel quakten. Platon Platsch war seiner Natur mit seinem andauernden Redeschwall also treu geblieben.

Aber Platon hatte immer schon der Kreuzotter zugehört, wie sie unter ihrem Problem mit der Nettigkeit litt. Jetzt zwinkerte er ihr zu. »Meine Snoki, Du nimmst zu ernst, was dir andere gesagt haben, du bist einfach toll, wie du bist. Bleib so und genieße dein Leben. Es ist deines! Nicht das der anderen!« Platon war eben doch in der Tiefe seines Herzens Philosoph.

Birklein hatte die Szene beobachtet, schüttelte verzweifelt den Kopf und überlegte: »Was kann ich mit denen schon anfangen? Der eine quasselt nur vor sich hin, die andere will böse sein und kann nicht. Das sind echte Fähigkeiten, die uns helfen könnten.« Sie hatte es voller Ironie und Resignation vor sich hingemurmelt. »Aber gut, ich warte ab, bis sich alle versammelt haben.«

Wenn es um das Reden ging, war Platon Platsch der heimliche Anführer der Gruppe und immer vorneweg. Er selbst war der Überzeugung, dass die anderen nur »schnacken« könnten, also nichts als Reden, ohne jemals etwas zu schaffen. Darum nannte er sie …

KAPITEL 25
ÜTZEPOGGS SCHNACKER

Als ginge es um sein Leben, rannte ein Fischotter über die Lichtung, stoppte direkt vor Platon und Snoki, hockte sich auf die Hinterbeine, stützte sich mit dem starken Schwanz ab und fuchtelte in der Luft herum. Vor lauter Aufregung vergaß er das Atmen und fiel mit einer drehenden Bewegung auf die Seite. Mit wieder einsetzender Atmung flatterte seine Zunge über das Gras. Dennoch lag er weiter regungslos da.

Der Frosch schaute still zu und konstatierte: »Da ist der nächste Schnacker!« Platon war stolz, dass er dieses Wort der Moorbauern für »dusseliges Reden« so perfekt verwenden konnte.

»Otti? Ottiiiiiiie, Mann, wach auf!«, zischte Snoki in sein Ohr. »Waszs szsoll daszs? Du machst uns Angsssst.« Die Aufregung ließ die Schlange heftig lispeln und schließlich die Stimme blockieren. Bei dem Versuch weiterzusprechen, zuckte sie mit dem Kopf und versuchte voller Sorge den Freund zu umarmen. Platon Platsch beherrschte wie ein weiser Philosoph die Situation. Er sah gelassen zu, um durch Nachdenken das Problem zu verstehen. Zu voreiligen Handlungen ließ er sich selten hinreißen, denn stets hoffte er insgeheim, dass andere die Arbeit erledigten. »So mache ich weniger falsch.« Erstaunlich oft erhielt er großes Lob für derartig weise Aussagen. Sogar dann, wenn seine Analysen, die sich geschliffen anhörten, zu keinem Ergebnis führten. Da ihm die Abwesenheit von Fehlern den Anschein von Perfektion gab, ließ seine Freude über sich selbst die blaue Farbe der Haut in allen Schattierungen pulsieren. Er sprang dann zu einem kleinen Tümpel und betrachtete sich auf der spiegelglatten Wasserfläche. Ja, er war in sich verliebt!

Otti Ottchen regte sich und öffnete langsam die Augen. Sofort hüpfte Platon heran und tippte dem Fischotter mit den Worten auf die Stirn. »Otti, du alter Simulant, steh' einfach auf und sag' Hallo!« Pause. Der Frosch schüttelte Otti, der wieder leblos dalag und allen damit einen Schrecken einjagte. Mit breitem Grinsen sprang er plötzlich auf und begrüßte die Freunde. »Mannomann, Ottichen!« Platon klang verärgert. »Was ist das für eine Art, deine Kumpels zu begrüßen?« Snoki war beeindruckt, wie Platsch den Ohnmächtigen wiederbelebt hatte, und der Frosch mit philosophischer Bildung klopfte sich im Geiste auf die Schulter. Wieder einmal hatte er hart gearbeitet und war seinem Ruf als Problemlöser gerecht geworden.

Es blieb keine Zeit für eine lange Begrüßung, denn ein Schatten streifte die drei und sie hoben den Kopf in den Himmel. Im Gleitflug senkte sich Sir Adular herab, ein älterer Herr und seines Zeichens ein Storch. Mit einigen Flügelschläge bremste er noch in der Luft ab, bis die Beine am grasbewachsenen Moorboden Halt fanden. Es wirkte elegant vornehm, wie er sich mit ruhigen Schritten der Gruppe näherte. Die drei Tiere schauten mit Respekt in die Höhe und Adular begrüßte alle, indem er sie mit dem langen Schnabel sanft berührte. Nur Platon zitterte und seine blaue Haut verblasste. Er hatte bemerkt, wie dem Storch beim Anblick des Moorfrosches das Wasser im Schnabel zusammenlief. Er drehte sich schnell zu Seite. »Ich werde später etwas essen.« Platons Farbe kehrte zurück und die Situation war wieder freudig entspannt.

Über seine kleinen Freunde dachte der Storch mit altersweiser Güte etwa so: Otti Ottchen ist flink und immer bereit, eine Aufgabe sofort zu erledigen. Schwupps ist er fort, in der nächsten Sekunde wieder zurück und fragt: »Was sollte ich nochmal machen?« Platon redet nur und fertig wird gar nichts, Snoki schafft es nicht, hinterhältig zu sein, und verausgabt sich bereits mit diesem Verhalten. Hoffnungslos! Adular zuckte mit den Schwingen und liebte die treuen Freunde dennoch. Allein diese Geste von Großzügigkeit und Ruhe erhob ihn zum natürlichen Chef der Gruppe, die froh war, dass ihr fliegender Beschützer sich so oft um sie kümmerte. Er respektierte sie, wie sie eben waren. Nie kritisierte oder belehrte er jemanden.

Auf den ersten Blick war Sir Adular leicht zu unterschätzen. Etwas zerzaust sah er aus, als hätte er schon vor langer Zeit vergessen, sein Gefieder zu ordnen. Dazu passte die zur Schau gestellte Zerstreutheit, die sich sofort in energisches Handeln auflöste, wenn es unbedingt erforderlich war. Die Augen sahen aufgeweckt und gütig in die Welt. Diesem Typen musste man einfach glauben.

Seine Familienzeit war für den heutigen Privatier seit Langem zu Ende. Den Adelstitel »Sir« hatte er in England von Königin Victoria höchstpersönlich erhalten. Nachdem 1847 der Zoo in London eröffnet worden war, stieg Adular zu einer bedeutenden Persönlichkeit in der Zooverwaltung, Abteilung Ornithologie, auf. Frühere Reisen hatten den Zugvogel befähigt, die Technik für die Konstruktion der Volieren zu entwerfen, und so hatte man ihn oft mit den aufgerollten Plänen unter dem Flügel über das Zoogelände stolzieren sehen. Seine planerischen Fähigkeiten brachten ihm den Ruf ein, ein gefragter Storch für schwierige Aufgaben zu sein. Zum Zeitpunkt des Ruhestandes schaute er auf sein Lebenswerk zurück und fühlte er sich von weiteren Pflichten befreit.

Angebote zur Mitgliedschaft in einem Ritterbund hatte er abgelehnt und wählte nach einem Erkundungsflug über Europa das Teufelsmoor zum Altersruhesitz. Er hatte alles erlebt und große Abenteuer lockten ihn nicht mehr. Die Freunde hier wurden ihm eine lieb gewonnene Abwechslung ohne Verpflichtungen. Lange schon hatte er deren Diskussionen zur Rettung des Moores verfolgt, und ob diese unentschlossene Truppe jemals etwas zustande bringen würde, war ihm insgeheim nicht wichtig. Er freute sich über die nette Gesellschaft.

Sir Adular hob den Schnabel und zeigte in den Himmel. Der Kopf wackelte hin und her, bis die immer noch scharfen Augen ihr Ziel erfasst hatten. Die Freunde folgten seinem Beispiel und sie sahen das zarte Fienchen im Anflug, oder besser im Anflattern. Sie gehörte zur Gattung der Tagfalter, für die das Leben im Moor anstrengend geworden war, denn nach dem Torfabbau blieb über Jahre eine Art schwarze Wüste zurück. Weil diese Flächen stetig größer wurden, war es für sie nicht leicht, hier zu überleben. Sie hatte stets gehofft, der Wind möge eine bessere Gegend für sie finden. War es Glück oder Zufall? Sie hatte zur Umgebung dieses Ortes gefunden mit der ausladenden alten Eiche und den Findlingen darunter.

Einst hatte in Bremen verlorenes Gold auf dem Straßen pflaster gelegen. Es wurde darauf getrampelt, weil ein Gerücht besagte, etwas weiter um die Ecke gäbe es Unmengen davon, man müsse nur schnell genug sein. Das hatte sich herumgesprochen und Menschenmassen waren nun unterwegs, damit sie »um die Ecke« reich wurden.
Eine verwitwete Fischersfrau aus dem Schnoor war von schwerer Arbeit müde. » Ich lebe so lange und bin mir sicher, wo alle anderen sind, finde weder ich etwas noch wird dort jemand aus der Herde reich.« Sie schlurfte über die Pflastersteine, fand das Gold, das niemand beachtet hatte, und lebte lange Jahre glücklich. Dann war ihre Zeit gekommen. » Meine Tochter Freya, gehe nicht dorthin, wo alle das Gleiche tun, finde dein Glück in den Möglichkeiten, wo DU bist!«

KAPITEL 26
SCHÖNE NEUE WELT

Sie war so zart, filigran und zerbrechlich, dass die Freunde lange darüber nachgedacht hatten, womit sie zu den Zielen der Gruppe beitragen könnte. »Einen Schmetterling, weshalb hatten wir den noch mal eingeladen?«, war damals die Frage aufgekommen. »So leicht also vergessen die etwas.« Fienchen trauerte still und war enttäuscht. Sie hatte sich trotz dieser Unverschämtheit nichts anmerken lassen. Was ihr an Kraft fehlte, war an mentaler Stärke mehr als genug vorhanden.

Denn mit ihr hatte sich eine neue Sicht auf die Probleme des Moores in das Bewusstsein der Gruppe eingebrannt. Anfangs war es der Fähigkeit ihrer Facettenaugen zu verdanken, tausend einzelne Bilder anzuzeigen und mehr als üblich zu erkennen. Die Welt um sie herum erfasste sie mit äußerster Präzision, nüchtern, klar und ohne Emotion. Denn sie sah von Geburt an nur Schwarz und Weiß. Dadurch erkannte sie vieles in ihrer Umgebung deutlicher als alle anderen. Die bunte Schönheit des Lichtes lenkte sie nicht vom Wesentlichen ab. Oft hatte sie von vorbeiziehenden Schmetterlingen, die sogar mehr Farben erkennen können als Menschen, von der Farbenpracht der Welt gehört.

Die Freunde schätzten ihre Schilderungen der tausendfachen Realität zunächst sehr, später war ihnen Fienchen mit ihrer emotionslosen Nüchternheit jedoch auf die Nerven gegangen. Sie hatte sogar gesagt: »Wozu muss etwas bunt sein? Was ist das überhaupt? Was man nicht sieht, bereitet keine Sorgen!« Die anderen hatten sich nur angeschaut und geschwiegen.

Nur Grau, Schwarz und Weiß, verändert sich die Welt denn nie? Sie war vor einigen Monaten trübselig über Worpswede geflattert und wäre fast achtlos vorübergezogen. Aber Fienchen sah plötzlich Farbe in einem bunten Blitz, der sie vom Boden aus getroffen hatte. »Diese Schönheit bringt mich um den Verstand. Das sehe ich mir einmal genauer an.« Niemand sonst, nur sie hatte es bemerkt.

An der Worpsweder Kirche hielten Menschen Glas gegen das Licht, um zu prüfen, welches die richtigen Farben für die neuen Kirchenfenster hätte. Einige kleine bunte Scheiben waren aus der Transportkiste zu Boden gefallen und in tausend Scherben zerbrochen. Durch Zufall war eine davon zu einem winzigen Kristall zersplittert.

Der daraus reflektierte Sonnenstrahl bildete sich tausendfach in den Facetten der Augen des Schmetterlings ab. Diese Explosion von Farbe und Licht hatte Fienchen direkt zur Quelle des optischen Spektakels flattern lassen. Dank der detailreichen Fähigkeiten ihrer Augen fand sie den nur stecknadelkopfgroßen Kristall in dem Scherbenhaufen. Sie schaute sich um. Darf ich den einfach mitnehmen? Sie wusste nicht, dass Scherben für Menschen wertlos sind. Doch sie konnte nicht widerstehen und nahm ihren neuen Schatz mit den Fühlern an sich.

Wie betrunken war sie nach dem Blick durch den Kristall beim Fliegen über die jetzt farbenfrohe Erde getaumelt und sie hielt nicht an, bis sie vor Müdigkeit zur Landung gezwungen wurde. In der aufziehenden Dämmerung verblassten die Farben und verschwanden im Dunkel der Nacht. Sie war vor Trauer umgefallen, ihre Flügel lagen matt am Boden und sie weinte bitterlich. Das Farberlebnis war ihr größtes Glück der Welt und der Verlust die schlimmste Niederlage überhaupt.

Aber die Morgensonne hatte ihre Strahlen tags darauf erneut durch das bunte Glas auf ihre Augen gelenkt und sie erwachte in einem wogenden Meer aus farbigen Strudeln. Mit wiedergewonnenem Lebensglück erhob sie sich in den Himmel. Taumelnd war sie zu ihren Freunden geflogen und präsentierte den Kristall, der die Welt in ein Paradies zu verwandeln schien, wenn er vor die Augen gehalten wurde.

Der Grund, warum sich Generationen dieser Tiere über die Jahrhunderte trafen, war die Rettung des Moores und seit diesen ewigen

Zeiten waren sie einer Lösung ihres Problems nicht nähergekommen. Der Kristall brachte eine neue Sicht auf ihr Anliegen und nachdem jeder einmal die wie durch Zauberhand herrliche Welt gesehen hatte, nahm die Aufregung zunächst kein Ende. »Endlich!«, rief Otti Ottchen, »unsere Bedrohungen sind verflogen, alles ist wieder wunderbar! Wir sind richtig gut!«

Seine Begeisterung ließ ihn völlig übersehen, dass sich in der tatsächlichen Welt nichts verändert hatte. Aber Fienchens scheinbare Lösung war so farbenfroh, dass er ihr Glück spontan vereinnahmte, sich auf die Schulter klopfte und wiederholte: »Wir sind richtig gut, richtig gut! Das Moor ist wieder so schön, wie wir es erträumt hatten!«

Sir Adular hatte mit seinen Bewegungen Skepsis ausgedrückt, selbst Platon Platsch war bewegungslos geblieben und hatte dieses Mal geschwiegen. Aber nachdem die anderen ruhig waren, sprach er ungewohnt ernsthaft: »Fienchen, das ist Selbstbetrug! Nicht die Welt ändert sich. Nur das, was du durch den Kristall siehst, scheint sich zu verwandeln; nochmals, nur zum Schein, also scheinbar, nicht wirklich vorhanden! Du siehst nicht die Realität! Zu gerne lassen wir uns ablenken und dazu verführen nicht so genau hinzusehen, weil es der einfachere Weg ist! Denke daran, hinter jedem Bild versteckt sich oft ein weiteres, das die Wahrheit erkennen lässt. Diesen zweiten Eindruck erkennt nur der Verstand.«

Die Gruppe verharrte regungslos und so still wie nie zuvor, denn die Euphorie war umgeschlagen. Die Erkenntnis, dass der Kristall das Unheil im Moor nur farbenfroh zeigte, jedoch die Katastrophe nicht zum Besseren veränderte, störte die übliche Unbeschwertheit dieses Mal empfindlich. Platon hatte es bemerkt und meinte: »Ist doch alles gut, Freundin Fienchen, diese Schönheit des Kristalls tut einfach der Seele gut, und dass dadurch keine Probleme verschwinden, ändert unsere Situation auch nicht. Aber die Welt wirkt schöner! Das ist doch schon mal was!« Die Anspannung hatte sich gelöst.

Sie war sprachlos geblieben. Alle Freunde hatten einen Kommentar gegeben und sei es nur durch Bewegung. Nur sie, die Entdeckerin des Kristalls und seiner Wirkung, war nicht einmal zu Wort gekommen. Das bemerkte Platon Platsch, der zwischen dem sonstigen Gequake plötzlich konkret wurde und fragte: »Fienchen, was sagst du dazu?«

»Leute, ich sehe zum ersten Mal eine schöne Welt. Mir kommt es auf das Glück in diesem Moment an. Wer weiß denn, was morgen ist? Schaut mich doch an, ich bin schwach und meine Flügel sind verletzlich. Ich weiß, wie das Moor aussieht, wenn der Torf abgegraben wurde. Ich habe lange genug Grau in Grau gesehen. Lasst mir die Freude und Platon hat recht, der Kristall löst keine Probleme, aber er macht mich stärker, weil ich die Welt farbig sehen kann. Damit helfe ich mir selbst. Was soll falsch daran sein?«

Er war zu ihr gehüpft, hielt, ohne sie zu berühren, den Arm über die zarten Flügel und schwieg. In diesem Moment war der Moorfrosch Platon Platsch wie ein echter Philosoph an sich selbst gewachsen. Wenn es darauf ankam, war auf ihn Verlass!

Das alles lag etliche Wochen zurück und nachdem Fienchen heute ausgiebig begrüßt worden war, versuchte die Gruppe erneut eine Lösung zu finden, um den ständigen Verlust von Teilen ihres Lebensraumes aufzuhalten.

Sir Adular legte die Federn an, stand kerzengerade und schaute unter seinen Flügel auf die Notizen und las vor: »Die Tagesordnung heute ist …« Weiter kam er nicht, denn die Fee hatte sich mit einem sirrenden Ton in die Luft erhoben und landete neben dem Storch. Er reckte den Schnabel in die Höhe und versuchte, größer zu erscheinen als sie. Birklein begrüßte niemanden und kam sofort auf den Punkt: »Zu jedem Termin schreibt ihr die alte Tagesordnung ab und redet immer über das gleiche. Das ist ab heute vorbei! Es kann nur ein Thema für unsere Beratungen geben und das lautet: Eine Maschine bedroht das Moor. Wir müssen sie zerstören! Entschuldigt meine

Unhöflichkeit, euch einfach zu unterbrechen, aber es geht um Leben und Tod.« Derart kraftvoll hatte sie nie zuvor gesprochen. Sie erschrak fast vor sich selbst.

»Hallo Birklein, la la la lange nicht geszzzsehen«, lispelte Snoki stotternd, denn die heftige Nachricht hatte sie aufgeregt. Die anderen schauten erwartungsvoll, was die Fee sagen würde. Aber sie schwieg. Die vergangenen Jahre waren für die Freunde recht ereignislos verlaufen, vor allem seit sie beschlossen hatten, sich gegenseitig nicht zu fressen. Jetzt hörten sie von der Ernsthaftigkeit der Bedrohung und verloren sich dennoch wieder in ihrem alten Muster der Verdrängung des Problems. Weil die kleinen Tiere den Ernst der Lage einfach ausblendeten, jubelten sie: Endlich ist mal was los!

Nur Adular blieb besonnen und flüsterte der Fee zu: »Hör mal, Birklein, die anderen können doch gar nichts. Was genau sollen die denn tun? Etwa kämpfen? Schau sie dir an! Das wird nichts! Und was soll das für eine Maschine sein? Woher weißt du etwas darüber? Und warum ist sie eine Bedrohung?«

»Adular, frag' nicht lange, ich brauche deine Hilfe. Bitte sag den Freunden, wir müssen eine Strategie finden. Ihr könnt gemeinsam viele verschiedene Dinge und ihr versteht euch gut, obwohl alle unterschiedlich sind. Es kommt nicht immer auf das Kämpfen an, jeder denkt anders. Oft hilft eine gute Idee. Als Gruppe seid ihr unglaublich stark und das liegt nur an dir.« Die Fee hatte den letzten Satz geflüstert. Adular war geschmeichelt und begeistert zugleich. Er wandte sich seiner Freundin Fienchen, Snoki sowie den Freunden Platon Platsch und Otti Ottchen zu. »Hört mal her. Vieles hat sich geändert. Wir sind in großer Gefahr und es ist keine Zeit zu verlieren. Birklein braucht uns! Also los, Birklein, sprich!«

Auf der anderen Seite der Weser zog langsam ein Gewitter auf.

Wo es an Kraft fehlt, führt Intelligenz und Aufmerksamkeit zu einer Strategie für Erfolg, wenn die versteckten Möglichkeiten erkannt werden.

KAPITEL 27
SPURENSUCHE

Birklein war fertig mit ihrer kurzen Rede, die ihre fünf Freunde ratlos zurückließ. Eine zerstörerische Maschine würde kommen und zum ersten Mal wurde die Gefahr greifbar. Bisher hatte sich die Landschaft so langsam verändert, dass man sich Jahr für Jahr daran gewöhnen konnte. Das bequeme Leben und die Eintönigkeit, seit Jahrhunderten das Moor durch Reden retten zu wollen, waren vorüber. Was sollten sie tun?

Die Informationen waren dürftig und niemand hatte eine Idee, was jetzt notwendig war. Diese Ratlosigkeit der besorgten Tiere fand Birklein nützlich. Sie werden auf mich hören. Und an die Freunde gewandt: »Wie können wir es schaffen, dieses Gerät zu zerstören? Aber wenn Menschen etwas bauen, das wir nicht verstehen, brauchen wir einen Menschen, der uns erklären kann, worum es dabei geht.«

»Ich werde euch einen Spezialisten vorstellen. Zumindest hatte ich seit längerem beobachtet, dass da ein Junge ist, der das Moor und unsere Natur liebt. Wie ich verstanden hatte, heißt er Jan.« Birklein ließ es so erscheinen, als wäre bereits alles klar. »Bleibt hier, bis ich ihn gefunden habe und wir gemeinsam zurück sind.« Sie wartete keine Antwort ab und flog davon. Nur Adular hatte ihr verständnisvoll zugezwinkert mit dem Gedanken: Gut gemacht, ich passe auf, dass alle bereit sind, wenn du wiederkommst!

Jan war an diesem Morgen früh losgezogen, um wieder einmal der versteckten Baustelle auf die Spur zu kommen. Schon länger beobachtete er die Bockschiffe mit Baumaterial, die auf den Flüssen Hamme und Beek sowie den Kanälen unterwegs waren. Etliche größere Häuser entstanden in dieser Zeit. Darunter das Gasthaus »Tietjens Hütte« mit einem zusätzlichen Verkaufsraum für Handelswaren des täglichen Bedarfs und einer Zollstelle, dessen Raum von der Königlichen Regierung schon jetzt angemietet worden war.

Darum war es zwischen dem allgemeinen Betrieb nicht leicht, genau die Transportschiffe zu erkennen, die zu der gesuchten

Baustelle unterwegs waren. Er nahm seinen neuen Spaten mit, den er für die Arbeit von seinen Eltern erhalten hatte, zog los, schaute zum Horizont und sah einige Bauernhäuser mit ihren hölzernen Ständerwerken. Aber nirgendwo war ein Neubau auszumachen, der mit Bauholz beliefert wurde.

Gebäude im Moor benötigten eine Fachwerkkonstruktion, um stabil zu sein. Falls der weiche Untergrund nachgab, fielen diese Häuser nicht sofort in sich zusammen. Häufige Überflutungen hatten manchmal zur Folge, dass die Torfschichten instabil wurden und das Bauernhaus ganz oder teilweise absackte. In diesem Falle war man wegen des Fachwerks in der Lage, das Gebäude zu demontieren und an einem neuen Standort wieder zu errichten. Aber dafür fand Jan keine Anzeichen.

Er hatte viele Transportschiffe gesehen und nur für eine Baustelle brauchte man diese Mengen nicht. Aufmerksam wurde er am Ufer des Flüsschens Beek. Zwei Bockschiffe der Bremer Eichenfahrer näherten sich und sie lagen tief im Wasser. Sein Plan war, den Transporten unerkannt hinter dem Schilf zu folgen, als er plötzlich eine sonderbare Szene auf einem Torfkahn bemerkte, der den großen Schiffen folgte. Etwas erschrocken suchte er Deckung und beobachtete.

Am Bug stand hoch aufgerichtet ein Mann im schwarzen Mantel mit Kapuze. Er sprach offenbar mit einem Konstrukteur, der über einen aufgefalteten Plan gebeugt, wild gestikulierend etwas zu erklären versuchte. Die Ruderer bemühten sich, den Bockschiffen zu folgen. »Sonderbar! Der Wind steht doch gut und sie könnten es mit den Segeln leichter haben. Warum sind die Masten umgelegt und weshalb staken die Männer die großen Schiffe mit viel Mühe flussaufwärts. Was soll denn das? Niemand würde freiwillig so etwas tun. Es sei denn, sie versuchen, nicht so leicht gesehen zu werden!«

Um den Mann mit Kapuze flatterten zwei Raben und einer davon setzte sich auf seine Schulter. »Wie sonderbar, diese Vögel gibt es hier oft, aber zahm werden sie selten.« Jan kam mehr und mehr zu der Gewissheit, dass hier etwas Ungewöhnliches geschah.

Er lief vom Ufer gedeckt den Booten voraus. In der Ferne ragte eine unfertige Dachkonstruktion über die hohen Bäume. Zuerst war es ihm nicht aufgefallen, aber kein normales Bauernhaus würde aus der Entfernung gesehen die Baumkronen überragen.

»Das muss das Ziel der Schiffe sein.« Er rannte in diese Richtung und näherte sich vorsichtig, bis die Stimmen von dort deutlicher zu hören waren. Im Schutz der Büsche schlich er sich an, bis er im hohen Gras liegend den Kopf hob und die Baustelle vollständig überschauen konnte. Erst jetzt erkannte er die gewaltigen Dimensionen der Konstruktion. Jan zählte die Handwerker, gab bei fünfzig auf und schätzte, dass es mindestens zweihundert sein müssten, die entweder oben in den Balken arbeiteten, die Transportschiffe entluden oder Holzbalken auf einer Reihe von Sägebänken in Form schnitten. Je zwei Männer zogen das fast drei Meter lange gezahnte Metallblatt hin und her, bis der Abschnitt herunterfiel. Das Hämmern, Sägen und die Rufe der Handwerker verschmolzen zu einer nicht enden wollenden monotonen Geräuschkulisse. Dazu erreichte Jan der harzige Duft der frisch gesägten Balken.

Das Areal wurde durch einen Stichkanal erschlossen, in dem beladene Schiffe festgemacht hatten. Aus Richtung der mit Zweigen verdeckten Einfahrt des Kanals kam jemand aufgeregt herbeigelaufen und rief den Männern etwas zu. Diese arbeiteten jetzt hektisch, warfen das Bauholz beim Entladen ungeordnet an das Ufer und schoben die Lastkähne rückwärts aus dem Kanal in das freie Gewässer. Die zuvor getarnte Öffnung war frei und Jan sah, wie die Boote in die Strömung flussabwärts gelenkt wurden. Wohin wollen die? Seit wann fahren leere Kähne in Richtung Bremen? Zeit zum Nachdenken war nicht, denn sofort bogen die zwei beladenen Schiffe, die Jan zuvor gesehen hatte, schwerfällig in den Kanal ein. Die Männer an der Einfahrt blieben weiter regungslos stehen und mit leichtem

Schwung folgte der Kahn mit der schwarzen Gestalt am Bug und legte ebenfalls an. Kleine Bäume und Büsche wurden ins Wasser geworfen und so die Zufahrt wieder verschlossen. Jan sah beunruhigt und doch fasziniert zu, denn das Teufelsmoor war ansonsten arm an Ereignissen. Mühsam wurde Torf gestochen, es gab kaum Ackerbau, die Bauern hielten Tiere und etwas Abwechslung brachten nur die regelmäßigen Fahrten mit dem Torfkahn nach Bremen. Die Erzählungen von Lehrer Siems begeisterten Jan oft. Aber wenn es wichtig wurde, hatte der Schulleiter kaum zugehört und die Vermutungen über eine große Baustelle weitgehend ignoriert. Jetzt war Jan mitten in die Ereignisse gestolpert. »Ich hatte recht!«

Der schwarze Mann ist auf jeden Fall kein Torfbauer und niemand hier braucht ein derart großes Gebäude. Jan wunderte sich, wie die Handwerker beim Anblick des unheimlichen Besuchers erstarrten, aufhörten zu hämmern und die gesamte Baustelle plötzlich wie eingefroren wirkte. Nur der Wind eines langsam aufziehenden Gewitters ließ die Blätter rascheln und nicht eine Vogelstimme war zu vernehmen. Er fröstele etwas, trotz des warmen Wetters.

Von den Ausmaßen der Baustelle überwältigt und abgelenkt, war Jan unachtsam geworden.

KAPITEL 28
GEFANGEN

Kräftige Schläge trafen Jan auf die Schultern. Sie hatten den kleinen Spion entdeckt und die beiden Männer schleiften ihn mit sich fort, über die Baustelle durch Sand und Sägemehl bis an das Ufer, an dem der Kapuzenmann bewegungslos stand und abwartete, was seine Moorabauken ihm brachten. Sie warfen ihren Gefangenen dem Vogt grob vor die Füße. Jan schaute benommen hoch und hätte vor diesem Anblick am liebsten die Augen verschlossen. Die Gestalt über ihm türmte sich durch den weiten Umhang wie ein Gebirge auf und oben unter der Kapuze lag das Gesicht im Dunkeln und war nicht zu erkennen. Jan zitterte und richtete sich mühsam etwas, ohne aufzustehen. Er traute sich nicht.

Das Hämmern auf der Baustelle hatte erneut aufgehört und die Handwerker schauten gespannt dem ungewohnten Ereignis zu. »Was ist da los? Hat der Vogt einen Spion gefangen?« Weitere Vermutungen waren zu hören, dann trat wieder Stille ein. Die beiden Raben flatterten um ihren Meister, der sie aber sofort verscheuchte. Sie setzten sich in eine der umstehenden Eichen und schauten zu. Zwischen den Zweigen eines anderen Baumes versteckt beobachtete Birklein ebenfalls das Geschehen. Zwar hatte sie Jan gefunden, doch mit seiner Gefangennahme schien ihre Mission schon jetzt vor dem Ende zu stehen. Wie könnte sie ihn befreien und zu den wartenden Freunden mitnehmen?

Wie erschrocken Jan war, bemerkten alle. Nur der Mann im schwarzen Umhang zeigte keine Regung. Sein langes Schweigen wirkte nicht nur auf Jan, selbst die kräftigen Morabauken schwiegen und schlossen langsam einen Kreis um den Gefangenen und bewegten sich nicht. Jan lag verängstigt im Gras, hob leicht den Kopf und alles, was er sah, waren schwere blankgeputzte Stiefel; ein seltener Anblick im Moor.

Ob ich den Jungen besser beseitige? Er überlegte. Nein! Denn die Moorbauern werden nach ihm suchen und die Baustelle zu früh entdecken. Nur nicht wegen dieser Kleinigkeit das Vorhaben gefährden. Aber was, wenn dieser Neugierige redet? Dann kennt man morgen in allen Dörfern meinen Plan und was die wilden Torfstecher anstellen werden, ist unberechenbar! Wie schaffe ich das Problem nur aus der Welt?

Gewalt und Einschüchterung gehörten bisher wie nebenbei zu seinen Mitteln. Aber ob das bei einem Schuljungen funktioniert? Je mehr ich ihm antue, umso angsterfüllter wird er nach Schutz suchen, über diese Baustelle berichten und Neugier wecken. Dieses ungewohnte Problem stand wie ein Gegner vor dem Vogt. Doch es funkte eine Idee auf. Für andere unverständlich murmelte er: »Der Junge wird reden! Das ist nicht zu verhindern, so viel ist klar. Also soll er es tun, gerade so, wie er will und bis er davon müde wird! Das gelingt umso eher, je unglaubwürdiger seine Geschichten sind.«

Unvermittelt lachte der Vogt laut auf! Bisher hatte niemand je Heiterkeit bei ihm bemerkt und wegen dieses Widerspruches klang der Versuch schaurig unwirklich und so, als begänne er eben erst Fröhlichkeit zu üben. Dann bemühte er sich, freundlich zu sein: »Wer bist du? Wie heißt du und was machst du hier?« Jan antwortete nicht und überlegte seinerseits.

»Rede!« Geduld war nicht die Stärke des Vogts. Jan schien erstaunlich gelassen, wenn auch mehr aus Angst. Aber da er gezwungenermaßen mitten ins Geschehen gestolpert war, gab es kein Zurück und er versuchte, sich völlig belanglos zu geben.

»Hinnerk, ich heiße Hinnerk«, log er.

Sicher ist sicher, meinen richtigen Namen werde ich nicht verraten.

Jan hockte bewegungslos und wartete ab.

Der Vogt blieb bei seinem Plan, den Zweck dieser Baustelle so unglaubwürdig wie möglich erscheinen zu lassen, und trat die Flucht nach vorne an. Er sagte fast gütig: »Hinnerk, hör zu. Gut, dass du da bist. Wir bauen hier ein Lager, so groß, dass der gesamte Torf des Teufelsmoores hineinpasst. Später zimmern wir ein riesengroßes Schiff und bringen alles auf einmal in die Stadt. Dafür graben wir sogar einen neuen Fluss. Die Moorbauern werden darüber glücklich sein, denn ihr Leben wird leichter.«

Der Vogt verstand seine ungewohnt irre Fantasie selbst nicht. »Also, Hinnerk, geh' los und erzähle es überall. Das hier wird eine wunderbare Sache für unser geliebtes Moor und niemand muss in Zukunft mehr hart arbeiten. Die Menschen werden sich freuen und wenn du Fragen hast, komm' einfach noch mal wieder.«

Bevor der ungewohnte Versuch, sich wie ein Wohltäter zu präsentieren, scheitern könnte, befahl er wie üblich wortkarg: »Und nun verschwinde, Hinnerk!« Die kurze gespielte Freundlichkeit hatte er nicht durchgehalten und seine beherrschende Natur gewann wieder die Oberhand. Dazu passte die knappe Handbewegung, mit der Jan entlassen wurde. Dieser überlegte nicht lange und lief in die erstbeste Richtung. Der Vogt drehte sich um und gab seiner kleinen Gruppe Moorabauken ein Zeichen, ihm zu folgen. »Den sehe ich nie wieder!« Seine Leute nickten und er selbst war begeistert über sich und seine Taktik.

Die Ereignisse wirkten jedoch gedanklich nach und er versuchte sicherzugehen, dass der Junge keinen Schaden anrichtete. Darum befahl er den Raben, Jan im Auge zu behalten. »Ihr folgt diesem Hinnerk unauffällig und beobachtet ihn. Danach überprüft ihr noch einmal die Moorbauern für meine Statistik. Ich muss wissen, wie viel Torf sie aktuell abstechen. Kommt in zwei Tagen nach Bremen und berichtet mir. Ich werde auf dem Balkon am Giebel des Packhauses nach euch Ausschau halten. Verschwindet jetzt und wehe, ihr kommt ohne Ergebnisse zurück!«

Gegen die dunklen Wolken des aufziehenden Gewitters wirkte das riesige Haus wie eine böse Botschaft und das Hämmern der Arbeiter klang wie eine laute Warnung an das Teufelsmoor. Der Bauherr schritt mit wehendem Mantel durch die offene Giebelfront in das Haus.

Die Tarnung des Projektes gestaltete sich kompliziert. Dieses Mal wurde eine Entdeckung vielleicht abgewendet. Ein weiterer Vorfall auf der Baustelle führte dazu, dass nordwestlich der Ortschaft Teufelsmoor ein weißer Fleck auf der Landkarte bis heute nicht vermessen wurde.

KAPITEL 29
EIN GEHEIMER ORT

Besorgt über die Begegnung mit dem Jungen stieß der Schwarze Vogt verärgert gegen einen Stein, der in das dunkle Haus polterte und nacheinander mehrere Fässer traf. Der Aufprall erzeugte eine Kaskade dumpfer Töne, die wie ein Grollen klangen, das dramatische Ereignisse ankündigte. Der aufgebrachte Mann schäumte vor Zorn wie ein Teufel, der mit dem Pferdefuß scharrt. Die Fahrt zur Baustelle hatte zunächst nur dem Zweck gedient, nach dem Rechten zu sehen und sich über den Fortschritt zu freuen. Er hasste es, sofort von Problemen angesprungen zu werden, die sich nicht abschütteln ließen.

Doch im Angesicht der offenen Giebelseite und der bisher nie zuvor bei einem derartigen Haus gesehenen Höhe, wuchs die Begeisterung über sich selbst. »Fast wie eine Kathedrale«, murmelte er und erhob selbstbewusst den Kopf. Fenster gab es keine. Etliche Felder waren noch nicht mit Flechtwerk geschlossen, daher drang Licht durch das offene Ständerwerk. Der über die gesamte Fläche des Bodens verteilte Sand war ebenfalls mit Schiffen hergebracht worden. Für den Aufbau der Maschine war ein waagerechter Untergrund nötig, um die exakte horizontale Ausrichtung der riesigen Walzen zu gewährleisten. So wurde sichergestellt, dass sich das Moorgetüm mit geringem Rollwiderstand anfahren ließ. Die Spezialisten des Vogts hatten alles bedacht. Seine bisher bevorzugte Namensgebung der Maschine gab ihm neuerdings Zweifel auf. Es klang wie ungezähmt, wild oder wie der Angriff eines Riesen. Das erschien ihm nicht seriös genug und bei der späteren Taufe würde er zur hoffentlich allgemeinen Überraschung den neuen Namen enthüllen: Moorkultivator. Das klänge doch wie eine frohe Botschaft, war er der Meinung.

Handwerker und Arbeiter in Fabriken im ganzen Land hatten, ohne es zu wissen, an der Produktion der einzelnen Komponenten mitgewirkt. Oftmals unter Kopfschütteln beim Anblick der Teile, die für sich genommen keinen Sinn ergaben. Der Konstrukteur, Dr. Arnaud Accuratio, hatte persönlich genau darauf geachtet, dass ein Zusammenhang nicht zu erkennen war.

Seit einigen Wochen waren am Hafen an der Schlachte die ersten Einzelteile angekommen, darunter Zahnräder, Achsen, Scharniere, Bolzen und Reifenbänder aus Eisen für die Stabilität der Walzen. Schmierfette für die hölzernen Lager und Teer zum Abdichten der Schwimmkörper wurden in Fässern mit der Eisenbahn geliefert. Kleinere Teile aus Holz und Eisen ließ er von eigenen Handwerkern im tieferen Erdgeschoss seines Hauses herstellen.

Das Tauwerk für die Masten und Segel hatte der Vogt in Hamburg auf der Reeperbahn bestellt. Ebenso das spezielle geschmeidige Seil für den neuartigen Schraubenanker. Damit sich der gewaltige Zapfen in Form eines großen Gewindes nach dem Abwerfen durch sein Gewicht in den weichen Moorgrund schrauben konnte, war es wichtig, dass dieses Ankertau die Drehbewegung nicht behinderte.

Aus Gründen der Geheimhaltung hatte er bewusst nicht die in Bremen ansässigen und für ihre Qualität bekannten Reepschläger beauftragt, sondern ließ seine Bestellungen auswärts fertigen und gut getarnt in Kisten anliefern. So füllte sich sein Packhaus im Laufe dieser Monate mit weiterem Zubehör für seine Maschine.

Im Winter bei Hochwasser werde ich die Teile zum Zusammenbau hierherschaffen und im nächsten Sommer gehört das Teufelsmoor mir! Seine Gesichtszüge verrieten gierige Boshaftigkeit. Er griff unter seinen Umhang und hielt eine Keramikplatte in der Hand, die er in einer Töpferei in Worpswede hatte herstellen lassen. »Hier ist der Grundstein zum ewigen Andenken an mein geniales Werk. Mögen ihn spätere Generationen finden und meiner Moorkultivierung gedenken!« Die Inschrift lautete:

DER VOGT AUS BREMEN WAR
GEKOMMEN, DIE MOORBAUERN VON IHRER
HARTEN ARBEIT ZU BEFREIEN.
SOMMER, ANNO 1855

Weil eine Zeremonie mit vielen Besuchern für diesen Bauabschnitt nicht angebracht war, begnügte er sich mit dieser geheimen Geste zwischen ihm und dem Gebäude. Mit gemischten Gefühlen aus Aberglauben, Glück und Wünschen zum besten Gelingen vergrub er die Plakette im Sand und wirkte dabei bemitleidenswert einsam. Niemand stand bereit, ihn für sein in trauriger Heimlichkeit selbst gestiftetes Denkmal zu ehren. Dieser mächtige Mann hockte wie von allen guten Geistern verlassen in der Mitte des Hauses und beweihräucherte sein Gewissen. Die Mischung aus Raffgier und geheuchelter Menschenfreundlichkeit war ihm in seiner rationalen Nüchternheit absolut bewusst. Er sorgte sich lediglich um die spätere Wahrnehmung seiner Persönlichkeit in der Geschichtsschreibung des Teufelsmoores.

Das Hämmern der Handwerker hatte die ganze Zeit nicht aufgehört, doch in dieser Sekunde verstummte es abrupt. Der Vogt kniete noch gedankenverloren im Sand, hob den Kopf und lauschte. Lautes Rufen war zu hören, und er eilte aus dem Haus und schaute sich um. Zwei Mann seiner Garde der Moorabauken rannten mit einigen Bauarbeitern in Richtung des getarnten Einganges. Dort standen wie angewurzelt in weitem Abstand zueinander drei Landvermesser, der eine in seine geöffnete Kartenmappe vertieft, der nächste mit einem erhobenen Hammer über einer bereits im Boden stehenden Messlatte. Dem dritten wäre vor Schreck fast der wertvolle Theodolit entglitten. »Schon wieder werde ich unterbrochen«, stöhnte der Vogt. Er eilte mit wehendem Umhang auf die Gruppe zu und seine energische Armbewegung unterstrich den Befehl: »Hier ist zu viel Betrieb, erst der freche Junge und dann ungebetene Schnüffler der Königlichen Regierung. Weg damit, verdammt nochmal!«

Der Ärger über die erneute Störung ließ seinen Zorn in Wallung geraten. Jetzt waren es sogar Handlanger der Verwaltung des Königs, für die er tiefste Verachtung empfand. »Meine Herren der Regierung, die sich überall einmischt, Ihr dürft hier leider nicht sein, wir helfen Euch dabei, uns zu verlassen!« Die Angesprochenen verstanden die Ironie in der höflichen Drohung nicht und trauten sich zu erwidern: »Wir kartografieren diese entlegene Landschaft im Auftrage von Amtmann Cornelius und des Moorkommissars Erasmus Castell.« Aber diese wichtigen Namen beeindruckten den Hausherrn nicht. Er beachtete die Störenfriede nicht weiter, flüsterte seinen Moorabauken etwas zu und entfernte sich. Die Schreie verstummten bald, ein Blick zurück überzeugte ihn, dass seine Männer richtig gehandelt hatten. Die Landvermesser saßen gefesselt in einem Kahn, der soeben ablegte. Am Ufer waren Messwerkzeuge zurückgeblieben, die für den Weiterbau hier nützlich sein könnten, auch die Ledermappe mit den Landkarten nahm der Vogt an sich. So kam es, dass bis heute die Gegend um die damalige Baustelle in keinem Kartenwerk aufgeführt ist und alle Welt annimmt, dort sei nur Einöde.

Die umfangreiche Kartensammlung wurde von einem Lederband mühsam zusammengehalten. Die große Schleife hatte sich unter dem Gewicht der Papiere und im Handgemenge gelockert. Nach einigen Schritten öffnete sich das Bündel und es fiel ein schweres, gebundenes Buch heraus. Wenige Landkarten flatterten durch die Luft, den Rest umklammerte der Vogt rechtzeitig.

Auf dem von Staub und Sägemehl bedeckten Boden wurde der Foliant beim Aufprall in eine dichte Wolke eingehüllt. Er langte hinunter, wedelte mit der Hand den Einband frei und sah eine lange Aufschrift in französischer Sprache und ein größeres Wort, das er dennoch sofort verstand: La Caisse.

Ohne das Buch aufzuheben, erhob er sich und rief dem Schiffer auf dem Torfkahn mit den gefesselten Landvermessern hinterher, die sich soeben den Weg durch die getarnte Ausfahrt der Baustelle bahnten. »Haaaaaalt, sofort wieder zu mir!« Das Boot hielt auf der Stelle an und die Bootsleute ruderten zurück. Ein Befehl des Vogts wurde nie hinterfragt.

»Schafft mir einen unserer Gäste hierher.« Das Buch hatte er aufgehoben und zeigte es dem zitternden Gefangenen, dem die gefesselten Hände gelöst worden waren. »Was ist das?« Der Mann schaute zum Torfkahn und dort nickte ihm aus Angst ein Kollege auffordernd zu. »Das wissen wir nicht genau, weil die Aufschrift in französischer Sprache ist. Wir fanden es in einem Loch, das wir für einen neuen Messpunkt gegraben hatten.«

»Ja und, redet schon, wo ist dieser Messpunkt, macht schnell!«

Der Kartenspezialist verlangte ein Bündel von Zeichnungen aus der Mappe und blätterte eine Weile darin. Er fand das gesuchte Vermessungsblatt mit der Gegend um die Zollstelle und den Torfschiffhafen an der Kreuzkuhle. Einige Messzeichen kennzeichneten die Fundstelle und einen Grenzstein. Mit verunsicherter Geste zeigte er darauf.

»Schafft mir die Kerle aus den Augen!« Der Mann wurde sofort zum Torfkahn geschleift. Mit einer Handbewegung gab der Vogt das Zeichen zum Ablegen.

»Ihr da!« Einige Zimmerleute schauten auf. »Sucht mir diesen Franzosen, Dr. Arnaud. Irgendwo auf der Baustelle muss er stecken. Er möge auf der Stelle zu mir kommen.«

Der Vogt hob das Buch auf, pustete den Staub vollständig ab und blätterte Seite um Seite um. Er sah Kolonnen von Zahlen, Ortsangaben, Listen, Einträge mit Datum und wieder jede Menge Ziffern mit vielen Stellen vor dem Komma. Er war so vertieft, dass er Dr. Arnaud nicht bemerkte. Der räusperte sich.

»Arnaud, was ist das hier?«

Dieser nahm den Wälzer an sich und wischte auf dem Umschlag hin und her. Dann bemühte er sich zu lesen, »L année … 181X … Napoleon … trésor de guerre …«

Dr. Arnaud schaute auf. »De warön dosch tatsäschlisch ier! Ja, der große Feld'err Napoleon war mit seinen Truppön, meinen Landsleutön, dursch diese Gegönd gezöjen.« Dr. Arnaud sprach den Satz mit stolzgeschwellter Brust aus.

Der Vogt stutzte. »Und, Dr.? Was bedeutet das Buch, was ist das?«

»Das ist Buchfü'rung.«

»Von was? Himmel nochmal, redet endlich.«

Dr. Arnaud schaute nochmals auf den Einband und hob langsam den Kopf, so, als realisierte er erst jetzt wirklich. »Mon Dieu, dö Kriegskassá von Napoleon!«

Den Vogt traf fast der Schlag. Mitten in die Vorbereitungen für den Verkauf von Anteilen im kommenden Frühjahr platzte diese Entdeckung. Waren seine Finanzsorgen schon vorbei? Aber ein Kassenbuch ist keine Kasse!

»Und, Arnaud, was seht Ihr? Wo ist das Gold, das Geld, wo ist die Truhe?«

Er blätterte erneut hektisch, um einen Hinweis darauf zu finden. »Isch weis es nischt.«

Der Vogt und seine Sorgen entwickelten sich zu einem teuflischen Gespann, das sich gegenseitig befeuerte. Nach dem Fund des Hinweises auf eine Schatztruhe, die er nicht erreichen konnte, blieb die Ungewissheit, was dieser Schuljunge ausplaudern würde.

KAPITEL 30
EINE NEUE HOFFNUNG

Die Vögel hatten Jan schnell eingeholt. Doch was war das? Etwas flatterte über ihm und dabei hörten die Raben, wie eine Stimme auf den rennenden Jungen energisch einsprach. Die beiden Kundschafter flogen höher und hielten Abstand, um zu beobachten.

Birklein war erleichtert, dass Jan schnell freigelassen worden war. Weil er von der Baustelle zufällig in die Richtung des Versammlungsplatzes der tierischen Freunde rannte, rief sie ihn mit ihrer feinen Stimme immer wieder an. Selbst ihre Libellen mit Maximus von Gegenwind an der Spitze versuchten, Jan anzuhalten. Doch er verstand die Situation nicht und schlug nach den für ihn lästigen Insekten.

»Hör mal, Maximus, das klappt so nicht. Ihr überholt den Jungen und fliegt dann direkt vor sein Gesicht. Bleibt in der Luft stehen und breitet euch aus wie eine Wolke. So, jetzt werden wir sehen, ob das funktioniert!«

General von Gegenwind, wie er sich oft selbst nannte, war eine Libelle des Handelns. Er erteilte knappe Kommandos und nach wenigen Metern hatten sie Jan überholt. Dieser kam rennend mit seinem Spaten in der Hand auf die Flugkünstler zu.

Wie Birklein es geplant hatte, stoppte Jan unvermittelt und hielt erschöpft und atemlos direkt vor der Fee an, die sich ebenfalls in Position gebracht hatte. Nur das feine Surren der Flügel lag in der Luft. Jetzt, da er dem Vogt entkommen war, hatte er seinen Schrecken besiegt. Es dauerte einen Moment, bis er realisierte, dass ein Fabelwesen vor ihm schwebte. Glücklicherweise sah die zierliche Fee nicht bedrohlich aus. Die Libellen gehörten zum gewohnten Anblick im Moor, aber etwas war anders. Diese sind deutlich größer als die, die ich sonst so sehe. Doch wozu dient der witzige Helm auf dem Kopf des Anführers? Ist der etwa mit Pfeilen bewaffnet?

Nach kurzer Pause lachte er leise vor Verwunderung »Wer seid ihr eigentlich?« Alleine diese Frage gab Birklein neue Hoffnung für ihre Mission. Auch verstand sie, was er gesagt hatte. »Jan«, sprach die Fee und wartete ab. Aber er schaute sie nur mit Interesse an und darum verlor sie keine Zeit. »Jan, bitte glaube mir einfach, was ich jetzt erzähle. Wir wissen schon viel über das große Haus und was dort im Moor passiert. Wir haben dich vorhin mit dem Schwarzen Vogt gesehen und dass er dir etwas erklärt hat.«

»Das war der Schwarze Vogt? Ab und zu wird in unserer Gegend von ihm gesprochen, ebenso wie über einen anderen geheimnisvollen Mann, den Roten Gerd. Sage mal, wer bist du und woher kommst du? Wer hat dir meinen Namen genannt?«

»Genau.« Mit dieser unbestimmten Aussage ließ Birklein die vielen Fragen offen. »Zuerst einmal vergiss den Roten Gerd! Der Schmuggler wird gerade jetzt von einem Amtmann gejagt und beide wissen nichts von der Baustelle. Aber du suchst Antworten? Dann folge mir zu unseren Freunden und höre von der Katastrophe, die sich im Moor anbahnt. Der Schwarze Vogt hat dich belogen! Los Jan, komm' mit uns. Es ist nicht weit!« Die Bitte der Wollgrasfee war eindringlich.

Auf seinen Spaten gestützt stand Jan direkt vor der fliegenden Fabeltruppe und ordnete seine Gedanken.

Warum kann ich ihre Frage verstehen??

»Jaaaaan, wach auf, wir müssen weiter.« Birklein holte ihn in die Realität zurück und drehte ab mit der Aufforderung: »Lerne jetzt unsere Freunde kennen, sie warten nicht weit von hier.« Jan lief wie mechanisch mit und die kleinen Libellen folgten ihm und der Fee.

Die Tiere hatten sich inzwischen gelangweilt. Das wahre Ausmaß der Bedrohung war bei ihnen immer noch nicht angekommen. Platon philosophierte etwas über ein Gewitter, das bald seine Blitze entladen würde oder auch nicht. Snoki hatte sich eingerollt und schaute in den Himmel. Vor Müdigkeit verdrehte sie die Augen. Der eben noch angehobene Kopf fiel hart zu Boden, sie wachte auf und das Spiel begann von vorne.

Otti Ottchen lag auf dem Rücken gegen einen Stein gelehnt und schaute gedankenverloren auf seine Krallen. Hin und wieder bohrte er in der Nase und schnippte etwas weg. Fienchen dagegen saß dekorativ und im Bewusstsein ihrer Schönheit auf der Blüte eines Löwenzahns. Die zarten Flügel versuchte sie auf die Sonne auszurichten, doch wegen der aufziehenden Wolken gelang es nicht so recht.

Ihre Unzufriedenheit ließ sie an dem Fischotter aus und schimpfte: »Bohre kräftig in der Nase, wenn wir nicht dabei sind!« Er drehte sich einfach weg und murmelte nur: »Frauen …!« Daraufhin nahm sie verärgert den Kristall auf und hielt ihn vor die Augen und konnte sich eine weitere Belehrung nicht verkneifen: »So macht man das! Die Welt ist mit Farbe schöner als mit dir!« Otti ignorierte sie, wackelte mit dem Kopf und meinte, dass jeder seine Weisheiten für sich behalten sollte. »Ich brauche den Zirkus nicht«, murmelte er leise und glaubte, die Sache wäre jetzt erledigt. Doch Fienchen hatte es gehört und sagte laut: »Männer …!«

Sir Adular lag im Gras und seine Gedanken drehten sich um nichts. Er ruhte ausgestreckt auf der Seite, die Beine übereinandergeschlagen und mit dem Kopf auf einen Flügel gestützt. Mit dem anderen wedelte er müde in der Luft und schaute auf das Spiel der Federn im Wind. »Ob alle die Langeweile noch etwas aushalten? Ich hoffe, unsere Fee kommt bald.« Als hätte er es geahnt, näherte sie sich mit ihren Libellen und dem gesuchten Menschen der Lichtung. Die Tiere aus dem Moor waren Jan bekannt, aber er hatte sie stets einzeln gesehen, wenn sie auf der Jagd waren. Doch was ist das für eine seltsame Versammlung hier? Weshalb liegen alle so gelangweilt herum und heben vor Müdigkeit kaum den Kopf? Eben hieß es noch, das Teufelsmoor würde untergehen, und jetzt sehe ich diese faule Gesellschaft hier rumlungern! So schlimm ist es dann wohl doch nicht. Die Fee hatte diesen Widerspruch in Jans Blick erkannt und sie war sich sicher, dass alles Weitere von ihrem Geschick abhängen würde.

Es donnerte leise in der Ferne. Das seit Stunden aufziehende Gewitter war bisher hinter der Weser zurückgeblieben, ein Effekt, der im Sommer häufig auftrat. Aus dem Teufelsmoor sah es dann aus wie ein Gebirge, so hoch reichten die Wolken in den Himmel, denn der breite Fluss war eine Wetterbarriere. Wenn aber der Westwind seine Fracht an Regen, Hagel und Blitzen über die Weser schob, brachte das Unwetter oft ernste Gefahren mit sich. In den Torfstichen hatte man für die Arbeit das Gras abgetragen und dadurch eine Schicht aus staubtrockenem Torfmull freigelegt. Dieser war nicht in der Lage, den Regen schnell genug aufzunehmen und während die unteren Torfschichten trocken blieben, floss der Torfstaub mit dem Wasser als schwarzbrauner Schlamm in die Kanäle ab. Manchmal schlugen Blitze durch die Wasserschicht bis in den Untergrund ein, entzündeten den Moorboden und entfachten Brände, die tagelang unentdeckt unter der Oberfläche schwelten und sich ausbreiten konnten.

Wenn die Glut nach einigen hundert Metern wieder zu Tage trat und sich ein helles Feuer wie von selbst entzündete, vermuteten abergläubische Menschen das Werk des Moorteufels.

Die größte Gefahr für alles, was Menschen erreichen möchten, sind zwei bösartige Geister. Fast immer fordern sie Energie und Kraft und ihr Schicksal ist, unsterblich zu sein. Sie sind so alt wie die Welt und sie werden ewig leben.

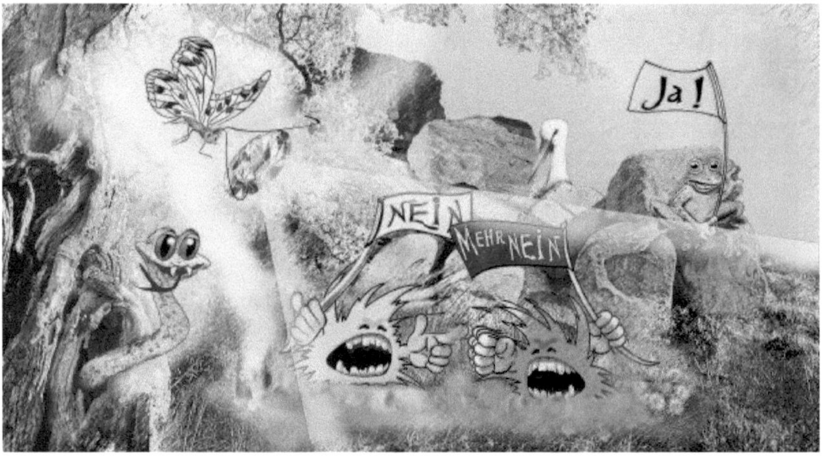

KAPITEL 31
DIE GEISTER DES GEGENTEILS

»Jetzt oder nie!« Eine Pause gönnte sich Birklein nicht. Sie landete auf dem oberen der aufgeschichteten Findlinge, die nicht auf natürliche Weise hier zusammengetragen worden waren. Am Rande des Moores gab es etliche davon, kleine Feldsteine und größere, die nur die Riesen mit ihrer Kraft bewegt haben konnten, wie die Moorbewohner meinten. Über die wahre Herkunft der Steine war damals weinig bekannt.

In der letzten Eiszeit hatten die Gletscher die wuchtigen Felsbrocken bis hier vor sich hergeschoben und dabei rundgeschliffen. Sie hießen wohl Findlinge, weil man sie zwar finden, jedoch niemals mitnehmen konnte. Dennoch waren einige der unhandlichen Schwergewichte von Generationen früher Siedler hierhergeschafft worden, um Grabmäler, sogenannte Hünengräber zu errichten. Zweifel blieben und ob sie tatsächlich diesem Zweck gedient hatten, verblasste im Dunkel der Geschichte.

Wegen der ausladenden Eiche, deren Blätter den Platz überschatteten, nannten einige diesen Ort »Kultplatz«, für welche Zeremonie auch immer. Menschen kamen schon lange nicht mehr hierher und darum hatten sich die Tiere auf ihren Versammlungen stets sicher gefühlt. Dass Birklein jetzt einen Schuljungen mitgebracht hatte, war nicht so recht in ihrem Sinne. Ihre Ablehnung zeigten sie mit der gelangweilten Haltung, mit der sie ihn ignorierten. Die Fee hatte nicht einmal angefangen, und schon lag Protest in der Luft. Alle hatten ursprünglich zugestimmt, dass ein Mensch befragt werden sollte, um die Maschine zu erklären. Oder nisten bereits die Geister des Gegenteils in ihren Köpfen?

Sie schaute auf die Gruppe, die von sich selbst mit einer naiven Leichtigkeit überzeugt war, das Teufelsmoor retten zu können. Sie waren klein und nicht für diese Aufgabe trainiert. »Na gut«, meinte Birklein großzügig. »ich habe nur diese hier und vielleicht wachsen sie gemeinsam über sich hinaus.«

Ausgerechnet sie, die dieser Landschaft jede Achtsamkeit entgegengebracht hatte, war gezwungen, sich mit einer dunklen Macht anzulegen. Bin ich erst jetzt aufgewacht? Wohin gehöre ich, in die Welt der Menschen oder die der Fabelwesen? In ihrer Zerrissenheit hatte sie sich zu oft von anderen beeinflussen lassen auf der Suche nach dem besten Weg für sich selbst. Darum waren ihre eigenen Wünsche meistens unerfüllt geblieben, bis sie erkannt hatte, wer dafür verantwortlich war.

Sie hießen »Neinsonicht« und »Gehtauchnicht.« Die beiden kamen in jeder beliebigen Gestalt daher und nisteten sich in Köpfe ein, die das zuließen. Dort übernahmen sie die machtvolle Burg der negativen Gedanken, verschanzten sich und versuchten, das Glück anderer zu verhindern und falls es nicht gelang, wurde ihnen speiübel. Oft war sie diesen Plagegeistern begegnet, die in fremden Köpfen ihr Unwesen trieben, und immer, wenn die Fee etwas Neues ausprobierte, waren sie zur Stelle: »Birklein, lass das, es wird nichts, das kann nicht funktionieren, du wirst scheitern, denke doch …«

Am Ende hatte sie die Vermutung, dass es nur darum ging, ihren Weg ins Leben zu verhindern, weil diese Geister in ihrer negativen Schleimspur selbst kaum vorankamen auf einem Weg, wer weiß wohin. Aber völlig unbewusst hatte es die Fee geschafft, die Gespenster Neinsonicht und Gehtauchnicht aus ihrem Kopf auszusperren. Denn sie war beraten worden, damals in der Welt tief im Moor, dem Unnerbodden. Eine altersweise Moorhexe hatte der Fee zugehört, als sie unter Tränen berichtete, was sie so oft hatte ertragen müssen. Da war die Hexe traurig und legte Ihre Binsenstengel über Birkleins Kopf und gab ihr nur einen Satz für das Leben mit auf den Weg: »Halte dich fern davon, wenn du mit den Falken fliegen willst, darfst du nicht mit den Fröschen reden!«

Kaum hatte sie den Zusammenhang verstanden, befreite sie sich von den Einflüsterern der Bequemlichkeit und des Ärgernisses und sortierte sie für die Zukunft aus ihrer Gedankenwelt aus.

Sie dachte unwillkürlich an Frösche und ignorierte das Gequake. Eben weil diese beiden Plagegeister eine Krankheit sind, die das Denken befällt und Ziele blockiert. Sie hatte damals herausgefunden, was der natürliche Feind von Neinsonicht und Gehtauchnicht in Wahrheit ist.

Es war das Erkennen ihrer Möglichkeiten, zur richtigen Zeit, am richtigen Ort und mit aller Kraft, die sie hatte. Sie lebte nach der Devise: »Wer sehen will, sieht viel, wer bewusst verstehen will, versteht auch etwas.« Darum hatte sie oft mehr Fragen als Antworten. Ihr war aufgefallen, dass selbst diese Erkenntnis bei den Geistern des Gegenteils andersherum war: Zweifel und Nachfragen gab es nicht, spontan, aufgeregt und ohne Besinnung tröteten sie ihre vermeintlichen Weisheiten heraus. Schließlich hatte sie erkannt: Wer nichts weiß, zweifelt nicht. Wer nichts kann, weiß es besser oder verhindert die Lösung, damit das Erstere nicht bemerkt wird.

Heute war sie überzeugt, dass nach den Jahrhunderten des Zögerns nur wenige Wochen blieben, die aufziehende Zerstörung ihrer Moorwelt zu verhindern. Ihre Möglichkeiten gab es nur JETZT. Von ihrem erhöhten Standpunkt schaute sie über die Lichtung und sie lieferte den Beweis, dass sie die Geister des Gegenteils aus ihrem Kopf verwiesen hatte. »Wunderbar, was wir erreicht haben. Unsere Gemeinschaft hat sich versammelt, ein Mensch wurde gefunden und jetzt beginnt die Arbeit an den …«

»Hey, Birklein!«, unterbrach Platon Platsch ihre Worte. »Diesen Menschen da haben Snoki und ich erst vor ein paar Tagen am Fluss beobachtet, wie er im Gras saß. Und was müssen wir jetzt sehen? Der ist ja viel kleiner, als wir dachten. So ein Winzling kann uns sicher nicht helfen, das wird nichts mit dem da!« Die Fee antwortete nicht. Gütiger Himmel, sie sind schon da, die Geister des Gegenteils, fragen nicht, überlegen nicht und wissen es sofort besser.

Ausgerechnet der Frosch, wie im Sinnspruch der Moorhexe beschrieben! »Aber der ist anders!« Platon hatte es gehört und hüpfte heran. »Hä? Was meinst du? Warum bin ich anders, anders als was?« Birklein überlegte. »Du bist ein gebildeter Moorfrosch, lass deinem Geist Flügel wachsen!« Es war Balsam für seine Seele und sein Selbstbewusstsein strotzte vor Kraft. »Ich bin eben Philosoph!«

Je mehr die Fee überlegte, umso klarer erkannte sie, wie schwer der Triumph über die Maschine sein würde. Wir dürfen nie aufgeben. Sie erinnerte sich an Worte der alten Moorhexe. »Erfolg ist nicht einfach vorhanden, aber es gab immer einen Weg dahin. Davor steht oft das Hindernis der eigenen Gedanken: nein - vielleicht - später - nicht so!«

KAPITEL 32
KLEINE STRATEGEN

Jetzt kam es darauf an! Birklein war klar, dass sie nur einen Versuch hatte, diese Gruppe aufzurütteln, um die geistige Schranke der Geht-so-nicht-Sager auf dem Weg zum Ziel einzureißen. Sie erhob sich schwebend über den Stein und im Luftzug ihrer Flügel lösten sich feine Sterne von ihrem Stab, die um sie herum schwebten. Es sah bezaubernd aus, denn das nahe Gewitter verdunkelte die Szene. Durch eine Lücke in den Wolken wurde plötzlich die Baumkrone über der Fee von der späten Sonne angestrahlt. Für einige Sekunden wirkte es wie der Funke einer neuen Hoffnung. Weit oben am Himmel kreisten zwei Raben und schauten sich das Geschehen am Boden genau an.

»Liebe Retter des Moores!« Die Köpfe hoben sich, die Münder standen offen, und alle Augen hingen an ihr und warteten auf die Fortsetzung der Rede. Sie zögerte noch einige Sekunden und eine weitere Idee hob sie sich für später auf.

»Bisher haben wir daran geglaubt, dass das Teufelsmoor für immer bleibt, wie es ist. Das brauche ich nicht zu erklären. Ihr wohnt, lebt, liebt, arbeitet hier und beschäftigt euch mit dem, was ihr eben so macht, und schiebt die Sorgen beiseite. Seit ewigen Zeiten haben haben unsere Vorfahren und auch wir kommen sehen, dass das Moor eines Tages zerstört werden wird. Aber jetzt ist die Gewissheit da.« Birklein hatte mit Absicht leise gesprochen, damit sich die Freunde beim Zuhören konzentrierten, denn es kam ihr auf die Bedeutung des Schlusssatzes an. »Es geschieht nicht irgendwann, bereits im nächsten Sommer ist das Leben hier vorbei!«

Die Tiere rückten näher heran.

Lauter und energisch fuhr sie fort: »Sprechen wir erst einmal über das, was wir wissen. Es gibt in der Nähe eine Baustelle und dort wird ein Haus errichtet, größer als etwa acht normale Bauernhäuser und dreimal so hoch. Wir haben von einer Maschine gehört, die Torf ausgraben soll, aber niemand hat sie bisher gesehen. Falls sie in dem Haus gebaut werden soll, wird sie gigantisch groß werden, und wenn sich so etwas durch unser Moor pflügt, wird das hier eine Einöde sein. Wisst ihr, was eine Wüste ist?«

Adular hob zur Bestätigung den Schnabel, denn ein Zugvogel hatte unterwegs jede Form von Ödland gesehen. Die anderen kannten nur ihr Paradies und sie schätzten es nicht, weil die Annehmlichkeiten so normal erschienen. Darum hatten sie keine Vorstellung, was ihnen bevorstehen würde, wenn sie nicht handelten. Nur Jan hatte durch Erzählungen aus der Schule ein vages Bild vor Augen. »Wir werden verloren sein, falls dieses Monstrum jemals zum Einsatz kommen sollte.« So recht rüttelte Birkleins Botschaft die Gruppe bisher nicht auf. Einige hatten nicht einmal eine Ahnung, was eine Maschine überhaupt ist. »Das Ding darf nicht gebaut werden, IHR müsst es zerstören!«

Dann eben mit einem Befehl. Für diese Zauderer habe ich keine Zeit. Sie hatte diesen Gedanken nicht ausgesprochen und entschied sich, ihre Zuversicht zu erklären. »Das hier ist Jan! Er ist dem Vogt, der ihn eingefangen hatte, entkommen. Niemand war jemals diesem schwarzen Mann näher als er. Vielleicht ist Jan der Mensch, nach dem wir gesucht haben, um die Bedrohung zu verstehen. Mit ihm ist nach langer Zeit wieder jemand aufgetaucht, der unsere Sprache versteht. Hören wir doch zu, was er herausgefunden hat.«

Jan hatte erkannt, dass Birklein keine Details zu der Maschine hätte sagen können und half ihr intuitiv weiter. »Ist das richtig, was ich daraus verstehe? Wir wissen nichts Genaues über die Konstruktion des Vogts und beschließen bereits, etwas Unbekanntes zu zerstören? Und wenn das Ding wirklich so groß wird, wie du sagst, wie sollen wir das schaffen? Sieh' uns nur an!« Sie war froh, dass er wenigstens nachfragte. Denn sie hatte Angst vor den Geistern des Gegenteils, die sich jetzt prompt in den Köpfen der Freunde zeigten. Die hatten sich verlegen angesehen und wehrten dann spontan ab: »Schaffen wir nicht!«, verbunden mit dem Klassiker der destruktiven Bequemlichkeitsgeister: »Darüber müssen wir reden …«

Nur Adular blieb gelassen und überlegte mit einer nickenden Geste seines Schnabels, sodass alle es sahen.

»Vielleicht.« Er erhob sich, während er zum Sprechen ansetzte und leicht die Flügel spreizte: »Ich kann helfen!« Alle schauten überrascht auf ihn. »Für den Bau einer Maschine braucht man Pläne. Zeichnungen, nach denen die Einzelteile montiert werden. In meiner Zeit bei der Londoner Zooverwaltung hatte ich als tierisch-technischer Koordinator gearbeitet. Wir errichteten zahlreiche Häuser und mechanische Anlagen. Damit kenne ich mich aus. Mit den Plänen unter dem Flügel bin ich wochenlang herumgelaufen und wenn ich euch sage …« Sir Adular schaute alle einzeln und nachdrücklich an, »… was dort viele winzige Tiere geleistet haben, würdet ihr mir nicht glauben. Selbst die Glühwürmchen waren wichtig und haben ihren Teil zur Sache beigetragen.« Er hatte es bedeutungsvoll betont, sich umgedreht und den kleinen Käfern anerkennend zugenickt, die jetzt bei Tageslicht kaum zu erkennen waren.

Sieh mal an, er hat seine eigenen Geister des Gegenteils besiegt! Birklein zeigte sich begeistert. Sie war der Meinung, dass im Grunde alle Lebewesen davon befallen sind und nur wenige es schaffen, sich zu befreien. Adular stieg in ihrer Achtung.

Ihr Blick aber hing an Jan, der sie besonders überrascht hatte. Er war spontan mitgekommen, obwohl er kaum etwas über die Gruppe wusste. Sie bewunderte seine Offenheit, sich darauf eingelassen zu haben, und hoffte jetzt, dass sie ihn überzeugen kann.

Sie stellte Jan alle der Reihe nach vor.

»Wenn ich doch fliegen könnte.« Jan hatte das Wort ergriffen »Sofort würde ich nachsehen, wohin der Vogt zurückfährt, wenn er an der Baustelle fertig ist. Dort, wo er wohnt, wird auch der Plan liegen! Ich würde ihm folgen, kann es aber leider nicht …« Bedauernd ließ er den Kopf hängen. »Ja, ich bin jetzt fast sicher, wir werden das ohne die Pläne niemals schaffen!« Er war nach den Erlebnissen des Tages nicht mehr in der Lage, an einen Erfolg zu glauben.

Inzwischen hatte das Gewitter den Sprung über die Weser geschafft und das Teufelsmoor erreicht. Heftiger Wind schüttelte bereits die Baumkronen in der Ferne und gleich würde ihre knorrige Eiche erfasst werden. Birklein rief dem Storch gegen die aufkommenden Böen zu: »Adular, du hast gesagt, dass du solche Baupläne verstehst. Nur der Vogt selbst kann uns zu seinen dunklen Absichten führen. Wenn wir hier fertig sind, segelst du unauffällig zu der Baustelle. Dann folge dem Vogt, egal, wohin er sein Schiff lenkt.«

»Ich bin Rentner!«, protestierte er.

»Adular!«, rief Birklein und gestikulierte verärgert. »Du bist ein stattlicher Storch, sieh dich an! Wenn dein Moor weg ist, kannst du hier das Rentnerleben vergessen. Also los, beweg dich! Warte noch kurz! Ich will Jan und euch etwas geben, das ihr nie vergessen werdet.« Im Gras hinter den Feldsteinen waren zuvor die Raben Krähh und Nähh gelandet und sie gaben sich unauffällig. Niemand beachtete sie zunächst und so wurden die Vögel Zeugen einer sonderbaren Begebenheit.

Sie sahen, wie Birklein Jan aufforderte, seinen Spaten an Otti zu geben. Dieser hob ihn in die Höhe und die Fee berührte den Stiel des Werkzeugs mit ihrem Sternenstab. Wieder sprühten Funken und nachdem der Sternenregen vorüber war, zeigte sich am Griff des Spatens reines Gold. Das Gewitter war angekommen, denn im selben Moment schlug ein Blitz neben den Raben ein, die sich im Gras angeschlichen hatten und erschrocken hochsprangen.

Snoki bemerkte es, schlängelte darauf zu und führte sich auf, als wollte sie die Raben erwürgen und fressen. Dabei wäre sie bei einem Angriff auf die großen Vögel in einem Kampf hoffnungslos unterlegen gewesen. Ihr Mut wurde belohnt, Krähh und Nähh flogen auf und riefen: »Was soll der Zauber hier? So ein Unsinn, das braucht niemand!« Da waren sie schon wieder, die Geister des Gegenteils. Aber dieses Mal war Birklein hocherfreut: Die nervtötenden Gespenster saßen in den Gehirnen der Vögel fest und die flogen mit ihnen davon. »Perfekt, gute Reise dann«, winkte sie den Raben mit ihren beiden negativen Gesellen Neinsonicht und Gehtauchnicht hinterher. »Die sind wir los!«

Der Wind frischte weiter auf, die ersten Tropfen fielen und obwohl der Regen unter dem Baum nicht angekommen war, zog es jetzt alle nach Hause.

»Dieser Spaten wird uns als Symbol immer daran erinnern, was auf dem Spiel steht. An der Maschine können diese Werkzeuge Unheil bringen, in der Hand der Moorbauern sind sie wertvoll. Berührt die goldene Stelle am Griff und glaubt an euer Vorhaben. Das ist ein Zauber, der eurem Denken Flügel verleihen wird. Darüber erzähle ich euch später mehr. Geht nun alle nach Hause in eure Welt. In einer Woche treffen wir uns hier wieder. Du, Adular, hast die eine wichtige und geheime Mission. Genau wie damals im Zoo! Sei dieses Mal unser Spion, finde den Plan und komm' heil damit zurück …, Sir!« Birklein war freundlich, aber der Nachdruck in ihrer Stimme duldete keinen Widerspruch! Sie wuchs langsam über sich hinaus. Adular erwiderte nichts, denn er freute sich insgeheim, dass ihm endlich wieder jemand eine große Aufgabe zutraute. Die kurze Strecke bis zur Baustelle flog er mühelos und suchte Schutz für die Nacht.

Das Gewitter hatte mit Blitz und Donner die dramatische Vorstellung mit dem Spaten unterstützt. Jan war geblieben, drehte sich nach Birklein um und ihre Blicke trafen sich. Nur langsam befreite er sich vom Zauber ihrer Erscheinung und schlenderte davon, um seine Aufregung zu verbergen.

Versteckt in der Baumkrone der Eiche gab es ein Baumhaus aus Ästen und Blättern. Birklein hatte es konstruiert, um einen sicheren Ort vor den Menschen zu haben, die ihr in vielem noch fremd waren. Nur langsam verblassten die Erinnerungen an ihr früheres Leben in der Welt der Fabelwesen des Moores, und weil das Heranwachsen anstrengend war, fehlte mehr und mehr die Kraft, daran noch zu denken.

Der Einstieg zu ihrem Schlafplatz wurde durch einen Vorhang aus Schilfblättern verschlossen. Jetzt glitt sie mit einem geschraubten Kunstflug hinein. Ihre Libellen folgten und die Glühwürmchen verteilten sich am Blätterhimmel. Das Unwetter draußen war kaum zu hören und beim Einschlafen sah sie die vielen Lichter über ihr, während Maximus von Gegenwind mit seiner Mannschaft für Sicherheit sorgte. In diesem Augenblick verwandelte sich das Baumhaus in den schönsten Ort der Welt und die Bedrohungen erschienen weit weg.

Das Weserschiff »Bremen« kam nur mühsam voran.
Die Mannschaft war fast auf sich allein gestellt, denn seit der Schiffsverkehr wegen anderer Transportmöglichkeiten beinahe zum Erliegen gekommen war, gab es nur noch wenig Unterstützung von Helfern am Ufer.

KAPITEL 33
KAUM ZU GLAUBEN

Der Kapitän des Weserschiffes hatte wegen der wilden Strömung bei Witzenhausen festmachen lassen. In der Nacht war Regen gefallen und das Wasser von den Abhängen sammelte sich jetzt im Fluss. Die Mannschaft befürchtete schon, hier einige Tage zum Ausharren gezwungen zu sein. Aber unvermittelt erschien am Ufer ein Reiter, der seine Dienste für eine Weiterfahrt anbot. Er könnte Pferde beschaffen, die das Schiff auf dem Treidelpfad ein gutes Stück weit ziehen würden.

Der Kapitän nahm das Angebot trotz des hohen Preises sofort an, denn jeder Tag auf dem Wasser mit Regenwetter würde der empfindlichen Ladung schaden. Kaffee und Tee allerfeinster Sorten in dieser Menge stellten einen erheblichen Wert dar. Die gesamte Fracht war für einen Händler am Hafen von Wanfried bestimmt, der von dort aus weiter in den Süden lieferte, vor allem aber an die Schloss- und Burgherren der Umgebung. Trotz der Auflösung vieler Grafschaften und Herzogtümern durch das mächtige Königreich Preußen waren etliche vermögende Landesfürsten nach wie vor in der Lage, sich die besten Spezialitäten liefern zu lassen.

Gerd saß mit einer Tasse Kaffee vor der Kajüte und wartete auf Fablax, um ihm weiter zuzuhören. »Gewiss, was er erzählt hatte, könnte sich so zugetragen haben, während ich im letzten Jahr von den Zöllnern verfolgt wurde. Aber wozu muss ich das alles wissen?«, fragte er sich leise, denn von einer Rückkehr ins Teufelsmoor war er nicht ausgegangen, nie im Leben! »Ich bin ja noch nicht einmal am Ziel meiner Reise.«

Der Bericht über die geplante Maschine hatte Gerd aber doch deutlich aufmerksamer werden lassen. »Damit kann Fablax nur die Konstruktion meinen, deren Pläne in der Halle des Vogts hingen. Ich hätte ja nie angenommen, dass sich ausgerechnet die kleinsten Tiere dieser Sache annehmen würden. Die Moorbauern sind doch in der gleichen Gefahr, unternehmen die denn nichts?«

»Hey, Gerd«, Fablax war später aufgestanden und kam endlich an Deck. Der Kapitän hatte heißen Tee in einer Schale bereitstellen lassen und jetzt drehte er sich kopfschüttelnd um. »Tee für den komischen Hund? Was habe ich hier nur an Bord!«

»Sag mal, was war das mit dem goldenen Spaten? Du hattest gestern Abend davon erzählt, auch wie diese Fee in ihr Baumhaus geschlüpft ist. Wenn ich genau überlege, dann war das goldene Werkzeug nur wenige Tage im Besitz des Jungen, bis ich es im Auftrag des Vogts bei einer alten Scheue gefunden und an mich genommen hatte. Letztlich wollt er das Ding nicht in seinem Speicherhaus behalten und verlangte von mir, es im Teufelsmoor zu versenken. Ich nehme an, er meinte, es hätte magische Kräfte, die seinem Vorhaben schaden könnten. Aber weil der Spaten beim Untergang meines Schiffes nach dem Kampf mit den Zöllnern noch an Bord war, ist er eben damit untergegangen.«

»Na also, du weißt doch noch alles!«

»Ja, die Fee hatte ich damals mehrfach im Traum gesehen. Was bedeutet das alles, wo bleibt der große Zusammenhang? Nie hätte ich vermutet, dass neben dem ganzen Zolltheater und dem wilden Eifer des Amtmanns Cornelius so viel geschehen war, direkt hinter meinem Rücken?«

»Warte einfach ab, wie die Geschichte weiterging. Du kommst auch noch darin vor und erfährst, wie du den Spaten für den Vogt gestohlen hattest. Ach, das weißt du ja selbst besser als ich! Was hast du dir eigentlich dabei gedacht, dem Jungen dieses einfache Werkzeug wegzunehmen?« Fablax wirkte irritiert. »Das passt nicht zu dir!«

»Wenn ich gewusst hätte …«, sinnierte Gerd und schwieg.

»Dann höre weiter zu, wie der Vogt seinem Plan gefolgt war und vor allem, was sich die listigen Tiere dazu ausgedacht hatten. Wir haben sie beobachtet, unsere Moorhexen waren als Binsenbüschel getarnt überall. Weil wir bemerkt hatten, dass diese kleinen

Moorbewohner alleine den Vogt besiegen könnten, haben wir sie im Hintergrund unterstützt, ohne dass sie es bemerkten. Aber nun höre, womit der schwarze Mann beschäftigt war, während du dich in seinem Packhaus versteckt hieltest« Er provozierte Gerd und die Antwort kam prompt: »Verstecken? Flucht? Niemals, es war meine Strategie!«

»Lass' es gut sein! Keine Eitelkeiten! Heute sind die Umstände von damals nicht mehr wichtig.«

»Birklein hat alle nach Hause geschickt, nun bin ich es wieder, der die Arbeit an den Flügeln kleben hat.« Zu mehr als zu diesem kurzen Satz kam der Storch nicht, denn sein Ziel war erreicht.

KAPITEL 34
DER SPION, DER ETWAS WUSSTE

Sir Adular war nach wenigen Flugminuten an der Baustelle angekommen und auf der Wiese nebenan gelandet. Ein Storch, der langsam und mit Bedacht sein Abendessen suchte, fiel hier nicht auf. Wie nebenbei schlenderte er näher heran und sah auch, wie sich der Vogt im Hause niederkniete. Es war reiner Zufall, dass ein Blitz die Szene erleuchtete und Adular die Plakette sah.

Der vergräbt da was.

Er merkte sich die Stelle.

Die Handwerker räumten die Baustelle auf und suchten Schutz vor dem Wetter. Adular versuchte, den Überblick zu behalten, und sah das Drama um die Gefangennahme der Landvermesser. Jetzt realisierte der Spion, dass er eine riskante Mission übernommen hatte. »Du liebe Güte, ich bin Rentner. Was kann ich alleine schon ausrichten? Mein Auftrag ist es, dem Vogt zu folgen, mehr mache ich nicht! Am Ende lande ich noch in einem Käfig.« Zeit für Zweifel gab es dennoch nicht und er änderte schnell seine Meinung. »Hier geht es um mehr als um mich alleine. Meine Freunde warten!«

Ein letzter Blick schweifte über die Baustelle und der Vogt bestieg ein Schiff. Den Storch nahm er nur kurz wahr: Was macht der hier zwischen all dem Material, sucht er keine Frösche in den Wiesen? Wie schön, ein Storch, ein Adebar bringt mir Glück!

Er sollte sich irren!

Auf der Ruderbank saßen die Männer des Vogts, die unter dem Segel Schutz vor dem Regen gesucht hatten. Er scheuchte sie hoch: »Auf nach Bremen zum Packhaus, wir fahren einige Stunden in die Dunkelheit hinein und warten dann an der Hamme den Morgen ab. Los geht's!« Der Vogt legte sich in die Kajüte und hatte die Einstiegsluke in der Hand, um sie zuzuziehen.

Wegen des Unwetters waren die Raben spontan zur Baustelle zurückgekehrt und jetzt versuchten sie, ihm in den geschützten Raum zu folgen. Der Vogt reagierte ungehalten. »Verschwindet, was wollt ihr hier? Ihr habt die Aufgabe, den Jungen zu beobachten und das Moor zu erkunden. Los, macht eure Arbeit, berichten könnt ihr morgen in Bremen.« Er verschloss die Klappe und ließ die Vögel zurück. Beleidigt verkrochen sie sich unter einer Sitzbank. Dennoch erreichte etwas Regen die Flügel. Nähh war nicht begeistert und Krähh murmelte: »Was stimmt mit dem Kerl nicht? Das mache ich nicht mehr lange mit!«

Der Schiffer schöpfte einige Kellen Regenwasser aus dem Boot, stakte am Heck stehend durch die jetzt geöffnete Ausfahrt auf die Beek und ließ es mit der Strömung nach Süden zur Hamme treiben. Das Gewitter war vorbei, die Wolken zogen ab und der aufgehende Mond beleuchtete die Landschaft mit einem zarten Silberlicht. Adular war gezwungen, im Flug zu kreisen, denn das Schiff war für seine Flugkünste zu langsam unterwegs.

Wie der Vogt es befohlen hatte, legten sie später am Ufer der Hamme an, um hier den Morgen abzuwarten. Adular stand auf der Wiese nebenan in der Deckung des Schilfgürtels und hoffte, ebenfalls etwas Schlaf zu finden. »Das alles war so aufregend. Rentner? Nicht mit mir, ich fühle mich um Jahre jünger!« Die Augen fielen ihm sofort zu.

Am Morgen zeigte sich die Landschaft von ihrer schönsten Teufelsmoorseite. Die Wellen reflektierten die Strahlen der Morgensonne, denn das Gewitter von gestern war komplett abgezogen. Weidenstämme bogen sich auf den Fluss hinunter und das Licht wurde durch das Schattenspiel in ein feines Muster geschnitten. Adular schaute nach dem Schiff. Die Männer hingen mit allen Gliedern kreuz und quer über der Sitzbank. Sie schliefen noch. Eben flogen die Raben auf, um sich im Auftrage des Vogts nochmals im Moor umzusehen.

»Die kenne ich doch!« Dem Storch wurden einige Zusammenhänge klar.

Kurze Zeit später legte der Kahn ab, und weil als Ziel nur Bremen in Frage kam, flog Adular bis zum Findorffer Hafen voraus, um von dort aus seiner weiteren Fahrt zu folgen. Gegen Abend tauchte das Boot auf und steuerte zwischen den auf die Entladung wartenden Torfkähnen hindurch und in die Kanäle der Stadt. Der Blick des Vogts fiel hinüber zur Zollstelle, vor dessen Tür Amtmann Cornelius den Schiffsverkehr beobachtete. Dieser bemerkte den Mann unter der Kapuze, den er nur dem Aussehen nach von den Berichten seiner Beamten kannte. Er hatte inzwischen den Verdacht, dass diese seltsame Gestalt etwas Größeres im Schilde führte. Aber er war zu beschäftigt mit der Jagd auf den Schmuggler Gerd.

Adular war niedrig über die Zollstelle geflogen und gewann wieder an Höhe, um aus der Luft dem Kurs des Kahns zu folgen. Nach der Fahrt durch einige Kanäle legte er an der Rückseite eines Packhauses an. Der Vogt war ausgestiegen und warf einen Blick in das zuvor angekommene Boot. Dort lagen verstreut die Messinstrumente der Landvermesser. Adular sah, wie er sich wegen dieser Nachlässigkeit aufregte und wie seine Gefolgsleute vor Ehrfurcht auf das Pflaster fielen. »Aber wo sind die Gefangenen geblieben?«, fragte sich der Storch fröstelnd und vermutete, dass etwas Schlimmes mit den Leuten passiert sein müsse. Inzwischen war die Straße zwischen dem Haus und den Schiffen wieder menschenleer. »Morgen werde ich versuchen, die Pläne zu finden.« Er drehte ab und suchte sich eine Wiese für die Nacht mit Blick auf die Stadt.

Der neue Großunternehmer für Brenntorf war von seiner Baustelle im Teufelsmoor nach Bremen zurückgekehrt. Fürchtete er bisher die Moorbauern, so entwickelte sich die Bedrohung aus völlig unerwarteter Richtung.

KAPITEL 35
EINE NACHRICHT MIT FOLGEN

Bis zum Herbst war im Packhaus in Bremen wenig geschehen. Die Spezialisten hatten an der Konstruktion gefeilt und die Pläne vervollständigt. Im hallenartigen Keller des Hauses entstanden die ersten technischen Teile. Die Begegnung mit dem Schuljungen beschäftige den Vogt insgeheim immer wieder. »Wie hieß der nochmal? Hinnerk, ach, was soll's.« Die auf der Baustelle im Moor ungebeten aufgetauchten Landvermesser hatte er sofort festsetzen lassen und an die Menschen, die inzwischen in den Zellen im Untergeschoss des Kellers ausharrten, verschwendete er keinen Gedanken. Hauptsache die bleiben bei Kräften, um auf den Walzen zu laufen und sie anzutreiben. Er grinste boshaft und hielt sich für jemanden, der meinte, alles zu wissen. Aber gefährlich waren für ihn die Informationen, die er nicht hatte.

Wie an jedem Tag, den er im Packhaus verbrachte, trat der Vogt selbst heute Abend nach der langen Rückfahrt von der Baustelle durch die Tür an der Seite des Planungsraumes. Er stieg die Treppen zum obersten Stockwerk hinauf und erreichte den Lagerraum im Giebel, in dem die hochwertigen Waren verstaut waren. Sein Ritual war es, auf der Plattform über dem Kranausleger zu stehen und dem Schiffsverkehr auf der Weser zuzuschauen. Der Balkon bot nur ein bis zwei Personen Platz, das Geländer war niedrig und baufällig. Wer von einem Schiff hinüberschaute, sah einen Mann mit übergezogener Kapuze und einem Umhang, der sich langsam mit dem Wind bewegte. Der Vogt hob immer wieder den Kopf und schaute in den Himmel.

Beide Raben sahen beim Anflug von der Weserseite aus ihren Meister auf dem Balkon des Packhauses stehen. Üblicherweise setzten sie sich sofort auf seine Schulter. Heute aber zögerten sie und flatterten um ihn herum, denn sie hatten ungewöhnliche Nachrichten. Sie versuchten, zu erklären, was sie selbst nicht genau verstanden hatten. Leichter war es, zuerst die erwarteten

Informationen mitzuteilen. Ihre Zählungen für die Statistiken des Vogts hatten ergeben, dass in der Ortschaft Teufelsmoor bis Worpswede sechsundachtzig Bauern im Torfstich gearbeitet hatten, weiter nördlich gab es in Richtung Kreuzkuhle im Kolbecksmoor bis nach Gnarrenburg etwa einhundert aktive Torfstecher. Das Wetter war perfekt gewesen und der gestochene Torf würde schnell trocken sein. Mit diesen Zahlen ergänzte der Vogt seine Listen. Er überprüfte ständig die Erfolgsaussichten seines Unternehmens.

»Und, weshalb seid ihr so aufgeregt? Was war noch, habt ihr den Jungen verfolgt, so wie ich es euch befohlen hatte?« Nähh gestikulierte wild, darum war Krähh an der Reihe: »Wir sahen, wie ein Geist oder eine Fee mit dem Jungen redete, der unsere Baustelle entdeckt hatte. Der Junge hatte dir gesagt, er hieße Hinnerk. Kaum hattest du ihn freigelassen, sprach er mit der Fee und wir haben gehört, dass sein richtiger Name Jan ist.«

»Na und, wen interessiert schon, wie er wirklich heißt? Diese Jungen im Moor sehen doch alle gleich aus, tun alle das Gleiche und können nichts, außer ein paar Brocken Torf ausgraben«, meinte der Vogt abfällig.

»Nein, nein, nein!« Krähh war aufgeregt wie selten. »Der hier ist anders, glaube uns! Diese sonderbare Fee wusste es. Sie ließ nicht locker und führte Jan an einen Platz, wo einige kleine Tiere warteten. Wir sind nebenan gelandet und haben uns unauffällig verhalten.« Ihr Meister zeigte sich unbeeindruckt. »Was ist daran wichtig und seit wann gibt es dort Feen?«

Aber der Rabe nahm seine Aufgabe ernst und blieb hartnäckig. »Wir haben gesehen, wie Funken leuchteten oder kleine Sterne und dann hatte der Spaten des Jungen auf einmal einen goldenen Griff. Die Fee hat noch etwas von Zauberkräften für das Leben erzählt, das dieser Jan vor sich hätte. Mehr wissen wir nicht, weil uns völlig unvermittelt eine böse Schlange angriff, die sich im Gras angeschlichen hatte. Gleichzeitig wären wir fast von einem Blitz erschlagen worden. Wir mussten weg.« Der Vogt war in Zorn geraten. »Feiglinge! Hier gibt es doch nur kleine Schlangen. Mit denen werdet ihr nicht fertig? Ihr bleibt dran und beobachtet, was da läuft, klar?« Die Vögel schauten verlegen zur Seite.

Es war schwer für den Vogt, die Nachrichten einzuordnen. »Was sollte das? Nur ein Spaten? Lächerlich! Aber mit Gold am Griff?« Im Angesicht seines Vorhabens beschloss er, der Sache nachzugehen. Seine Pläne sahen vor, dass fünfhundert Spaten, die etwas kürzer sein müssten, gleichzeitig an der Maschine arbeiteten. »Gibt es tatsächlich ein neuartiges Gerät, das Zauberkräfte hat? Ich muss mehr wissen, bevor mir Wichtiges entgeht.«

Seine Raben hatten die Gedanken ihres Meisters verfolgt. Sie waren auf neue Anweisungen vorbereitet. »Wenn der Schmuggler, der Rote Gerd, wieder in unser Packhaus kommt, sagt ihm, dass ich diesen Spaten haben will. Oder besser, ihr findet den Gerd im Moor, und verlangt, dass er hier auftauchen möge. Das ist für morgen früh euer Auftrag.«

Die Raben erhielten Futter, setzten sich auf eine Stange im Giebelraum und legten für die Nacht ihre Köpfe zurück ins Gefieder. Der Vogt stieg die Treppen wieder hinab. »Täglich neue Nachrichten, heute über Feen, Zauber und Gold an einem Spaten. Aber warum jetzt? Je näher mein Ziel heranrückt, umso öfter höre ich von diesen seltsamen Erscheinungen. Was läuft denn da?«

Auf dem Weserschiff unterbrach Fablax erneut seinen Rückblick. »Erinnerst du dich, Wilhelm Gerd? Wir sind jetzt in der Zeit, in der du mit dem Vogt damals zusammengearbeitet hattest. Wenige Wochen danach fand dein Angriff auf die Zöllner im Hafen an der Kreuzkuhle statt, der dich auf der Flucht bis in das Haus des Vogts geführt hatte.«

»Ja natürlich, ich erinnere mich, in den Monaten, die ich in seinem Haus war, hatte ich die Pläne gesehen und mich gewundert, was dort gebaut wird.«

»Aber warte ab, erfahre jetzt, was damals noch geschah.« Mit diesen Worten erzählte Fablax die weiteren Ereignisse vom Jahr zuvor.

»Eine undankbare Aufgabe.« Adular gab sich auf der Wiese hinter dem Hafen seinem Selbstmitleid hin. Auch die von einigen Gaslaternen erleuchtete Stadt lockte ihn zu keinem nächtlichen Abenteuer. »Das ist nicht London!« Also fügte er sich in sein Schicksal und schlief bald ein.

KAPITEL 36
EIN VERSUCH

Obwohl der Vogt erst gestern angekommen war und mit seinen Raben gesprochen hatte, wurde er am späten Morgen wieder auf dem winzigen Balkon unter dem Giebel gesehen. An der Schlachte zwischen dem Anleger und den Packhäusern stapelten sich Kisten, Ballen und Fässer. Unentwegt schwebten die Güter an den Kränen hoch zu den Luken der oberen Stockwerke, als würden die Lager in den Speichern in unstillbarem Hunger ihr Futter einfordern. Immer, wenn einige kleinere Schiffe angekommen waren, erwachte die Hafenanlage für wenige Tage aus der sonst vorherrschenden Tristesse.

Adular kreiste über dem Hafen und wartete auf eine Gelegenheit, um an die Pläne zu gelangen. Denn Birklein hatte vermutet, dass es Zeichnungen der Maschine dort geben müsse, wo der Vogt lebte und arbeitete.

Die Geduld des Storchs wurde bis zum Mittag auf eine harte Probe gestellt. Plötzlich flatterten zwei Raben unter ihm hinweg direkt zum Vogt auf dem Balkon. Das sind doch dieselben, die ich zuletzt am Schiff auf der Hamme gesehen habe. Sind das nicht auch die frechen Kerle, die uns auf der Lichtung belauscht hatten, bis sie von Snoki vertrieben wurden? Gütiger Himmel, das sind Spione und sie werden uns verraten!

Gestern Abend erst hatte der Vogt die letzten Neuigkeiten erhalten und noch in der Nacht waren die Vögel ins Teufelsmoor aufgebrochen, um wie befohlen weitere Informationen für ihren Meister zu beschaffen. Wieder unterhielt er sich auf dem Balkon mit ihnen und nachdem der Vogt sich mit den Raben durch die enge Tür im Giebel zurückgezogen hatte, sah Adular seine Gelegenheit gekommen. Pläne sind wertvoll, die werden unter dem Dach liegen, vermutete er. Mit geöffneten Schwingen segelte er auf den Balkon hinab, blieb seitlich an der Türöffnung stehen und schaute mit gesenktem Kopf um die Ecke, denn der auffällige lange Schnabel hätte ihn verraten. Die Raben könnten dort sein und den Vogt alarmieren.

Tatsächlich! Sie saßen auf einer Querstange über einem aufgestellten Stock, der wie ein umgedrehter Besen ohne Borsten aussah. Sie waren nach dem langen Flug heute Morgen sofort eingeschlafen. Adular schob einen Flügel langsam um die Ecke, gefolgt von einem Fuß, und schlich mutig weiter. Leise schritt er durch das mit Waren zugestellte Lager und achtete darauf, nirgendwo anzustoßen. Eng war es unter den Dachschrägen und der Staub auf den Kisten sagte ihm, dass hier keine Pläne gelegen hatten. »Also gut, das war nichts, ich muss woanders suchen!« Er zog sich zurück und bemerkte dabei nicht, wie er mit dem Fuß an etwas hängen blieb, und stolpernd zu Boden fiel, halb im Raum und draußen auf dem Balkon liegend.

Das Geschrei der Raben war fürchterlich. Adular schaffte es, sich mit den Flügeln auf das Geländer zu ziehen und er versuchte hektisch, in die Höhe zu springen. Doch ein Fuß verklemmte sich, er kippte über die Brüstung und ohne Möglichkeit die Schwingen zu öffnen, führte sein Weg ungebremst nach unten. Wie in Zeitlupe zogen die Stockwerke an ihm vorüber. Ein Storch, der vom Himmel fällt? Das muss komisch aussehen. Mit diesem Rest an Humor fing ihn ein Sonnensegel auf und etwas benommen blieb er einige Sekunden auf dem schwankenden Stoff liegen, bis ihn der Gedanke an die Raben in Panik geraten ließ. Dann sah er sie schon über dem Giebel kreisen und den Himmel absuchen.

Ich muss weg, bevor sie nach unten schauen! Geistesgegenwärtig schnitt er mit dem Schnabel einen Schlitz in das Tuch und ließ sich hindurchgleiten. Die letzten drei Meter bis zum Aufprall auf das Straßenpflaster waren nicht angenehm.

Er sprang gegen die Hauswand, wickelte sich in seine Schwingen ein und hob den Schnabel senkrecht in die Höhe. Bewegungslos blinzelte er auf die Umgebung. Offenbar hatte ihn niemand bemerkt und das leichte Zittern der roten Beine fiel kaum auf. Beim wütenden Rückflug stießen die kreischenden Raben im Durchgang zum Balkon zusammen und wichtige Sekunden vergingen ungenutzt.

Dann schauten die Verfolger nochmals in den Himmel, um den Storch zu finden. Wieder verloren sie Zeit und nachdem sie endlich den Riss im Sonnensegel bemerkten, verstanden sie sofort. Im Sturzflug landeten sie auf der Hafenanlage. Misstrauisch stolzierten sie umher, sahen sich unter dem Sonnenschutz um und suchten Adular in dem Gewirr der angelandeten Waren.

Der stand zwischen hohen grauen Stoffballen, aus denen Sand herabrieselte. Weil er sich mit den Schwingen umschlungen hielt, war er zufällig den Rollen ähnlich und bestens getarnt. Dann geschah das Wunder: Die Raben sahen ihn nicht, obwohl sie vor ihm auf und ab liefen. Menschen traten mit den Füßen nach ihnen, doch sie blieben hartnäckig am Boden, und prüften jeden denkbaren Unterschlupf. Endlich gaben sie auf, flogen über den Balkon zurück zu ihrem Schlafplatz und vermuteten einen Irrtum. Kaum, dass sie eingeschlafen waren, erwachte Krähh aus einem Albtraum. Darin war er von einem Storch verfolgt worden, der Papierrollen nach ihm warf, bis er abstürzte. Erst am Boden schaute er hoch, sah nur einen roten Schnabel und wurde von einer der Rollen hart getroffen. »So ein Unfug!« Er legte den Kopf zurück ins Gefieder und schlief wieder ein.

Adular war in eine Mission geraten, die bisher nur in seiner geheimsten Fantasie Platz hatte. Im Zoo in London hatte er gewissenhaft mitgearbeitet, doch am Abend genoss er zu seiner Unterhaltung abenteuerliche Tagträume. Damals hatten ihn dramatische Agentengeschichten in den Bann gezogen. Besonders die, in denen er sich als Spion im Auftrag seiner Majestät sah.

KAPITEL 37
ERNÜCHTERUNG

So ist das also, ein echter Spion zu sein. Keine Medaillen und Ehrungen, nirgendwo Bars für meinen gerührten Karibik-Rum oder rasante Kutschen mit geheimen Waffen. Auch vermisse ich die hübschen Storchenfrauen, die mich umgarnen und umzubringen trachten, und die ich später dennoch lieben muss. Wo bleibt nach erfüllter Mission die öffentliche Danksagung der Königin in der TIMES: *Was sich begeben und zugetragen hat. Der Spion seiner Majestät, Adular, Sir Adular, war in Erfüllung seiner …*

Mit diesen früheren Gedankenspielen hatte er jetzt seine Angst unterdrückt und vergeblich versucht, dabei regungslos zu verharren. Aber sein Kopf ließ ihm keine Ruhe: Stattdessen stehe ich zitternd an einer Hauswand in einem unbedeutenden Hafen und werde von zwei Raben verfolgt. Es ist so erniedrigend, ich habe schließlich einen Adelstitel von Ihrer Majestät! Was waren das für Zeiten, damals in Casablanca …

Adular war wie versteinert, verängstigt, und litt an sich selbst. Vorsichtshalber hielt er weiter die Augen geschlossen, weil er daran glaubte, für andere durchsichtig zu sein. Schließlich blinzelte er doch in die Umgebung, niemand hatte ihn erkannt.

Vorsichtig schaute er zur Seite und sah ein langes rundes, in Tuch gewickeltes Paket, das ihn deutlich überragte. Der Stoff dieser Rolle hatte sich gelöst, einige Fetzen hingen herunter und baumelten um seinem Schnabel und herabrieselnder Sand kitzelte in den Nasenlöchern. Er kämpfte mit einer Niesattacke und fuchtelte mit einer Schwinge, sodass sich weitere Stoffstreifen von der Rolle ablösten. Vor Schreck wäre er fast eingeknickt, denn er sah hoch und auf einen vertrockneten Menschenkopf mit Haarfetzen. Schmale Gewebebahnen fielen jetzt schneller wie Spiralen herab und Adular meinte, eine kalte klapperige Hand würde nach ihm greifen. Das war zu viel für ihn, er rannte spontan los, riss die sonderbare Statue dabei um und bemerkte noch, wie sich der Schädel ablöste und polternd über das Pflaster rollte.

Er lief mit aller Kraft an, öffnete die Schwingen und gewann schnell an Höhe. Nichts als Aufregung und kein Plan der Maschine in seiner Reichweite. Er war unzufrieden mit sich und beschloss, es morgen erneut zu versuchen. Im Abflug zu einer Wiese für die Nacht sah er, wie einige Menschen das Gerippe wieder zusammenfügten und in den Stoff wickelten.

Im Packhaus hatte der Vogt das Geschrei der Raben und die Aufregung an der Kaje durch die Fenster gehört. Hier wurde oft gestritten und darum hatte er sich nicht stören lassen beim Studium seiner Zeichnungen. Zur Überprüfung der Arbeiten nahm er einige Detailpläne mit nach unten in den Handwerkskeller. Dort standen die Luken zu dem ebenerdigen Schiffsanleger offen, sodass Pakete auf einer Rampe hinabgleiten konnten, wo aus dem angelieferten Material Maschinenteile entstanden. Dem Vogt war die Unruhe draußen auf die Nerven gegangen, er streckte den Kopf durch eine der Luken und sah seitlich am darüberliegenden Sonnensegel vorbei den Storch über die Anleger davonfliegen.

»Schon wieder einer von dieser Sorte? Anscheinend habe ich etwas zu viel Glück in letzter Zeit, oder?« Der Lärm war inzwischen vorbei und so sah er, wie die Arbeiter den abgefallenen Schädel auf einem der Stoffballen fixierten. »Schiebt die Mumien doch mal in den Keller«, rief der Vogt den Leuten zu. »Der Krempel ist für den Roten Gerd, wir lagern die nur, bis er wiederkommt.«

Altägyptische Relikte brachten die Schiffe seit Jahrhunderten nach Europa, denn die Mumien wurden zu Pulver zermahlen, an dessen vermeintliche Wunderkräfte viele Menschen glaubten. Die gebräuchlichste Bezeichnung war »Mumia« oder »Mumia vera«, um durch den Zusatz von »wahr« Reinheit zu signalisieren. Die exotische Beschaffenheit setzte der Fantasie bei stets neu erfundenen Heilungsversprechen keine Grenzen. Mumien waren darum ein gewohnter Anblick in den Seehäfen dieser Zeit. Das Pulver wurde in hochwertigen Verpackungen in Apotheken verkauft, was diese

»Medizin« kostbarer erscheinen ließ. Die Art der »Veredelung« war eines der geheimen Geschäfte des Roten Gerd. Regelmäßig kamen mit den Segelschiffen hier Waren an, die der berüchtigte Schmuggler abholte. Wie er mit diesen Mengen den Zoll ohne Kontrollen überwand, war sein Geheimnis geblieben.

Der Klang der dröhnenden Domglocken weckte Adular. Er hatte auf einem Bein stehend geschlafen und vor Schreck den auf dem Rücken liegenden Kopf zu schnell nach vorne geworfen. Der Storch schlug in ganzer Länge zu Boden. Heute verzichtete er aus Gewichtsgründen auf eine Froschmahlzeit. »Papier kann schwer sein, wer weiß, wieviel ich tragen muss.«

KAPITEL 38
IM INNERSTEN DER MACHT

Fortes fortuna adiuvat – auf niemanden hätte das lateinische Sprichwort besser gepasst als auf Sir Adular. Den Mutigen hilft das Glück! Dass mein Name davon abstammt, ist wunderbar, nur ist das heute keine Hilfe. Ich habe wohl Mut und sonst rein gar nichts.

Seine Misere hatte er verstanden. Andererseits stimmte der Spruch für alle, die den Aufbruch wagen. Wir wären verloren, wenn ich nicht handele! Er hatte die Nacht außerhalb der Stadt verbracht und heute Morgen wieder keine Idee, wo sich das Gesuchte finden ließe. Na und, dann überprüfe ich eben das ganze Haus. Um Kraft zu sparen, spreizte er die Schwingen, stellte sich gegen den Wind und wartete, bis der Luftstrom ihn in die Höhe zog, und weil er keine Frösche verspeist hatte, gelang es.

Im nächsten Stockwerk über dem hoch aus dem Boden ragenden Kellergeschoss lag der Planungsraum, dessen kleine Fenster für ein trockeneres Raumklima stets geöffnet blieben, damit das empfindliche Papier der Pläne keinen Schaden nahm. Adular steuerte in Richtung der Fassade oberhalb des Sonnensegels und erkannte, dass eine Landung wegen fehlender Gesimse nicht möglich war. Darum raste er mit voller Absicht auf sein Ziel zu und visierte mit dem Schnabel auf die Mitte der Öffnung. In letzter Sekunde legte er die Schwingen fest an und wie ein langgestreckter lebender Pfeil schoss der Storch in das beengte Fenster. Plopp – er war eingeklemmt, halb drinnen und draußen. Die Füße zappelten in der Luft und die Flügel waren wie gefesselt und nicht zu bewegen. Der Anblick zeigte eine unfreiwillige Komik.

Adular kam zu sich, hob den Kopf und nachdem er sich an das Dämmerlicht im Raum gewöhnt hatte, bemerkte er die plakatgroßen Papiere an den Wänden und auf den Tischen. Gefunden! Ich bin der Mutige, dem das Glück hilft! Mit diesem Erfolg vor Augen befreite er sich intelligent aus der misslichen Lage, indem er den Schnabel in einer Bretterfuge am Boden fixierte und sich langsam mit der Kraft seines Halses durch das Fenster nach vorne zog. Da es keinen Halt gab, kippte er über die Schultern mit einer Rolle voran und fand sich in einem Durcheinander von Körper, Flügeln und seinen Beinen auf dem Rücken liegend wieder. Er pustete einige verlorene Federn beiseite, stand auf und überlegte.

Eine Panikattacke wie gestern auf der übereilten Flucht war ihm zu gefährlich, darum übte er den Ausstieg für den Rückweg jetzt sofort. Er tastete mit einem Bein über die Brüstung, es folgten Kopf und Hals. Vorsichtig zwängte er die Schwingen an sich vorbei und rechts und links der Öffnung drückte er sich mit einem kleinen Ruck nach Außen und saß auf der Fensterbank. Da es dort keinen Halt zum Stehen gab, rüttelte er sich mit dem Hinterteil zurück, zog wieder Kopf und Flügel ins Innere und fiel prompt nochmals rückwärts am Fenster zu Boden. Er folgte den erlernten Bewegungen für den Ausstieg mehrfach im Geiste und war sich sicher, dass selbst in Eile eine schnelle Flucht gelingen würde.

»Es riecht nach Mensch.« Jemand hatte vermutlich kurz zuvor den Raum verlassen. Wie in einer Gemäldegalerie schritt Adular an den Wänden entlang und betrachtete die unfertigen Zeichnungen. Sein Blick ähnelte dabei dem auf der Jagd, wenn es darauf ankam, den fettesten Frosch herauszupicken.

Die Planungen sind abgeschlossen, das ist hier ein einziges Durcheinander. Sein schneller Erfolg, überhaupt Pläne gefunden zu haben, ließ ihn den Gegner zunächst unterschätzen. Eine große Konstruktion, einem Schiff ähnlich, dazu Segel und dann Räder? Nein, Walzen sind das! Eine Kette für Paddel oder Ruder, aber ist die Zeit der Galeeren nicht vorbei? Hier spinnt doch einer, dieses umständliche Ding soll das Moor zerstören? Ich fliege zurück, wir bilden uns da was ein!

Mit dem Gedanken, hier nichts mehr zu finden, stolzierte er am nächsten Plakat achtlos vorbei, weil es keine Bilder zeigte, sondern ausschließlich Text. Wenige Schritte weiter stutzte er und kehrte zurück. Was hatte er da eben gelesen? 500 Spaten arbeiten hundertmal schneller als ein Moorbauer. Das ist wie 50.000 schuftende Torfstecher, Tag und Nacht, ohne Pause. Sofort war er hellwach. Das ist also das Ziel des Vogts und mit der Maschine wird er es erreichen. Dem Spion war, als sei er im Auge eines Wirbelsturmes. Innen Ruhe mit klarer Erkenntnis und außen herum die tosende Gefahr. Er stand im Zentrum einer entschlossenen Macht, die mit automatisch angetriebenen Spaten das Brennmaterial dem Teufelsmoor entreißen sollte.

Er wandte sich dem Tisch zu und nachdem er die Papiere durchwühlt hatte, fand er eine Zeichnung, die seiner Erwartung entsprach. Nur keine Zeit verlieren. Mit einem Griff seiner Schwingen rollte er das Plakat auf und lief zum Fenster. Im selben Augenblick betrat der Vogt das Zimmer und im Gegenlicht bemerkte er nur, wie ein flüchtiger Schatten den Raum verdunkelte. Draußen angekommen ließ Adular sich fallen, denn mit dem Plan, den er jetzt über den Schnabel gezogen trug, war an sofortiges Fliegen nicht zu denken. Vorerst rutschte er das Sonnensegel hinab auf den Riss zu, glitt hindurch und die Papierrolle verhakte sich im Stoff, sodass er mit den Füßen in der Luft langgestreckt daran baumelnd hing. Mit dem Körper ruckelte er so lange, bis der eingeklemmte sperrige Plan durchgerutscht war und er mit den Beinen auf der Straße aufkam. Wieder suchte er stocksteif Schutz an der Hauswand. Gut, dass er das gestern unfreiwillig geübt hatte.

Der Vogt stürzte dem Flüchtenden hinterher, schaute nach unten und hatte gesehen, wie das letzte Ende der Papierrolle durch den Schlitz im Stoff gezogen wurde. Der Eindruck war so flüchtig, dass er nicht verstand und vor Zweifel den Kopf schüttelte. Er trat in den Raum zurück, inspizierte den Boden und fand einige schwarzweiße Federn. »Bitte nein, nicht wieder ein Storch«! Erneut lief er zum Fenster, suchte den Himmel ab und sein Blick folgte einem unförmigen Objekt, wie er es zuvor nie gesehen hatte. Es flog taumelnd über die Weser und wer es sah, erkannte eine lange weiße Röhre mit seitlichen Flügeln.

Irritiert untersuchte er seinen Zeichentisch, bemerkte aber nicht, dass ein Plan fehlte. Seine Wachsamkeit hatte in der letzten Zeit nachgelassen, weil er sich dem Erfolg nahe sah. Der Rote Gerd hatte ihn einmal gewarnt, dass Gedanken an einen bevorstehenden Sieg gefährlich seien. Hätte er doch besser zugehört.

Fliegen ist abhängig von Strömung, Widerstand, Geschwindigkeit, Gewicht und Form. Die bisher perfekte Anpassung seines Körpers an diese Bedingungen war durch den aufgerollten Plan über dem Schnabel mit einem Schlag verloren.

KAPITEL 39
DER EINSAME RETTER

Schon beim Überqueren der Weser tauchten ungewohnte Probleme auf. Der lange Papierzylinder behinderte die Flugfähigkeit und sein sonst so eleganter Flügelschlag war ziemlich anstrengend, wie Hanteln zu stemmen. Außerdem verlor er durch die eingeschränkte Sicht die Orientierung. Was tue ich mir nur an? Seine Kraft ließ zusehends nach, sodass er gezwungen war, die Flugtechnik zu ändern.

Der gleichmäßige Westwind reichte aus, um mit ausgebreiteten Schwingen zu segeln und sich kreisend nach oben heben zu lassen. Dort fand sein Auge trotz der Rolle die Sicht auf das Teufelsmoor und er glitt in diese Richtung. Im Segelflug auf dem erkannten Kurs war er wegen des Rückenwindes sehr schnell, verlor dabei wiederum viel an Höhe, sodass er das Manöver des Kreisens mehrfach wiederholen musste. Müde, aber überglücklich landete er schließlich Stunden später auf dem Versammlungsplatz seiner Freunde und stolzierte zur Eiche, um bei Birklein am Baumhaus anzuklopfen.

Doch er überlegte es sich anders, und schob stattdessen den Plan in eine Öffnung, die ein Specht geschlagen hatte. Hier ist die Zeichnung sicher, bis wir uns alle wiedersehen. Eine Last fiel von ihm ab. Da die Abenddämmerung aufzog, flog er für ein spätes Abendessen zu den Tümpeln nebenan. Hoffentlich verspeise ich im Dunkeln nicht versehentlich unseren Ützepogg, Platon Platsch. Die Mahlzeit verlief ohne diese grausame Vorstellung und mit einem wohligen Gefühl in der Magengegend suchte sich Storch Sir Adular einen gemütlichen Platz für die Nacht.

Wovon träumen Störche? Die vergangenen drei Tage waren das Aufregendste für ihn gewesen, seit er die Welt bereist hatte. Nicht einmal die Erlebnisse als Zugvogel oder die Tätigkeit im Londoner Zoo hatten ihn so herausgefordert wie dieses Abenteuer. Seine Traumwelt brachte Wirklichkeit und Fantasie durcheinander, indem er Monster sah wie Maschinen, die Vögel einfingen, schwarze Mäntel mit Kapuzen, die nach ihm griffen, oder Papierrollen, die vom Himmel regneten und ihn unter das Wasser der Hamme drückten. Verschreckt und mit verschwitzten Federn wachte er auf und sah sich um. Die wärmende Sonne trocknete sein Gefieder und er genoss den Geruch von saftigem Gras. Das Zwitschern der Vögel war ein Orchester, das für ihn alleine musizierte, wie er meinte. Sein Kopf sank erleichtert zurück und er ruhte noch etwas aus. Alles nur ein böser Traum, dem Zugvogelhimmel sei Dank. Mit einer Schwinge berührte er den Schnabel. Ich bin's tatsächlich, Sir Adular, der Privatier und Rentner!

Schlagartig war die Wirklichkeit zurück, er sprang auf und stolzierte beim Nachdenken im Kreis. Den Plan hatte er in Bremen in der Hektik im Packhaus nur flüchtig wahrgenommen und an Maße erinnerte er sich nicht. Wenn der Vogt aber das große Haus für die Maschine in der dazu passenden Dimension baut, wird das Gerät ein wahres Monster. Welche Mittel hätten wir denn dagegen? Das wäre etwas für die Weserriesen, Hüklüt oder den Moorteufel.

Das sind Kämpfer! Aber wir? Ein Frosch, eine Fee, eine winzige Schlange, ein kleiner Fischotter und ein Schmetterling????? Dass ich nicht lache! Und der Jan, der Menschenjunge? Der läuft mit seinem Spaten herum, doch wo gräbt er damit nach Torf? Jetzt glänzt das Gold an dem Ding und zaubern kann er dennoch nichts. Wozu soll das alles führen? Und ich, was mache ich? Stecke in einem Fenster in Bremen fest, schleiche in ein Haus und werde von Raben verfolgt. Wie unwürdig! Er schüttelte sich bei dieser Erinnerung. In London hatten sich die Türen wie von selbst vor ihm geöffnet und man hatte ihn hochgeschätzt! Jetzt lief er weiter im Kreis und hörte nicht auf, nach einer Lösung für die Rettung des Teufelsmoores zu suchen. Der Gedanke an den Erfolg beflügelte ihn und er lachte laut auf: »Einen Vogel beflügeln? Welch ein Witz!«

Die Heiterkeit gab ihm Kraft. Selbst wenn die öffentliche Anerkennung als Top-Spion in seiner geheimen Mission ausbleiben musste, hatte er beschlossen, auch in Zukunft niemals aufzugeben. Adular war zufrieden, obwohl ihm der richtige Gedanke für die Zerstörung der Maschine bisher verwehrt blieb. Aber er war weise genug, sich Zeit für das Reifen einer Idee zu geben. Das wird schon. … Er hatte sich die Aufgabe inzwischen völlig zu eigen gemacht.

Ob es dieses Mal gelang, die Geister des Gegenteils aus den Köpfen fernzuhalten, lag an Birkleins Geschick. Für sie war Adular der Mann der Stunde. Sie erkannte, wie sich durch die Herausforderung der Storchenrentner zum dynamischen Spion verwandelt hatte. Das Gefieder trug er wieder wohl geordnet und sein bisher bequemer Gang war einem federnden Schreiten gewichen.

KAPITEL 40
ERWARTUNGEN

Wieder einmal war Jan von seinen täglichen Pflichten im Hause der Eltern abgelenkt. Dort hatte es Diskussionen gegeben, warum sein Spaten jetzt einen goldenen Griff hatte, und vor allem, wie das geschehen war. Denn das Edelmetall ließ sich nicht entfernen und wo sah man so etwas zu dieser Zeit? Jan hatte versucht, seinen Eltern von dem Erlebnis an der Baustelle zu erzählen, doch sie hatten wieder einmal nicht zugehört. Zu beschwerlich war das Leben ihres Alltags. Immerhin erlaubten sie ihm einen Besuch bei seinem Lehrer Theobald Siems.

Dieser sprach oft über das Glück und wieder einmal redeten sie aneinander vorbei. Schließlich unterbrach ihn Jan und erzählte die Begebenheit mit dem Vogt und was im Teufelsmoor passieren wird, wenn nicht alle zusammenhielten. Aber der Lehrer hielt diese Schilderungen für überzogene Fantasie. Jan wehrte sich. »Herr Siems! Gehen Sie mit mir dorthin, dann zeige ich es Ihnen!« Doch Jans Worte blieben ohne Reaktion. Er erkannte, dass sein Versuch andere zu überzeugen, verschwendete Mühe war. In teuflischer Vorausschau bewahrheitete sich die Taktik des Vogts: Niemand hatte genug Vorstellungskraft, sich sein derart aberwitziges Projekt überhaupt nur vorzustellen.

»Wir sind ganz allein.« Jan war mutlos und andererseits von der Ignoranz seiner Umgebung auch wieder angetrieben. Sein Gang wurde energischer auf dem Weg zum Treffen mit Birklein und den kleinen Tieren. Dem Storch traute er einiges zu, denn er hatte sofort zupackend gehandelt und Jan war gespannt, ob das zu etwas geführt hatte.

Sie kamen am Treffpunkt zusammen. Adular war schon dort und Jan hatte zuvor einen Blick auf die nahe Baustelle geworfen. Otti Ottchen trudelte zerstreut und flink wie immer ein, Platon Platsch quasselte sogar im Hüpfen mit Snoki, die neben ihm schlängelte und die Augen verdrehte. Fienchen taumelte entspannt mit dem Wind heran und summte vor sich hin. Ihr bunter Kristall verwandelte die

Welt für sie allein in ein farbenfrohes Lichterspiel. Sie verkörperte die Unbeschwertheit des Glücks.

Jan schaute zum Storch, der an der Eiche lehnend bereit war, den Plan zu präsentieren. Die anderen suchten den Himmel ab und es landete mit schwirrenden Flügeln die Wollgrasfee. Ihre Kampflibellen mit dem Anführer Maximus von Gegenwind blieben wie immer einige Flügelschläge zurück und wer genau hinsah, nahm das Glühwürmchenballett wie einen grauen Schleier wahr. Am Tage schalteten die kleinen Käfer ihre Leuchtpunkte aus, eine Kunstfertigkeit, die sie für die Aufführungen des Lichts trainiert hatten. Die Bedeutung wurde erst später richtig erkannt.

Vom Ernst der Lage war anfänglich nichts zu spüren. Birklein hoffte, dass Adular etwas herausgefunden hatte, das die lustige Truppe in Angst und Schrecken versetzen würde, damit sie endlich aufwachten. »Na ja, nur so viel, dass sie nicht sofort weglaufen!«

Zur Begrüßung zog sie ihren Zauberstab durch die Luft, der mit jeder Bewegung die blitzenden Sterne verwirbelte und eine zarte Melodie ähnlich eines Harfenspiels erklingen ließ. Aller Augen hingen an ihr. Mit einer Geste forderte sie den Storch zum Sprechen auf.

»Liebe…? Wer oder was sind wir? Es gibt keinen Namen für unsere Gemeinschaft!« Birklein wurde ungeduldig.

»Adular, das klären wir später, du hast sicher etwas herausgefunden, dann sprich bitte jetzt darüber!«

Aber Platon Platsch hüpfte vor und wurde laut. »Wir heißen Ützepoggs Schnacker. Haben wir neulich besprochen!« Das war zwar so nicht ganz richtig, doch niemand wollte sich jetzt mit dem Thema abgeben.

»Adular, los, berichte!« Und zu Platon gewandt: »Du bist ein blauer Moorfrosch, ein Ützepogg. Bist du jetzt der Anführer hier und meinst, die anderen schnacken, also reden nur? Platon Platsch, hör dir lieber an, was Adular sagt.«

Dieser räusperte sich schnarrend und erzählte zuerst von seiner gefährlichen Arbeit an der Baustelle. Wie er den Betrieb ja leider nur kurz beobachtet hatte und wie schwierig es gewesen war, so langsam zu fliegen, um einem Torfkahn zu folgen. »Also Freundinnen und Freunde, das Ergebnis ist: Der Vogt wohnt in einem Packhaus in Bremen und konstruiert dort an der Maschine, die wir so fürchten. Es ist mir gelungen, einen Plan mitzubringen.«

Nach einer Kunstpause wandte er sich dem Baum zu und zog theatralisch den eingerollten Plan aus der Höhle im Stamm. Seit seiner Emeritierung hatte er sich nicht mehr so wichtig gefühlt. War es seine Verwandlung vom leicht vertrottelten alten Storch zu einem dynamischen Spion im aktiven Dienst, der jetzt ratlose Blicke auf sich zog? Alle erwarteten offenbar ein Wunder. Platon und Snoki wussten nicht, was ein Packhaus war oder eine Stadt. Sie hatten in den letzten Tagen oft das Wort »Maschine« gehört, aber wofür sie gebraucht wurde, war ihnen unbekannt. In Wahrheit hatten sie die Begriffe bisher nur nachgeplappert.

Adular berichtete kurz vom Hafen, von eingewickelten toten Menschen und Schiffen. Die Flucht vor den beiden Raben verschwieg er, das war ihm zu peinlich. Sodann entrollte er den Plan und befestigte ihn am Baum. Einige hatten nie zuvor eine Zeichnung gesehen und es wurde still in der Gruppe. Die Beratungen waren eröffnet.

»Die beste Methode, um Informationen zu bekommen, ist die, selbst welche zu geben.«
Niccolò Machiavelli (1469 - 1527),
italienischer Staatsmann und Schriftsteller

KAPITEL 41
INFORMATION GEWINNT

Adular erklärte, dass der Plan zeigt, wie die Maschine funktionieren wird, wenn sie fertig gebaut wird, und dass es jetzt darauf ankam, eine Schwachstelle zu finden, an der sie die Technik angreifen konnten. Aber wie? Die Skizze bildete das Gesamtbild der Konstruktion ab und war umrahmt von etlichen Detailzeichnungen von Zahnrädern, Ketten, Spaten und komplizierte Mechaniken. Selbst die handgeschriebenen Anweisungen brachten keine Klarheit, wie das alles zusammengehörte.

Schweigen! Platon saß mit weit geöffnetem Maul da und die Fliege, die von selbst in sein üblicherweise hungriges Froschmaul geflogen war, starb vor Langeweile. Das Entsetzen über den Plan ließ den Frosch zum ersten Mal eine Mahlzeit auslassen. Bei den anderen Freunden sahen die Reaktionen ähnlich aus. Niemand war in der Lage, die Funktion der Maschine spontan zu erkennen.

Birklein schwebte vor die Zeichnung. Ihre stummen Beschützer versuchten vergeblich, ihr zu helfen. Die Libellen erkannten die vielen Maschinenteile durch die optische Brechung in ihren Facettenaugen mehrfach komplexer. Sie entschieden sich, wichtig zu erscheinen, und prüften den Plan, als hätten sie den Aufbau längst verstanden.

Jan hatte geschwiegen, denn auch er kämpfte mit den neuen technischen Eindrücken. Allein der nette Umgang im Kreise der Freunde gefiel ihm, obwohl er sich bisher kaum an ihren Aktivitäten beteiligt hatte. Genau jetzt, im Angesicht einer Bedrohung, entstand eine Gemeinschaft, in der er nichts zehn Mal sagen musste, weil ihm nicht geglaubt wurde. Er war neu hier und hatte darum abgewartet, was die anderen herausfanden. Für Birklein lag die einzige Hoffnung auf diesem Jungen.

»Jan, du bist ein Mensch, und was wir auf der Zeichnung sehen, wurde von Menschen geplant. Was ist das? Wie kann das Papier unser Moor zerstören? Was müssen wir tun? Denn für diese Antwort sind wir hier!«

Er schwieg einen Augenblick. »Birklein! Nicht die Zeichnung wird das Moor zerstören, sondern das, was wir darauf sehen. Wenn wir uns vorstellen, wie diese Striche lebendig werden und sich die Teile zusammenfügen, sehen wir das Abbild einer Wirklichkeit, die erst noch kommen wird. Lass mich nachdenken.«

Jan war sofort klar, dass durch die Mechanik viele Spaten in Bewegung gesetzt werden können. Denn niemand würde ohne Grund hunderte davon an eine von Zahnrädern angetriebene Kette hängen. Weshalb hatte das Gefährt Räder, obwohl es aussah, wie ein Schiff? Welche Auswirkungen hat die große bunte Kugel über dem Deck und wozu brannte darunter ein Feuer? Die Zeichnung sah so lebendig aus, dass es schien, als wäre sie aus der Zukunft und bereits in Betrieb.

Aus dem Verhältnis einer angedeuteten menschlichen Figur auf dem Heck ließ sich die Gesamtgröße die Konstruktion ableiten. Jan war überwältigt, nachdem er die wahren Ausmaße verstanden hatte. »Wenn das Ding durch das Moor fahren und Torf stechen soll, kommt es immer wieder mit Wasser in Berührung und muss deshalb schwimmen können.« Er sprach laut, um die anderen an seinen Gedanken teilhaben zu lassen. »Was von der Seite aussieht wie Räder, sind Walzen, auf denen die Maschine aufgebaut wird. Damit fährt das Gerät auf dem Moor und schwimmt im Wasser.« Jans Dialog mit dem Plan funktionierte.

Die Gruppe war nähergekommen, stand im Halbkreis um die Zeichnung und es waren Kommentare zu hören, wie: »Das ist ein Haus auf Rädern, eine große Kutsche mit Segeln und wofür sollen die kleinen Trichter an den langen Rohren sein oder die komische gedrehte Birne, die vom Heck herunterhängt? Welche Aufgabe hätten die Kutscher da vorne auf dem Bock? Es gibt doch keine Pferde. Das Ding kann sich mit so kleinen Segeln niemals bewegen!«

»Doch, es wird bewegt!«, sagte Jan. »Hier sind Leitern und Türen eingezeichnet. Dort könnten Menschen einsteigen und irgendwie die Maschine antreiben. Wenn das gelänge, würden sich die Zahnräder gleichzeitig drehen und die Spaten automatisch Torfballen ausgraben.« Der Plan gab langsam seine Geheimnisse preis.

»Wozu ist die sonderbar verdrehte Birne am Heck vorgesehen? Nein, das ist eher ein Zapfen!«, rätselte Jan weiter. Ausgerechnet Otti Ottchen, der zerstreute und verspielte Fischotter, kam auf einen Gedanken: »Wenn es fährt, muss man anhalten können und falls das ein Gewicht sein sollte, lässt man es herunter und es bremst, wie ich mich selbst, wenn ich vollgefressen bin. Oder denkt an die Torfschiffe, die werfen oft ein Gestell ins Wasser mit Flossen und Spitzen daran. Danach hält das Schiff an.«

Jan hatte Ottchen verstanden »Was du meinst, ist ein Anker. Aber du hast recht, sowas Ähnliches könnte der Zapfen sein, aber warum diese Form?«

Sie wurden unterbrochen. »Ich sehe es, ich sehe es!«, war das feine Stimmchen von Schmetterling Fienchen zu hören. Sie flatterte vor den Plan und schaute durch ihren Kristall, der bei Bewegung infolge der Lichtbrechung das Bild lebendig werden ließ und so die wahre Bedeutung des Zapfens zeigte. Durch die optische Täuschung rotierte das spiralförmige Gewicht und stürzte scheinbar in die Tiefe, wo es im Moor versank. In Sekunden war der Eindruck vorübergezogen. »Genauso ist es. Was immer das sein soll, es wird im Fallen rotieren und sich in den Boden schrauben!«

Sie hatte so lebendig gesprochen, dass alle Ohren das Sehen gelernt hatten.

»Du hast recht.« Jan hatte erkannt: »Ein Schiffsanker wird ins Wasser geworfen und hakt sich am Grund fest. Aber die Maschine wird auf dem Moorboden fahren. Darum muss ein Anker in den weichen Torf eindringen und das geht nur, wenn er sehr schwer ist und eine Form hat, wie dieser Zapfen hier. Vermutlich ist die Spirale aus Holz geschnitzt und hat einen Kern aus Eisen beschwert. Oh ja, schaut her, da steht es sogar geschrieben.« Jan zeigte auf die Buchstaben, deren Sinn außer ihm nur Birklein und Adular verstanden.

Platon hockte immer noch mit offenem Maul in der Gruppe und so ganz hatten ihn die Geister des Gegenteils nicht verlassen. »Jaaaa«, sprach er gedehnt. »Und jetzt? Wie geht es weiter? Ich sehe schwarz!«

»Komm mal zu dir, Platsch! Und Achtung: Nach schwarz kommt keine Farbe mehr.« Birklein hatte die negativen Bösewichte in ihm erkannt. »Vergiss das sofort, oder du verlierst noch deine blaue Haut.« Vor Entsetzen hustete er; und die Fliege? Sie hatte den ersten Schock im Maul des Frosches zur Ohnmacht genutzt und wurde durch den Hustenanfall zu Boden gespuckt. Sie erholte sich, umkreiste zwei Mal den Kopf des Philosophen, zeigte ihm einen Vogel und entschwand kopfschüttelnd.

Insgesamt verband die Gruppe ein seltener Vorteil. Sie hatten erkannt, dass sie außer den ersten Vermutungen nichts wussten. Außerdem waren sie körperlich schwach und darum wurden die Informationen und deren Kombination nach und nach ihre stärksten Waffen. Sie prüften jedes Detail, und weil sie sich im Angesicht der Bedrohung gegenseitig ernst nahmen, wurde daraus ein machtvolles Gegengewicht zur Maschine.

Ganz anders sah es bei dem Vogt aus. Ihm waren Einzelheiten stets lästig und seine Spezialisten mit ihren ausgefallenen Ideen hatten es schwer. Beratungen fanden selten statt, denn er meinte, am Ziel zu sein. Er hatte zwar einkalkuliert, dass die Moorbauern rebellieren könnten, echte Gegenwehr traute er ihnen aber nicht zu. Zwischen seiner kalkulierten Gewalt und den Erkenntnissen eines zarten Flügelschlags sowie durch einen winzigen Kristall lagen plötzlich Niederlage oder Erfolg. Nur, weil ein Schmetterling mit Verstand die richtigen Schlüsse gezogen hatte.

»Wir haben also Vermutungen, aber wissen nicht genug. Verstehen wir also diesen Plan wie eine Nachricht des Vogts an uns. Wie wäre es, wir geben ihm eine andere Information, die uns nützt und auf die er reagiert?« Jan überlegte, wie das anzustellen sei.

Vertrauen ist ein Gefährte der Freundschaft.

KAPITEL 42
INTELLIGENTE STRATEGEN

»Unterschätze niemanden und höre dir schweigend jede noch so verrückte Idee an! Wer hatte mir das doch nochmal gesagt?« Jan erinnerte sich an diese Worte, als Fienchen das Prinzip des Ankers erkannt hatte. Zuerst waren alle wegen der Farben des Kristalls begeistert gewesen. Später hatten sie auf den Schmetterling eingeredet, der Blick durch das bunte Glas zeigte nicht die Wirklichkeit, sondern nur eine Scheinwelt.

Jetzt triumphierte Fienchen im Stillen. Ohne ihren Kristall hätten sie die wahre Bedeutung des verdrehten Zapfens nicht erkannt. Jan lobte ihre Fantasie und war in seiner neuen Rolle angekommen, die Talente aller zu fördern und auf den Zusammenhalt der Gruppe zu achten.

Die Fähigkeit zum Einordnen der Probleme beförderten Jan unfreiwillig in die Rolle des Vordenkers. In der Schule war er ein Einzelgänger und erkundete mit Begeisterung die Landschaft. Diese Bedrohung seiner Heimat hatte ihn verändert und er fand Freude daran, jetzt für sich und alle anderen zu handeln.

»Unser Schmetterling hat etwas Wichtiges erkannt! Danke Fienchen, das hast Du gut gemacht. Dein Kristall bringt Zeichnungen in Bewegung. Hilf uns, damit in die Zukunft zu sehen!« Sie war begeistert, dass ihr eine bedeutende Aufgabe zugeteilt wurde.

»Adular, du hast bewiesen, dass du ein mutiger Kundschafter bist und Pläne lesen kannst.« Der Storch richtete sich erfreut auf und nickte. Jan fuhr fort: »Es wird sicher notwendig werden, noch einmal nach Bremen zu fliegen.« Der fliegende Spion sank in sich zusammen, die stolze Haltung war schlagartig einer unbestimmten Angst gewichen. »Das habe ich nun davon, dass ich etwas gut gemacht habe!« Die Schrecken seines ersten Auftrags in der Stadt saßen ihm noch im Gefieder. Doch Jan ignorierte die Geste.

»Ottchen, du bist der Schnellste an Land und im Wasser. Was kannst du außerdem?«, fragte Jan. »Ich kann singen«, überlegte Otti, hielt inne und verkündete etwas Nützliches: »Ich habe scharfe

Zähne und kann Holz zerbeißen!« »Genau das werden wir brauchen!« Jan war zufrieden mit den bisherigen Informationen und wandte sich der Kreuzotter zu.

»Snoki, worin bis du Spezialistin?« Die Schlange fühlte sich geehrt, wie nie zuvor. Zum allersten Mal in ihrem Leben fand jemand sie wichtig, egal ob sie gerade gut oder böse war. Sie schlängelte heran, reckte sich vor dem Plan in die Höhe und tippte mit dem Kopf gegen einige winzige Details und sagte: »Ich kann durch diese dünnen Rohre kriechen!«

Die anderen Tiere schauten sich etwas verdutzt an. Sie waren hier nicht auf einem Spielplatz! Aber Jan erkannte das Potenzial. »Sehr gut! Auf dem Plan sind viele Röhren mit Trichtern verzeichnet. Natürlich haben die eine Funktion, doch wir wissen nicht, welche. Also wirst du nachsehen, wenn es so weit ist. Danke Snoki Twee!«

Ihr Blick sagte etwa: »Na, da seht ihr es!« Dann fiel ihr ein, dass eine Schlange ebenso ihre dunkle Seite pflegen musste, und sie sprach langsam und grimmig: »Ich kann auch noch zischen, hört mal!« Platon zuckte zusammen, bis seine Haut Falten schlug. Ist sie wirklich eine Freundin? Snoki schlängelte an ihm vorbei und zwinkerte freundschaftlich mit einem Auge. Der zitternde Frosch beruhigte sich, blähte sich auf und war schon wieder faltenfrei.

Jan hatte es bemerkt und wandte sich dem Moorfrosch zu: »Platon Platsch! Du bist ein talentierter Redner und hüpfst wie ein Weltmeister. Was hast du noch zu bieten?« Jetzt endlich war er an der Reihe! »Wenn ich auf etwas springe und mich festhalte, kleben meine Füße so fest, dass mich niemand abschütteln kann.« Stolz lag in seiner Stimme. »Noch etwas?«, fragte Jan, dem der Katalog dieser Fähigkeiten recht dünn erschien. Aber Platon spielte noch ein As auf seinen Froschfuß aus: »Ich kann trommeln!« Jan war nicht begeistert und wandte sich ab. »Meine Geheimwaffe ist …«, setzte Platsch nach. »Ja, da bin ich jetzt gespannt.« Jan schenkte dem Frosch nur aus Höflichkeit erneute Aufmerksamkeit. Dieser war vor Aufregung tiefblau angelaufen und lehnte sich zurück, hob die Vorderbeine in die Höhe und sprach bedeutungsvoll:

»Wenn wir im Moor ab heute und für immer so hart arbeiten und damit die Torfbauern erschrecken, dass die niemals wieder daran denken, uns kleinen Tiere zu ignorieren, sollten auch wir heute und jetzt …« Jan unterbrach. »Platon, was ist deine Geheimwaffe, bitte!«

»Ich kann Leute totquaken und besinnungslos quatschen!«

Jan war sprachlos, aber er glaubte es ihm spontan. Dennoch bedankte er sich freundlich und fuhr fort:

»Birklein, was sind deine Fähigkeiten?« Sie war überrascht, denn diese direkte Frage hatte sie nicht erwartet. Sie war der Meinung, ihre Aufgabe sei erfüllt, nachdem sie Jan in die Gruppe eingebracht hatte. Darum schaute sie etwas verlegen vor sich hin. Jan bemerkte es und korrigierte sich: »Gibt es eine Idee, wie wir das Moor retten könnten?« Birklein hatte nachgedacht: »Mein Stab zaubert klangvolle Töne und es entstehen Sterne. Das treue Glühwürmchenballett kann leuchtende Figuren in der Luft darstellen und Maximus mit seinen Getreuen fliegt kunstvolle Manöver, die niemand sonst schafft.«

Jan war stumm geblieben, dachte jedoch: Wie niedlich!

Ein Räuspern war zu hören und Adular bewegte sich mit skeptischer Geste. »Niemand kann fliegen wie ich, vor allem nicht so weit!« Jan überging diesen leicht beleidigt klingenden Einwand. »Jetzt kommt das Entscheidende, Leute! Wer hat eine Idee, wie wir die Maschine aufhalten oder gar zerstören könnten?« Jans Stimme klang fordernd.

Zur allgemeinen Überraschung meldete sich Platon Platsch und hüpfte nach vorne. »Schön, das alles! Riesige Show! Aber die wird nur gut mit vielen Zuschauern und bei tollem Wetter. Ich sage euch, das Leben ist langweilig, man sollte jeden Tag genießen und deshalb sage ich immer: Ein Tag der gut vorübergeht, kommt nicht schlecht zurück, hahahah …«, quakte er und niemand verstand den Sinn seiner Worte. Snoki war genervt und rief: »Quatsch nicht schon wieder neuen Quark, du alter Philosoph, komm' zum Punkt. Was willst du uns sagen?«

Pause! Dann folgerte Platon Platsch erstaunlich präzise: »Ihr habt gesagt, dass die Maschine einen Anker hat. Wenn das so stimmt, werfen wir ihn ab und die Konstruktion bleibt stehen.« Es klang so genial einfach, dass sich alle anschauten. »Wie wir das anstellen, fragt ihr? Otti Ottchen wird das Seil durchbeißen – und schon sind wir fertig!«

»Gut, wir prüfen das!« Jan wandte sich dem Plan zu und überlegte. Snoki nutzte die Pause. »Wenn ich in Gedanken durch dieses Rohr hier krieche, komme ich dorthin, wo der Anker befestigt ist.« Weiter sagte sie nichts und überließ Adular das Wort.

Dieser ordnete nachdenklich die Federn auf dem Kopf und deutete auf einen Griff. »Dieser Hebel setzt das Zahnrad an der Winde in Bewegung. Und da ist eine Sicherung, die verhindert, dass sich eine Sperre löst. Nimmt jemand beides heraus, fällt der Anker sofort. Merkt es euch, es sind zwei Handgriffe notwendig und das Maschinenmonster hält an! Gut soweit, wie wir es danach zerstören, wird sich finden.«

Den meisten war das zu kompliziert. »Ich werde jetzt eine böse Schlange sein!« Snoki schaute in die Runde. »Dann szzzage ich: Sofort weg damit! Jan, du ssszzzzeichnest doch gern.« Dieser nickte und fragte sich, worauf die Kreuzotter hinauswollte. »Du kopiersszzt den Plan szzo genau, dazzs er auszzzsieht, wie dasz Original. Nur die Szzzicherung lässzzzt du weg und Adular bringt die neue Zzzzeichnung szzzzurück nach Bremen. Mit etwasz Glück für unszz bleibt dassz Ankerszzeil beim Bau ungeszzichert und wir könnten dort angreifen. Waszz erszzt gar nicht eingebaut wird, müszzen wir nicht entfernen.«

Der Storch zuckte zusammen. Bloß nicht wieder nach Bremen! Jan hatte ihm die Gedanken angesehen, nahm ihn aber sofort in die Pflicht mit einem Lob an die Schlange.

»Adular, eben hatte Snoki die Idee, die uns wirklich an unser Ziel bringen könnte und du bist der beste Spion, das wissen wir jetzt alle. Falls du nicht mehr in das Haus des Vogts zurückkehren willst, verstehen wir das. Die Freiheit beim Fliegen ist unbegrenzt und niemand ist in der Lage, dich aufzuhalten. Wenn du uns heute verlässt, wirst du dein Teufelsmoor im Geiste mitnehmen und später einmal wird die Sehnsucht so groß werden, dass du zurückkommst. Aber dann wird hier nichts mehr sein, was du einst geliebt hattest. Du kennst die Freiheit in der Luft. Versuche bitte, an unsere Freiheit auf der Erde zu denken. Nur hier wirst du sicher sein, bei uns, deinen Freunden und Frieden finden.«

Jan biss sich auf die Lippen. Nur nicht endlos reden! »Adular, wir lieben dich, wir lassen dich gehen. Flieg, wohin es dich zieht.« Der Storch war gerührt über diese Worte der Freundschaft und fragte Jan: »Was ist, wenn ich nicht zurückkehre?«

»Das wäre eine Katastrophe für uns, keine Frage. Vielleicht schaffen wir es auch alleine. Doch kommst du zurück, wissen wir, dass du deine Freunde nicht vergessen hast. Dann wären wir so stark, dass uns eine böse Welt nie mehr etwas anhaben könnte.«

Jans verständnisvolle Worte wirkten. Adular war mit einem Bein leicht eingeknickt, schaute zur Seite und wischte sich mit dem Flügel eine versteckte Träne weg. Dann stellte er sich hoch auf und sagte laut und deutlich: »Ich mache es, wohin ich auch fliegen würde, ich wäre alleine und bliebe es vielleicht für immer. Niemals fände ich wieder, was ihr für mich bedeutet!« Allgemeiner Jubel folgte diesen Worten. Niemand hatte die beiden Raben bemerkt, die in diesem Moment aufflogen.

Die Ruhe über dem Teufelsmoor im Winter 1855/1856 erschien wie ein letztes Atemholen dieser Landschaft vor ihrem Untergang. Die erwartete Maschine hatte sich wie ein Totengräber in den Köpfen der entschlossenen Freunde festgesetzt. Ihr ganzes Handeln zeigte an: »Hier wird nicht gegraben«!

KAPITEL 43
WAS DER VOGT NICHT AHNTE

Außer Adular freuten sich alle über die Idee, den Handwerkern in Bremen einen gefälschten Plan unterzuschieben. Nur der Storch sah den schwarzen Kapuzenmann vor dem geistigen Auge, und obwohl er letztlich zugesagt hatte, erneut zu fliegen, geisterten wilde Fantasien durch seinen Kopf. Diese Schlange hat mich vorgeschlagen, dafür werde ich sie bald fressen! Sein Zorn verflog für lange Zeit nicht, während die anderen ihm anerkennend zunickten und ausgelassen den Sieg über die Maschine feierten. Ihre unbekümmerte Unbedarftheit war schon fast liebenswert.

Beim Anblick der sorglosen und fröhlichen Freunde schaute Jan Birklein an und beide verstanden sich ohne Worte. Sie schüttelten nur die Köpfe. »Wie wird das alles enden? Jedes Tier ist auf seine Art intelligent, das ist bewiesen. Aber werden sie umsetzen, was sie erkannt haben?« Jan erwartete keine Antwort und so blieben sie konzentriert und berieten für sich allein die kommenden Aktionen.

Das Wichtigste zuerst! Sie sahen in der Zeichnung gleichzeitig die Maschine und ein Tor zur Hölle, denn falls der Vogt den Plan vermissen würde, wäre er gewarnt und der Kampf bereits jetzt verloren. »Ok, Birklein, ich fange heute Nacht an, die Kopie zu zeichnen. Adular fliegt in zwei Tagen! Die Kopie darf vom Original nicht abweichen und ganz klar, es wird eine Fälschung.« Er sah, wie sie begeistert nickte.

Jan rief alle zusammen: »Wir unternehmen nun die nächsten Schritte.« Die meisten aus der Runde schauten erstaunt auf und fragten sich, was denn noch zu tun sei. Jan bemerkte es. »Denken wir einmal so, wie der Vogt denkt. Wie würden wir handeln, wenn wir die gleichen Ziele wie der Vogt hätten?« Es herrschte Schweigen.

»Kennt ihr den Vogt?« Einige Tiere schüttelten nachdenklich ihren Kopf und schauten mit angsterfüllten Augen auf Jan.

»Ich bin ihm begegnet! Er ist ein mächtiger Mann im schwarzen Mantel mit einer Kapuze, die er niemals zurückzieht. Sein Gesicht liegt stets im Dunkeln und niemand weiß, wer er wirklich ist.

Aber er wird in kürzester Zeit den Torf des Teufelsmoores abgrabenl. Was zurückbliebe, wäre eine Wüste aus Schlamm und trübem Wasser bis zum Horizont.« Die Angst der Freunde verwandelte sich in Wut, denn sie alle brauchten diese Landschaft zum Überleben. Ihre Entschlossenheit drückte sich in wilden Drohungen aus:

Otti Ottchen eröffnete die Schimpfereien: »Ich klettere in seinem Mantel hoch und kratze die Ohren ab!« Snoki zischte: »Den beiße ich giftig!« Auch Fienchen hielt sich nicht zurück und ihre zarten Flügel zitterten: »Mein Kristall brennt ihm bunte Muster ins Gehirn.« Platon Platsch setzte den Flüchen die Krone auf, indem er ankündigte, den Vogt auf die grausamste aller Arten zu besiegen: »Den quatsche ich tot!«

Nur Adular hielt sich nachdenklich zurück. Seine Mission könnte in einem Käfig enden, denn er hatte den Anblick vor Augen, wie der Vogt die Landvermesser gefangen genommen hatte. Was wohl mit denen passiert ist?

»Wann wird der Bau der Maschine beginnen?« Das war für Jan jetzt von Bedeutung, um eine Strategie auszuarbeiten. »Oh, ich weiß das, denn ich habe den Zeitplan gesehen. Die Arbeiter kommen schon im Winter mit den Bauteilen.« Adular war selbst verwundert, wie viele Details er sich auf der Suche nach dem Plan im Packhaus gemerkt hatte. Jan reagierte sofort. »Lasst uns davon ausgehen, dass wir bis über den Winter Zeit haben. Am besten ihr sprecht nicht über diese Sache, denn sogar mein Lehrer hat mich fast ausgelacht. Macht euch bereit und trainiert eure Fähigkeiten. Wir werden sie alle brauchen!«

Platsch rief: »Ich trommle und rede. Du meinst, das sollte weiter geübt werden?« Anstelle von Jan antwortete Snoki und verbarg ihren Spott nicht: »Übe lieber das Trommeln, mit deinen Reden besiegst du schon jetzt die Maschine.« Platon war leicht beleidigt.

Jan schaute in die angsterfüllten Augen der kleinen Rebellen und lenkte von diesem Punkt sofort ab. »Adular, was ist nun? Fliegst du im Winter in den Süden?« »Neeeein«, antwortete der Storch etwas zögerlich. Er hatte geahnt, dass er besser hierbleiben sollte, aber bei dem Gedanken an die kommende Kälte bibberte er schon jetzt. Trotzdem ließ er sich nichts anmerken. »Ich bleibe in dem großen Haus des Vogts, dort wird dann niemand sein.«

»Wir sehen uns alle im Februar in der verlassenen Scheune nicht weit von der Beek wieder. Die liegt südlich und nahe der Abzweigung zum Torfkanal, in den die Transportschiffe einbiegen. Es ist besser, wir verstecken uns in dem alten halbverfallenen Bau. Birklein wird euch finden und zur Versammlung rufen. Kommt alle gut durch den Winter, erfriert nicht, esst genug und träumt von der großen Aufgabe.« Damit schloss Jan eine der sonderbarsten Sitzungen, die das Teufelsmoor je gesehen hatte. Die Gemeinschaft der kleinen Rebellen verstreute sich nach einem herzlichen Abschied in alle Richtungen.

Jan hatte in nur zwei Tagen die neue Zeichnung angefertigt. Für Adular waren die Stunden des Wartens wie ein Aufenthalt in der Hölle. Zu gerne hätte er seine Zusage zurückgenommen, aber für einen Ehrenmann seiner Epoche kam das natürlich nicht in Frage. »Wenn du zurück bist, tapferer Adular, treffen wir uns sofort, Birklein, du und ich und beraten über das, was du dieses Mal in Bremen erlebst. Dafür kommen wir drei schon einmal vorab in der alten Scheune zusammen und prüfen auch, in welchem Zustand sie ist für das große Treffen im Februar. In zwei Tagen, wenn du zurück bist, wird Birklein uns rufen und wir drei beraten uns dort. Die anderen Freunde brauchen wir jetzt dafür nicht.«

Der Storch war schon in Gedanken auf dem Weg zu seinem gefährlichen Abenteuer. Er sagte nichts mehr, schob sich die Papierrolle über den Schnabel und hob mit der Kopie des Planes ab, auf dem die Ankersicherung fehlte. Die Originalzeichnung behielt Jan und damit waren wichtige Informationen in der Hand der Rebellen.

Bisher war der Vogt größer und stärker als die Hindernisse vor ihm. In seiner vermeintlichen Kraft hatte er kleine Probleme stets ignoriert. Jetzt prasselten sie in einer Vielzahl auf ihn ein, dass er meinte, darin zu ertrinken. Er ruderte wild umher, um sich zu befreien.

KAPITEL 44
DER VOGT SIEHT ROT

»Wo sind meine Pläne?«, brüllte der Hausherr durch das Packhaus. Ausgerechnet heute vermisste er eine wichtige Zeichnung, auf der vermerkt war, wie die Spezialisten beabsichtigten, das Gewicht der Maschine zu reduzieren. Durch ein Feuer unter dem Ballon sollte die Luft darin erhitzt und damit leichter werden, wodurch die gesamte Konstruktion angehoben und entlastet würde. Mit dieser Idee war der Vogt seiner Zeit weit voraus. Er durchwühlte die Blätter auf dem Arbeitstisch. Habe ich die Zeichnung selbst verlegt? Er schaute sich um. »Gestohlen? Unmöglich!« Durch die Aufregung war er in ein Selbstgespräch verfallen, während die Ereignisse der letzten Woche im Geiste an ihm vorüberzogen. »Aber ja doch! Vor einigen Tagen hatte ich einen Schatten wahrgenommen, der durch den Kartenraum gezogen war.« Er überlegte und sah zweifelnd zu den Fenstern. »Da kommt doch kein Mensch durch!«

Mit wehendem Mantel tobte er von einem Stockwerk ins andere und trieb im Zorn seine Arbeiter an. Bis in den Keller war er gerannt und hatte sich umgeschaut. Hier wurde das Herz der Maschine konstruiert. Pläne von Einzelteilen hingen an den Wänden und immer wieder nahm jemand ein Werkstück zur Hand, verglich die Angaben und feilte, bis die Maße übereinstimmten.

Berge von Zubehörteilen hatten sich seit Beginn der Produktion angesammelt. In jeder kleinen Nische standen Öllampen, die der Halle im Keller nur mit Mühe ausreichendes Licht spendeten. Die Decke neigte sich mit leichtem Gewölbe auf gemauerte Pfeiler, die im Lichtspiel der flackernden Lampen wie die Finger eines Titanen wirkten. Zusätzlich fiel Tageslicht durch die geöffneten Luken aus Richtung der Hafenanlage, sodass in der staubigen Luft Strahlen sichtbar wurden. Ein Schattenspiel entstand, weil Arbeiter Bauholz von einem Schiff entluden und in den Kellerraum schoben, wodurch sie den Lichteinfall immer wieder unterbrachen. Werktische standen dicht an dicht und es lag der Geruch von frischem Holz und dem Schweiß der Zimmerleute in der Luft. Beißender Rauch mischte sich aus einer Schmiedeesse hinzu. Weißglühende Kohlen, die von einem Arbeiter am Blasebalg auf Temperatur gehalten wurden, sorgten für gleichmäßige Hitze. Der Schmied mit lederner Schürze bearbeitete ein Eisenteil, das er auf den Haufen gleicher Bolzen warf, die er zuvor in Form gebracht hatte. Die Hammerschläge klangen wie ein Glockenspiel, das den Wettstreit um den lautesten Lärm in der Werkstatt für sich entschied.

In seiner zornigen Stimmung rief der Vogt etwas in den Krach hinein, wurde jedoch nicht gehört. Im Grunde behinderte nichts den flotten Fortgang der Arbeiten, doch das Fehlen der Zeichnung gefährdete jetzt den Zeitplan. So schritt er forschend die Wände ab und schaute sogar zwischen oder hinter den angehängten Papieren nach. Aber der gesuchte Plan war nicht dabei.

Um die Lieferungen zu überprüfen, stieg er die Leiter hinauf, die durch die Luke aus dem Keller auf die Hafenanlage führte und schaute sich das Entladen des Schiffes an. Verschiedene Balken wurden zum Haus getragen und die Öffnungen verschluckten das Bauholz förmlich, das für die Montagehalle im Moor vorgesehen war und hier in passgenaue Stücke geschnitten wurde. Das Schiff hatte zusätzlich Hartholz aus Afrika geliefert, aus dem die Zimmerleute Lager für die Achsen sägten. Reichlich Schmierfett würde notwendig sein, um die beim Betrieb entstehende Reibung zu reduzieren. Ein Feuer in der hölzernen Maschine wäre eine Katastrophe.

Der Vogt lenkte seine Schritte zurück zu den Kellerluken. Eine Bö erfasste die eingerollten Segel und mit lautem Knall schlugen die Seile gegen die Masten. Er drehte sich um und schaute hinauf in die Takelage. Am Himmel darüber war ein merkwürdiges fliegendes Tier zu sehen, genau das gleiche, über das er sich wenige Tage zuvor gewundert hatte. Ist das überhaupt ein Vogel? Wie kann er sich mit diesem riesigen Schnabel in der Luft bewegen? Er schüttelte den

Kopf. Den fehlenden Plan brachte er mit dieser Erscheinung nicht in Verbindung.

Zurück im vom Lärm erschütterten Keller, der den gesamten Grundriss des Hauses umfasste, durchwühlte er beim Gang durch die Handwerkstische weitere Papierstapel. Aber die vermisste Zeichnung blieb verschwunden. Ich schaue später noch einmal oben im Planungsraum nach, ich muss etwas übersehen haben.

Wo er schon einmal hier im Keller war, erinnerte er sich an ein anderes Problem. Wie steht es um das »Anwerben« der Mannschaften, die wir später zwingen, auf den Walzen für Vortrieb zu sorgen? Das war der Grund für ihn, um kurz im zweiten, tief im Untergrund gelegenen verliesartigen Raum nachzuschauen. Er wandte sich einer unscheinbaren Tür zu, die zwischen den Materialbergen kaum auffiel, öffnete sie und entzündete eine Öllampe. Die Wendeltreppe lenkte seine Schritte hinab und er folgte einem langen Gang, an dessen Ende ein Lichtschacht diffuses Tageslicht in das Verlies leitete, das der Dunkelheit nichts entgegenzusetzen hatte. Außer einigen schemenhaften Umrissen war in dieser furchteinflößenden Anlage kaum etwas zu erkennen.

Im Schein der Öllampe perlte glitzernd Wasser aus der gemauerten Wand links von ihm. Denn der mit brüchigen Ziegeln ausgelegte Boden hatte ein Niveau etwas unterhalb des durchschnittlichen Pegelstandes der Weser. Dadurch wurden die Kellerwände nie ganz trocken und eine unangenehme feuchtkalte Luft war die Folge.

Rechts zog sich eine Reihe eng aufrechtstehender Gitterstäbe den Gang entlang, unten und in der Decke eingemauert. Mit seinem Schlüsselbund in der Hand fuhr der Vogt über die eisernen Stangen und erzeugte mit jedem Schritt eine Kaskade provozierender Klänge. Zu sehen waren Abteile mit steinernen Bänken und Ketten an der Wand. »Alles perfekt dekoriert!«, fast liebevoll sprach der Vogt es aus, denn er hatte aus dem Dunkel Stimmen gehört.

Mit grausiger Verachtung nannte er sein Sammelgefängnis »Speicher für künftige Antriebskraft« und stellte sich die vielen Männer vor, die nach dem Takt einer Trommel mit ihren Schritten die Walzen in der Maschine antreiben würden. Einige Torfschiffe wurden speziell mit Ketten für den Transport der Rollentreter, wie er die Gefangenen nannte, vorbereitet.

Deutlich hörte er jetzt die Stimmen und es wurde an den Stäben gerüttelt. »Oh, meine Herren«, sprach er die Landvermesser höflich an, »ich hoffe doch sehr, Euch fehlt es an nichts. Sogleich werde ich ein Mittagsmahl servieren lassen.« Das Toben in der Zelle wurde lauter und der Vogt mit wüsten Beschimpfungen überschüttet, dennoch fuhr er fast gütig fort: »Seht Ihr, das ist die Belohnung für das Betreten meiner Baustelle. Ihr dürft Euch freuen, denn in wenigen Monaten geht es zurück in das schöne Teufelsmoor und dann dürft Ihr während der Arbeit die Landschaft vermessen, natürlich nur mit den Augen, denn Eure Kraft wird eine Maschine antreiben. Ach ja, und keine Sorge, Ihr bekommt bald reichlich Gesellschaft hier unten.« Ohne auf das Geschrei zu hören, drehte er sich laut lachend um und stieg die Treppe hinauf. Jemand kam ihm mit Blechgeschirr entgegen.

Wenn ich nicht genügend Männer finde, die freiwillig meine Torfabbautechnik bedienen, bin ich gezwungen, mehr Gefangene zu machen. Er war zu jeder grausamen Vorgehensweise entschlossen, um sein Ziel zu erreichen. Die drei Landvermesser waren nur die ersten, denen das Pech zuteil wurde, in die Fänge des Vogts geraten zu sein zu sein.

Auf der Treppe hinauf zum Planungsraum begegnete ihm einer seiner Spezialisten. Äußerlich ruhig fragte der Vogt nach dem Plan, erhielt aber keine Antwort, sondern eine andere Information. Es habe vorhin geläutet und ein Amtmann namens Cornelius in einer knallbunten Uniform hätte Einlass zur Kontrolle der Vorgänge im Haus gefordert. »Ich habe ihn fortgeschickt, er möge es irgendwann später versuchen. Der kommt wieder, da bin mir sicher.« Der Vogt stöhnte. »Hört das hier nie auf?«, und brüllte den Spezialisten an, dass es wichtiger sei, sofort den vermissten Plan zu beschaffen. »Welchen meinen Eure Durchlaucht?« Der Fachmann fragte so untertänig wie möglich. »Helft mir beim Suchen.« Der Vogt trat an die Tische heran, um noch einmal die Papiere zu sichten.

In diesem Augenblick flogen Krähh und Nähh zum Fenster herein. Ihr aufgeregter Meister fuchtelte mit den Armen, um sie wegzuscheuchen. »Keine neuen Probleme jetzt!« Er war es leid, von beliebiger Seite unterbrochen zu werden. Doch die Vögel bedrängten ihn hartnäckig und Krähh rief mit schnarrender Stimme: »Da haben welche einen Plan von dir, im Moor besprechen kleine Tiere deine Ideen, ein Junge war auch dabei!« Der Vogt wurde doch hellhörig. »Hinnerk? War das nicht der Junge, den wir gefangen hatten? Dann hat er den Plan gestohlen, anders kann es gar nicht sein!«

»Nein, nicht Hinnerk, der da wurde Jan gerufen.« Krähh erzählte, was er gehört und wie die Tiere die Zeichnung geprüft hatten. Nähh flatterte wichtigtuerisch herum und schnarrte näääääähhh, näääääh. Der Vogt war entnervt von dem Durcheinander. Zuerst fehlte der Plan, jetzt hieß es, er sei vermutlich gestohlen und wird im Teufelsmoor untersucht. Außerdem spielte sich der Amtmann als lästiger Kontrolleur auf? Wie passt das zusammen? Wo ist der Zusammenhang?

»Ach, egal, wie der Junge heißt! Hinnerk …, Jan …, völlig unwichtig! Habt ihr ihn denn nicht erkannt?« Ohne die Antwort abzuwarten wandte er sich seinem Spezialisten zu, um ihm am Kartentisch zu zeigen, was da fehlte. »Hier lag die Rolle zusammen mit weiteren Blättern!« Dabei durchwühlte er wieder die Papiere. Sein Konstrukteur half mit, beugte sich darüber und hielt plötzlich die Kopie des Plans mit dem auffälligen Ballon in die Höhe. »Meint Ihr das hier, Monsieur Vogt, Meister?« Es war die gesuchte Zeichnung! Aber warum hatte sie eine Stunde zuvor gefehlt, obwohl die

Raben gemeldet hatten, sie wäre im Moor? Allmählich zweifelte der von unglücklichen Umständen Getriebene an seinem Verstand.

Eine weißschwarze Feder auf dem Tisch ließ ihn stutzen. Er nahm sie prüfend auf, schaute sich um und fand winzige Krümel Torf am Boden. Er bemerkte eine lange Spur im Staub der Fußbodenbretter, die sich wie eine Rutschbahn von der Mitte des Raumes bis an die rückseitige Wand hinzog. Von dort folgte sein Blick einigen Fußabdrücken, drei Zehen nach vorn gerichtet und eine zurück. Zunächst nachdenklich, dann aber fassungslos und bebend vor Zorn rief er aus: »Ein Storch? Hat sich hier etwa wieder ein Storch zu schaffen gemacht? Das gibt es doch nicht, unmöglich, die fressen Frösche und niemals Papiere!« Der Vogt, sonst ein überlegter Herr seiner Sinne, befahl dem Spezialisten, mehr Männer kommen zu lassen. Sie stürzten in den Raum. »Ich habe eine Aufgabe für euch!«

Jan überraschte bei seinen Überlegungen die Schlussfolgerung, dass mit etwas glücklichem Zufall die riesige Maschine nur durch wenige Veränderungen auf dem kopierten Plan besiegt werden könnte.
Man kann also einen Kampf entscheiden,
bevor er überhaupt begonnen hat.

KAPITEL 45
DIE ALTE SCHEUNE

Kaum zurück im Teufelsmoor trafen sich Adular, Birklein und Jan wie verabredet vor der halb verfallenen Scheune nahe der Beek. Diese hatten sie ab jetzt für ihre Versammlungen vorgesehen, denn im Herbst fielen an der Eiche beim Hünengrab die Blätter und im Winter wären sie dort ungeschützt. Da sie den beiden Raben, die sich zwei Mal ihren Treffen genähert hatten, nicht trauten, war ihnen auch darum der stille Ortswechsel wichtig. Sie hofften, dadurch von menschlichen oder tierischen Spionen des Vogts nicht entdeckt zu werden.

Seit langem hatte sich niemand hierher getraut. Vom Ort Teufelsmoor abgelegen in südwestlicher Richtung, war durch jährliche Überschwemmungen der Moorflächen die kleine Fachwerkscheune an einer der Ecken im Boden versunken. Sturm und Blitz hatten dazu beigetragen, das Strohdach zu beschädigen.

Jetzt schauten sich die drei um und fingen an, Äste und Treibgut vor dem Tor zu entfernen, auch, um damit das Treffen mit den anderen Gefährten im Februar vorzubereiten. Jan hoffte, dass Snoki und Platon es schaffen würden, vorzeitig aus dem Winterschlaf zu erwachen. Bevor sie auseinandergegangen waren, hatte Jan das zierliche Fienchen beiseitegenommen und ihr zugeflüstert, dass sie aus Sicherheitsgründen nicht zum Termin kommen dürfe. »Bleib, wo du bist und schlüpfe erst aus deinem Kokon, wenn die Sonne höhersteht. Im Februar könntest du erfrieren.« Sie hatte geweint, weil sie nicht dabei sein konnte. »Lass nur Fienchen, wir brauchen dich im Sommer dringender, bitte riskiere nichts. Außerdem vermuten wir ja nur, dass es so früh im Jahr notwendig ist, sich zu sehen. Alles kommt darauf an, was der Vogt unternimmt. Wir melden uns bei dir, wenn es Arbeit gibt.« Damit hatte Jan die letzte der Verabredungen für die gesamte Gruppe getroffen und der Schmetterling war insgeheim glücklich, sich in Ruhe auf den Winter vorbereiten zu können.

Jan hatte seinen Spaten mit zur alten Scheune genommen, obwohl es keinen direkten Anlass dafür gab. Mehrfach war es ihm nicht gelungen, eine Funktion in der Verwandlung zu entdecken und warum er wegen des goldenen Griffes seinem Glück nahe sein sollte. Aber er würde Geduld haben, wie Birklein es von ihm verlangt hatte. Den Spaten stellte er vor dem Eingang ab, da er dort damit etwas weggeschaufelt hatte, und beim Hineingehen vergaß er, ihn mitzunehmen. Das doppelflügelige Tor hing schief in den Scharnieren und knarrte bei jeder Bewegung, das Strohdach war fast zerfallen und es gab nur einen Platz in der Ecke, der bei Regen trocken blieb.

Es war dunkel und recht kühl, das Wetter war umgeschlagen und der Herbst kündigte sich an. Jan entfachte ein kleines Feuer, das den Raum flackernd erhellte. Die ohnehin spärliche Wärme zog mit dem Rauch durch die offenen Stellen im Dach gleich wieder ab. Der Mond tauchte die Landschaft in weißliches Licht, das sich durch die vielen Öffnungen in der Strohabdeckung wie harte Kegel auf dem Boden ausbreitete. Wären die Freunde nicht so konzentriert bei der Sache, hätten sie sich in dieser gespenstischen Umgebung gefürchtet. Adular hatte nach seinem zweiten anstrengenden Ausflug zum Packhaus des Vogts nicht einmal mehr die Kraft für seine Angst.

Jan hängte den Bauplan der Maschine an einem Balken auf, der vom Licht angestrahlt wurde, und bat Adular um seinen Bericht. Birklein und Jan saßen auf einem Bündel alten Strohs und der Storch stolzierte vor der Zeichnung hin und her mit einem trockenen Zweig als Zeigestock in den Federn einer Schwinge. Wie durch Zauberhand war seine Schwäche verflogen und die große Aufgabe gab ihm seine Energie zurück: »Also, ähhh, wo fange ich an? Ja, der Flug gegen den ewigen Westwind hat mich Kraft gekostet. Die Papierrolle schlug mir manchmal flatternd um den Kopf und wenn sie meine Flügel traf, habe ich Geschwindigkeit verloren. Das zwang mich zu Boden und ich musste das Papier wieder aufrollen. Im Hafen war es zwischen den Häusern fast windstill und ich beschloss: Sofort anfliegen und den Plan zurücklegen und dann nichts wie weg! Ich glaube allerdings, dass ich bemerkt wurde, so komisch wie die unförmigen Rolle über dem Schnabel ausgesehen haben muss.«

»Wie bemerkt? Wer kann dich gesehen haben?« Jan klang besorgt. »Ich bin auf das Packhaus zugeflogen und unter mir wurde Holz aus einem Schiff entladen. Dort habe ich den Vogt gesehen, wie er den Kopf hob. Nur kurz haben sich unsere Blicke getroffen, er stutzte und ist dann kopfschüttelnd durch eine Luke in den Keller gestiegen.«

Birklein reagierte aufgeregt. »Bitte beschreibe uns den Vogt! Hast du sein Gesicht gesehen?« Adulars Geste war abwehrend. »Nein, denn er hat sich sofort umgedreht. Vor mir tauchte jetzt das offene Fenster zu dem Raum mit den Plänen auf und ich habe mich mit angelegten Schwingen wie ein Pfeil selbst hineingeschossen. Darum endete die Flugbahn weiter hinten auf dem Fußboden und weil mich die Papierrolle unkontrolliert zu Boden gezogen hatte, rutschte ich bis an die gegenüberliegende Wand und lag etwas benommen da. Staub war aufgewirbelt und die Wolke legte sich nur langsam zu Boden. Meine Niesattacke ... Aber das ist jetzt wohl nicht wichtig.«

Dass er bei seinem ersten Besuch im Fenster unglücklich steckengeblieben war, hatte er neulich nicht erzählt. Es war ihm peinlich gewesen. Jetzt quälte ihn der Hunger, denn vor zwei Tagen hatte er Frösche von seiner Speisekarte verbannt, um für die riskanten Flugmanöver leichter und schlanker zu werden. Er hatte sich perfekt vorbereitet und feierte im Stillen den Erfolg.

Birklein erinnerte Adular an ihre Frage nach dem Vogt.

»Der war ja im Keller! Ich habe den Plan zurückgelegt und mich weiter umgeschaut. Auf offen herumliegenden Papieren habe ich gelesen, dass die fertigen Teile schon mitten im Winter bei Hochwasser verschifft werden sollen.«

Der Storch konzentrierte sich. »Dann ist da noch etwas! Andere Pläne zeigten Bilder, wie hundert oder mehr Menschen für den Antrieb der Maschine ins Moor gebracht werden. Ich weiß wirklich nicht, wie wir das schaffen … .« Jan unterbrach ihn sofort mit einer Handbewegung. »Adular, keine Zweifel jetzt, bitte!«

»Wie gesagt, beim Hinflug war ich wegen der Rolle über dem Schnabel gezwungen mehrmals zu landen. Dabei ist wohl etwas Erde auf den Plan und meine Füße gelangt. Ich habe die Zeichnung zurückgelegt und einige Krümel sind auf den Tisch und zu Boden gefallen, die ich nicht rechtzeitig wegwischen konnte, denn es näherten sich Schritte auf der Treppe. Wie gut, dass ich den schnellen Ausstieg aus dem Fenster geübt hatte.« Jan erschrak. Dem Vogt entging nichts, das war ihm völlig klar. »Die Spione werden schon unterwegs sein, garantiert! Wir werden ab jetzt auf jede Kleinigkeit achten!«

Der Gedanke kam zu spät. Sie waren erkannt und von zwei Männern beobachtet worden, die sich so weit vorgewagt hatten, dass sie jedes Wort der Verschwörer verstanden hatten. Jan trat vor das Tor und schaute sich um. Seine Augen, nicht an die Dunkelheit gewöhnt, übersahen die beiden Hüte hinter den Büschen.

Kaum dass Jan in die Scheune zurückgekehrt war, verließen die Kundschafter ihre Deckung. Sie hatten genug gehört. Heute Nacht war viel Betrieb in der Einsamkeit des Moores. Während sich die drei Freunde verabschiedeten, schlich ein großer Mann mit langen roten Haaren um das Haus und suchte gezielt nach Jans Spaten. Er nahm ihn an sich und verschwand auf sein Schiff, das versteckt an der Beek lag und legte ab in Richtung Bremen.

Die drei Verschwörer löschten das Feuer und kamen zum Tor hinaus. Jan suchte seinen Spaten und bemerkte, dass er fehlte: »Verloren, alles ist verloren, die Spione waren schon da und sie werden den Vogt warnen.«

Anfangs waren es kleine Hinweise und sie steigerten sich zu einem Bild, dass die Zukunft des Reisenden anders verlaufen könnte als geplant.

KAPITEL 46
GEWISSENSBISSE

Der Rote Gerd war aufgestanden und hätte um ein Haar den Kaffee verschüttet, nachdem er den Bericht über seine vermeintlich heimliche Aktion im letzten Jahr an der Scheune gehört hatte. Jans besonderen Spaten hatte er im Auftrage des Vogts mitgenommen, weil dieser das Werkzeug wegen angeblicher magischer Kräfte zum Torfstechen nützlich fand. Diebstahl war sonst nicht die Sache des berüchtigten Schmugglers, aber in dieser Zeit hatte er sich in einer vertrackten Situation befunden, in der er dem Vogt einen Gefallen schuldete. Darum schritt Gerd heute aufgeregt hin und her und fragte nur: »Fablax, woher weißt du das alles?«

»Hör einfach weiter zu«, meinte das Wesen aus Unnerbodden, »erinnere dich an das letzte Jahr, was hattest du alles gesehen, wer hatte mit dir gesprochen? Du selbst hast über diese Erlebnisse im Hause des Vogts geschrieben. Mir geht es immer noch darum, dass du zurückkehrst ins Teufelsmoor. Inzwischen müsstest du doch verstanden haben, dass dort deine Hilfe gebraucht wird, oder? Außerdem wartet diese Frau auf dich, Isabella. Jetzt gerade ist sie gezwungen, für den Vogt zu arbeiten und Anteile zu verkaufen.« Gerd schaute lange über den Fluss und meinte: »Das hast du schon gesagt, bitte fahre doch mit deinem Bericht fort. Aber vergiss nicht, dass ich auf dem Weg bin, mir meine Grafschaft zurückzuholen und mit meinem Bruder abzurechnen. Mein neues Leben wird im Landgrafenschloss von Wanfried stattfinden. Gut, lassen wir das jetzt, sprich weiter!«

Ein Geräusch unterbrach das Gespräch. Dort, wo sich die beiden unterhielten, führten Stufen hinab in die Kajüte, und Gerd bemerkte den Schiffer, der bewegungslos im Niedergang stand, und zwar absichtlich nahe, sodass er jedes Wort verstanden hatte.

Gerd sah es und fragte direkt und ohne Höflichkeit: »Was soll das, habt Ihr uns etwa belauscht?« Der Kapitän gab vor, aus Langeweile auf das Deck gekommen zu sein. »Nein, wofür sollte ich mich interessieren? Entschuldigung, falls es diesen Eindruck gab.« Gerd bereute im Geiste und biss sich auf die Zunge. Hätte ich nur geschwiegen. Durch mein Reden wurde die Information nur noch bedeutender.

Das Weserschiff »Bremen« war durch die Treideldienste weit vorangekommen. Die Strömung hatte nachgelassen und der schwerfällige Frachter näherte sich einer Schleuse, die vor über hundert Jahren gebaut worden war, um die Werra bis zum Hafen Wanfried schiffbar zu halten. Gerd sah das gealterte und mit Algen bewachsene Bauwerk und erschrak. In seiner Jugendzeit war er einmal ein kurzes Stück flussabwärts gereist. Täglich warteten damals bis zu zehn Weserschuten auf die Schleusung, heute waren sie hier alleine. Der Schiffsführer sprang ans Ufer und lief wortlos davon.

Merkwürdig, diese unheimliche Verlassenheit. Vorbei die Kommandorufe, das Grüßen von anderen Schiffen. Warum ist die Geschäftigkeit dieser Einöde gewichen?

»Das hatte ich schon gesagt, es ist viel geschehen während deiner Zeit im Teufelsmoor und das hier ist nicht alles. Warte es ab, du wirst die alte Grafschaft in Wanfried nicht wiedererkennen! Gewöhne dich daran, der Wandel ist überall, immer, unaufhaltsam und unerbittlich. Bewege dich, und du trotzt den Veränderungen in der Welt. Vergiss das Schloss, baue keine Burgen, sie alle werden irgendwann erobert.« Fablax verpasste die Gelegenheit nicht, den früheren Schmuggler darauf vorzubereiten, dass sich dessen Absichten bereits verselbstständigt hatten, nur war er bisher nie so direkt vorgegangen. Die Umstände dieser Reise hatten längst die Regie für das weitere Leben des Reisenden aus dem Teufelsmoor übernommen.

Die aufrüttelnden Worte waren für ihn wie der Blick in eine Glaskugel, deren Bilder eine Zukunft anzeigten, die rückwärtsgewandt ablief. Schon zuvor war ihm aufgefallen, dass die Treidelpfade in keinem guten Zustand und zum Teil mit Buschwerk überwuchert waren. Auch hier am Anleger eroberte das Schilf den Fluss zurück.

Beide Schleusentore knarrten und stöhnten, als sich die Dichtungshölzer rhythmisch durch den Wasserdruck nur einen Spalt breit öffneten und schlossen, dann war ein Schwall Wasser durch die schmale Öffnung in die Tiefe gestürzt. Algenfäden hingen herab oder wurden mitgerissen und es hatte den Anschein, als seien sie die einzige Fracht, die der Fluss mit sich führte. »Gütiger Himmel, wie wird es in meiner Heimatstadt aussehen, wenn es keine Warentransporte mehr gibt?« Erste Befürchtungen keimten auf, dass sich die Erwartungen für seine Lebensplanung nicht erfüllen könnten, und darum schaute Gerd ab jetzt genauer auf die Veränderungen in der Umgebung, um zu verstehen.

Der Kapitän kam mit vier Männern zurück. Seit einigen Jahren war die Anlage nicht mehr ständig besetzt und wegen des maroden Zustandes waren zusätzliche Helfer notwendig, um die Tore über Handräder und Spindeln zu bewegen. Mit Mühe hatten sie die Schleusung geschafft und jetzt fuhr das Schiff im höheren Wasserniveau seinem Ziel entgegen.

»Kapitän, was ist hier geschehen? Oder genauer gefragt, warum ist hier nichts los? Wo sind die Schiffe, wo die Karren der Händler, die den wartenden Weserschuten früher hier ihre Waren angeboten hatten?« Der Angesprochene blieb nach den ärgerlichen Worten von vorhin reserviert. »Was habt Ihr denn erwartet? Hier kommt nur alle paar Wochen ein Schiff vorbei und meistens bin ich das. Meine Tage sind auch gezählt, denn die großen Transporte nehmen heute andere, schnellere Wege.« Damit drehte er sich um und vermied mit gesenktem Kopf den Blickkontakt. Was ist … Gerd wurde misstrauisch.

Im selben Moment klapperten Hufe auf dem Weg neben dem Fluss. Er schaute hinüber und sah einen Reiter, der ihr Schiff überholte und flussaufwärts davongaloppierte.

Fablax erinnerte ihn daran, dass die Geschichte aus dem Teufelsmoor noch nicht zu Ende war.

Jetzt schon war ihre Strategie nichts wert, denn die Ereignisse erforderten angepasstes Handeln. Jan blieb entschlossen, jedes neue Hindernis sofort konsequent zu beseitigen, aber mit seiner Art von Taktik. Wie sich zeigen sollte, zog seine Beweglichkeit in den Entscheidungen den Erfolg an.

KAPITEL 47
JAN GEGEN DIE SPIONE

»Was ist passiert, Jan, was ist verloren?« Die Fee war wegen seines undeutlichen Gemurmels vor dem Scheunentor verwirrt, denn sie hatte nur »verloren« verstanden. Dass der Spaten fehlte, hatte sie nicht bemerkt und Jan vermied es, seine Befürchtungen zu wiederholen. Was immer es war, dieser Diebstahl hatte einen Grund und für die Antwort auf diese Frage brauchte er Zeit. »Falls ich dich sprechen möchte, wo finde ich dich, Birklein?«

»Komm' ins Moor und gehe an einen Ort, an dem du dich glücklich fühlst. Dort rufst du meinen Namen und ich werde schnell bei dir sein?«

»Und wenn ich nicht glücklich bin? Ich weiß nicht genau, was Glück ist.«

»Das kann ich nicht mit einem Wort erklären. Du bist näher dran, als du denkst, denn du hilfst anderen!« Mit dieser Aussage flog sie davon und ließ Jan mit seinen Fragen zurück. Lange schaute er nach den funkelnden Sternchen, die sich hinter ihr herzogen. Die Nacht erschien Jan wie die Zeichnung aus einem Märchen. »Warum gerät die Schönheit der Welt immer wieder in Gefahr? Wir werden das in unserem Moor nicht zulassen!« Er war entschlossen wie nie zuvor.

Adular hatte erschöpft dem Abschied der Fee zugesehen und hatte jetzt Mühe, Jan auf seinem Weg zu folgen. Er war einfach mitgegangen und blieb plötzlich stehen. »Jan, ich gehe auch schlafen. Bis zur Montagehalle dauert mein Flug nur wenige Atemzüge und unter dem Dach ruhe ich mich aus.« Er vermochte sich nicht mehr vorzustellen, wie früher oft im Freien zu übernachten. »Ich bin ein Sir namens Adular und habe der Königin von England gedient!«

»Gewiss doch«, erwiderte Jan, müde von den Wiederholungen dieser früheren Bedeutung des Freundes. »Falls dir etwas Ungewöhnliches auffällt, benachrichtige mich bitte sofort, egal wann.«

In der sternenklaren Nacht trottete Jan den Weg nach Hause und vermochte die sorgenvollen Gedanken über die Bedrohung des Moores nicht abzustellen. »Was, wenn der Plan mit dem Angriff auf die Maschine nicht funktioniert? Schaffen wir es überhaupt bis auf das hölzerne Monstrum? Wir brauchen noch eine weitere Idee!« Er blieb mit dem Fuß an einer alten Baumwurzel hängen, die aus dem Boden ragte, und schlug lang hin. Sein Schuh hing fest, das Gesicht war mit Torfmull gepudert und beim Versuch aufzustehen nieste und hustete er. Dann rappelte er sich mühsam auf. »Verdammt nochmal, geht denn gar nichts glatt? Hindernisse, wohin ich mich wende!« Es war schwer, weiterzugehen. Ein Bein schmerzte, überall klebte puderiger Staub und an seinem Schuh war zu allem Überfluss die Sohle eingerissen.

Da war er, ein Gedanke wie ein Blitz! Er blieb stehen. Das ist es! Wir benötigen eine Barriere, falls wir das Monster mit seinem eigenen Anker nicht aufhalten könnnen. Nur wie zaubert man einen neuen Weyerberg herbei, den die Fahrer der Maschine übersehen, bis es zu spät ist? Wir haben leider keine Zauberkräfte. Wie könnte man das schaffen, wie nur? Seine Idee war voller Widersprüche. Wir brauchen ein verstecktes Hindernis, das aber dennoch vorhanden ist. Das ist unmöglich! Wie durcheinander denke ich eigentlich? Wie schafft man es, ein unsichtbares Gebirge herbeizaubern?

Er schloss diese verrückte Idee aus.

Plötzlich kehrte seine Sorge um die möglichen Spione des Vogts zurück: Wenn sie es waren, die meinen Spaten genommen haben, wäre das doch die größte Dummheit, oder? Denn damit hätten sie mich gewarnt!

Weiter kam Jan auf seinem Weg nach Hause nicht, weil ihn ein Luftzug streifte und der Storch neben ihm landete. »Adular, du schon wieder? Du bist doch eben erst abgeflogen und …« Jan wurde unterbrochen. »Hör zu! Kaum war ich dabei, mich zum Schlafen auf einem Balken im Haus an der Baustelle auszustrecken, sah ich unter mir zwei Männer mit spitzen Hüten an einem Feuer sitzen, die wohl meinen Schatten bemerkt hatten und nach oben schauten. Nur ein alter Storch, mehr hörte ich sie nicht sagen. Merkst du was, Jan? Es ist ein Vorteil, unterschätzt zu werden.« Er hielt an und setzte sich außer Atem unvermittelt hin.

»Meinst du, diese Leute haben etwas mit uns zu tun?«

Adulars Schnabel pendelte hin und her. »Doch! Haben die! Zuerst beklagten sie sich, dass der Vogt sie gezwungen hätte, hier im langweiligen Moor aufzupassen. Bei einem Kontrollgang haben sie dann in der Ferne unser Feuer in der alten Scheune bemerkt. Das Anschleichen und Belauschen unserer Gespräche fanden sie wohl recht spannend. Jan, die wissen jetzt von unserem Vorhaben und werden alles verraten! Was können wir nur tun? Meine ganze Arbeit war umsonst!« Jan versuchte, den Storch zu beruhigen. »Lieber Freund, warte ab, was ist das Gegenteil von einem Problem? Es ist die Lösung! Also lass uns nachdenken.«

Die Kameraden waren an einem Punkt angekommen, von dem aus nichts weiterzugehen schien, und sie schwiegen lange. Jan war der Erste, der die Stille unterbrach. »Hier ist meine spontane Idee! Wenn die beiden einen Auftrag haben, müssen sie den auch erfüllen, aber wie sie das tun und was sie dem Vogt berichten, das werden wir ihnen sagen!« Adular antwortete voller Zweifel: »Du willst vor diese Spione treten und ihnen befehlen, wie sie sich zu verhalten haben? Das wird niemals klappen, nie! Du bist erledigt, wenn du dir das zutraust.«

»Adular, denke doch einmal andersherum! Wir werden die Männer mit den Hüten selbst entdecken lassen, was sie berichten sollen. Das läuft so: Wir gehen erst einmal schlafen und treffen uns morgen Abend wieder. Wenn es dunkel wird, fliegst du zur alten Scheune und ich locke die Spione mit einer Laterne an. Die werden mir garantiert folgen.

Wir werden einen neuen Plan aufhängen, den ich extra dafür anfertige. Die Zeichnung wird erklären, dass wir den Sand vom Weyerberg bewachen, weil wir vermuten, dass die Maschine den Hügel abtragen soll, weil Sand wertvoll ist. Wir geben uns als die

Beschützer von Worpswede aus. Das klingt doch logisch, oder? Ich garantiere dir, die Spione springen danach sofort in ihr Boot, fahren zum Vogt und berichten genau das. Der kann sich beruhigen und so lassen wir ihn im Glauben, er hätte alles unter Kontrolle.«

Adular sah Jan mit offenem Schnabel an und man merkte deutlich, dass ihm nicht der Sinn nach neuen Abenteuern stand. Aber er fügte sich in die veränderten Umstände, zuckte mit den Schultern und flog zurück zu seinem Schlafplatz. Die Spione am Feuer schauten hinauf in den Dachstuhl und einer meinte: »Ach so, nur der alte Storch. Der schafft es bis zum Winter wohl nicht mehr bis in den warmen Süden.«

Wo die Kräfte nicht ausreichen, wird die Ablenkung zur Macht.

KAPITEL 48
INTELLIGENTE TÄUSCHUNG

Langeweile plagte die Spione auch am folgenden Tag. Sie fingen Fisch in der Beek, bewachten das Haus und in der Dämmerung zündeten sie ein Feuer für ihr Abendessen an. Adular lag bequem und ebenfalls gelangweilt unter dem Dach. Fast wäre er einmal heruntergefallen, nachdem er mit einer Schwinge um sich schlug, um im Traum zwei Raben zu vertreiben, die ihm Fesseln anzulegen versuchten.

Jetzt war er hellwach und wartete auf Jan. Dieser spazierte zunächst absichtlich am Giebel vorbei. Dann, um zu demonstrieren, dass er aufmerksam geworden war, schaute er auffällig das Haus und die Umgebung an. Die Spione sprangen hoch und beobachteten den Jungen genau, wie er ein Papier aus der Tasche zog und mit wichtiger Geste etwas zeichnete.

Danach verließ er den weiträumigen Vorplatz und ging wie zufällig in Richtung der alten Scheune. Die beiden Männer traten das Feuer aus und folgten ihm mit einigem Abstand sofort. »Ok, alles verläuft nach Plan.« Adular ließ sich aus der Dachkonstruktion fallen, öffnete die Schwingen und glitt kreisend bis zur Feuerstelle und aß mit diabolischer Freude die Fische der Spione. Gestärkt von der Mahlzeit flog er einen Umweg zum Treffpunkt und kam von den Männern unbemerkt gleichzeitig mit Jan dort an.

Die Verschwörer entzündeten helles Licht in der Scheune, damit die Verfolger den Plan genau sehen konnten. Jan und Adular schritten mit wichtigen Gesten vor der Zeichnung auf und ab, so als ob Sie sie sich über eine Strategie unterhielten.

Das Tor hatten sie halb offengelassen, sodass es nur von hier möglich war, die beiden zu beobachten. Jan hatte trockene Zweige verstreut und sowie er ein Knacken hörte, hielt er seinen Vortrag. Die Spione stießen sich an. »Wir sind genau richtig!«

»Hör' genau zu.« Jan sprach laut und deutlich. Einen Namen zu erwähnen, vermied er bewusst. »Das hier ist der Plan des Vogts, den ich abgezeichnet habe. Die vielen Spaten zeigen von dem großen

Haus direkt in Richtung Worpswede. Man beabsichtigt wohl, uns den Sand vom Weyerberg zu stehlen. Was sonst wäre hier interessant und lukrativ? Mit der Maschine könnten Kanäle ausgegraben werden, aber wozu? Es sind genug da!« Adular ergänzte: »Nein, Jan, wer kann das Durcheinander der vielen Spaten verstehen? Dieses Ding ist nutzlos. Ich denke, wir sollten diesen Unsinn hier sofort vergessen.« Jan versuchte kurz, durch die Tür zu blinzeln, doch es war nichts zu erkennen.

Um glaubwürdiger zu wirken, bestand Jan auf seiner Idee: »Storch, lass es gut sein! Wir werden den Weyerberg bewachen! Flieg du ruhig wieder nach Afrika, denn du wirst hier jetzt nicht gebraucht.« Adular schritt daraufhin majestätisch zur Tür. »Ich bin schon fast weg! Also dann, bis zum nächsten Sommer, Jan. Bin ich froh, dass hier keine Gefahr droht.«

Ein leises Knistern der trockenen Zweige war zu hören, die Spione zogen sich zurück. Adular erhob sich in die Luft. Sein Weg führte ihn nicht nach Süden, sondern wieder an den Platz im Dachstuhl der Riesenscheune. Dort legte er sich auf das Balkenkreuz und ließ die Beine und einen Flügel herabhängen. Den anderen schob er wie ein Ruhekissen unter den Kopf, schnarchte mit halb geöffnetem Schnabel und gab damit vor, dass er vom unendlichen Storchenhimmel träumte. Kurze Zeit später tauchten die Spione auf und schauten in die Höhe: »Aha, der da oben schläft. Er war es also nicht, den wir eben in der Scheune gesehen haben, denn der ist auf dem Weg nach Afrika.« Adular zeigte sich zufrieden, weil seine Tarnung nicht durchschaut worden war. Für die Spione blieb er ein alter gebrechlicher Zugvogel, der es nicht mehr in den Süden schaffte.

»Wo ist unser Abendessen? Die Fische sind weg! Dieser Verbrecher von Storch liegt mit sattem Bauch da oben und schnarcht?« Die beiden Spione schliefen in dieser Nacht mit knurrendem Magen.

Die Konstruktion der Maschine war nichts gegen die vielen Störungen, die den Vogt wie Nadelstiche plagten. Es nahm einfach kein Ende.

KAPITEL 49
WAS ZU VIEL IST, IST ZU VIEL

Wieder und wieder bedienten die Männer den eisernen Türklopfer am Packhaus des Vogts. Amtmann Cornelius, der Chef der Zöllner, hatte schon des Öfteren versucht, dieses Haus aufgrund von Gerüchten über sonderbare Vorkommnisse zu durchsuchen. Die Berichte an ihn waren unbestimmt und je länger dieser Umstand anhielt, umso mysteriöser hatte sich die Sache angehört. Er war stets ignoriert worden und so hatte er beschlossen, mit einer kleinen Armee wiederzukommen. Er brauchte jetzt endlich Klarheit.

Heute wurde zum ersten Mal geöffnet.

Aus dem langen Flur hörte Cornelius ein ungehaltenes Brüllen wie: »in Ruhe lassen, Unverschämtheit« und Ähnliches. Kaum dass die Männer des Vogts den Amtmann mit seiner Entourage erkannt hatten, schlugen sie ihm die Tür vor der Nase wieder zu.

Der Vogt war ungehalten wegen der Versuche ständiger Kontrollen. Selbst durch die massive Haustür vernahm Cornelius das wütende Toben. »Baue ich eine Riesenmaschine oder quält mich ein Haufen von Ignoranten? Hat hier niemand eine Vision? Was will der Kerl eigentlich? Steuern, Zölle? Das wird nichts! Leute, wenn dieser bunte Spinner hier wieder auftaucht, fangt ihn und seine Männer ein und dann ab mit ihnen in unser Verlies! Die Herrschaften suchen Arbeit?! Abwarten, die habe ich für sie!« Der Amtmann prallte zurück, doch ernst hatte er den Wutanfall nicht genommen.

An diesem späten Vormittag versuchten die Menschen draußen ihr geschäftiges Treiben zu koordinieren. Händler schoben Karren, Fußgänger kreuzten sich auf ihren Wegen oder kauften an Marktständen ein. Amtmann Cornelius bahnte sich mit seinen Männern einen Weg zurück zu seiner Zollstelle am Findorffer Hafen. Er war ebenfalls in Rage geraten und beschloss, sich besser vorzubereiten und mit Werkzeug wiederzukommen, um sich mit Gewalt Zutritt zum Packhaus zu verschaffen. Er hätte durch den Tobsuchtsanfall des Vogts gewarnt sein müssen.

Cornelius bemerkte noch, wie ein kleiner Torfkahn, gesteuert von zwei Männern mit spitzen Hüten am Anleger vor dem Haus des Vogts festmachte. Sie stiegen aus und liefen über den Vorplatz auf die Türe zu. Sofort wurde sie geöffnet und ohne anzuhalten, rannten die beiden in den Flur. Was ist hier nur los? Der Amtmann war wegen einer erfolgreichen Karriere nach Bremen gekommen, stattdessen kämpfte er seit Monaten mit Niederlagen und Problemen, auf die ihn seine militärische Ausbildung nicht vorbereitet hatte. Seine Zollstelle am Findorffer Hafen war das Tor zum Teufelsmoor und er fand kein Mittel gegen die Aufsässigkeit der störrischen Moorbauern, wie er zähneknirschend erkannt hatte.

»Euer Gnaden Vogt!« Atemlos standen die beiden Spione vor ihrem Herrn. Der ließ sie aber nicht zu Wort kommen, sondern sprach sie mit Eiseskälte in der Stimme an. »Was macht ihr denn hier, das ist Missachtung meiner Befehle. Ihr solltet am Haus auf der Baustelle aufpassen!« Eingeschüchtert begannen sie zu berichten. »Vogt, Eure untertänigsten Spione melden Euch, dass wir ein Gespräch belauscht haben und jetzt wissen, was im Moor gegen Euch geplant wird. Ganz nebenbei haben wir außerdem erfahren, dass Euer Plan gestohlen wurde.«

Der Vogt blieb ungehalten. »Ich verlange Neuigkeiten, verflucht noch einmal. Ich weiß, dass der Plan gestohlen wurde, aber wie? Das muss ich wissen!« Die beiden Kundschafter schauten sich an und berichteten, was sie erkundet hatten. »Eure Zeichnung hing in einer Scheune. Ein Junge namens Jan und ein Storch …« Der Vogt hatte sie unterbrochen. »Ein Storch, etwa wieder dieser lästige schwarzweiße Vogel, dem ich so oft begegnet bin?« Er hatte keine Zeit, diesen Gedanken zu ordnen, denn auch die Spione sprachen aufgeregt weiter.

»Also, die liefen vor dem Plan auf und ab, zeigten darauf und haben versucht, die Funktion zu verstehen. Sie sind zu dem Ergebnis gekommen, dass Sand am Weyerberg abtragen werden soll, um ihn in alle Welt zu verkaufen. Sie planen, Eure Maschine in Worpswede aufzuhalten und zu zerstören.«

»Sand schaufeln? Maschine zerstören? Ein Schuljunge und ein Storch wollen mich aufhalten? Wie dämlich ist, wer das auch nur vermutet? Diese irren Traumtänzer wissen nichts mit dem Plan anzufangen, das ist die Wahrheit!« Der Vogt bestätigte sich damit selbst und schob den Gedanken an eine echte Bedrohung aus dem Teufelsmoor endgültig beiseite.

»Den Storch haben wir noch sagen hören, dass die Maschine nicht funktionieren wird.« Doch diese Nachricht hätte sich der Kundschafter besser verkniffen. Beleidigt regte sich der Vogt noch weiter über die Dummheit der Rebellen auf und redete sich einmal mehr in Rage. Das Nachdenken war eingeschränkt und er unterschätzte die aufkommende Gefahr. »Zurück mit euch zu unserer Baustelle und tut, was ich befohlen hatte!«

An diesem Tag rissen die irritierenden Nachrichten nicht ab. Auch der Rote Gerd war aus dem Teufelsmoor eingetroffen und präsentierte den sonderbaren Spaten mit dem goldenen Griff. »Du hast ja tatsächlich das Ding gefunden! Und? Was ist damit, wo bleiben die Wunder?« Geduld war eben nicht die Stärke des Vogts.

»Eine Gebrauchsanweisung war nicht dabei!«, meinte der Rote Gerd sarkastisch und verzog das Gesicht zu einer Grimasse.

»Oder hätte ich zuerst nachfragen sollen, wie er funktioniert, bevor ich den Spaten an mich nahm?« Die beiden wechselten nie ein Wort zu viel. Die Erwartungen des Vogts an ein Wunder erfüllten sich in diesem Augenblick nicht, dazu kamen die anderen unergiebigen Nachrichten von heute.

Ergebnisse waren nicht in Sicht und seine anfängliche Hochstimmung für das Projekt wich zusehends den Mühen der täglichen Tretmühle. »Na gut dann, lass den Spaten hier stehen und verschwinde.« Resigniert schaute der Vogt dem Schmuggler hinterher, der wieder zu seinen Geschäften im Teufelsmoor aufbrach.

Endlich war Ruhe im Haus eingekehrt, doch beschäftigten den Vogt weitere ungelöste Probleme bis tief in die Nacht. Die dumpfen Geräusche der Handwerker im Keller beruhigten ihn. Wenigstens hier zeigten sich Ergebnisse. So lange wie möglich hatte er versucht, seine Absichten vor der Öffentlichkeit zu verbergen. Der perfekte Umstand für die Geheimoperation war, dass die Moorbauern im Winter bei ihren Familien blieben. Das Hochwasser überspülte häufig selbst höher gelegene Wurten und drang bis in die Gebäude ein. Torf konnte nicht gestochen werden und die Kähne lagen am oder im Haus, seltener mit Steinen beschwert am Ufer gegen das Austrocknen unter Wasser. Für die kleinen Rebellen interessierte sich der Vogt nicht weiter. Völlig unbedeutend! Mit diesem Gedanken legte er sich schließlich zur Ruhe und gab sich Mühe, die heutigen Bisse der Störungen zu ignorieren. Nach seinem Zorn fehlte ihm die Kraft zum Nachdenken.

Große Probleme - größere Lösungen.

KAPITEL 50
DAS SCHWIMMENDE LAND

Ähnlich wie Jan hatte auch der Vogt kalkuliert: Der kommende Winter wird uns alle zu einer Pause zwingen. Niemand wird bei Sturm und Eis etwas unternehmen. Doch Jan stellte die eine, aber entscheidende Frage mehr: Oder wäre es mir gerade wegen dieser stürmischen Jahreszeit möglich?

Der Gedanke, eine Falle gegen die Bedrohung aufzubauen, hatte ihn nicht mehr losgelassen. Welches Hindernis ist kraftvoll genug, um dieses fahrende Monstrum aufzuhalten? Woher nehmen wir die riesige Menge Torf, in der es sich festfahren würde, um nie wieder herauszukommen? Wie wäre es möglich, das Material dafür bis vor das Ungetüm zu bewegen?

Ihm fiel eine Begebenheit ein, die sich vor nicht allzu langer Zeit bei Worpswede zugetragen hatte. Die Pferde eines Leiterwagens, der mit Mehlsäcken beladen von der Mühle kam, waren in Panik geraten. Das Gespann hatte beschleunigt und auf einer Bodenwelle waren die Vorderräder in die Höhe geschossen. Daraufhin war das Fuhrwerk zunächst zurück und dann zur Seite gekippt. Eines der Zugpferde hatte sich losgerissen und war davongestoben, das andere zappelte weiter im Geschirr und das Ruckeln ließ die Mehlsäcke aufplatzen, sodass die Umgebung mit weißem Staub bepudert wurde. Dieses einprägsame Bild sah Jan vor dem geistigen Auge und wünschte sich ein ähnliches Schicksal für das hölzerne Monstrum und gegen die Gigantomanie des Vogts.

Aber wie? Dann kam ihm eine Idee, die unmöglich erschien: »Schwimmendes Land wäre die Lösung, denn was auf dem Wasser treibt, ist leicht zu bewegen.«

Allgemein bekannt war, dass bei Hochwasser manchmal wie durch Zauberhand kleine Inseln auftauchten, die mit dem Sturm wahllos abtrieben. »Wie ist so etwas möglich, Boden schwimmt doch nicht?«, hatte Jan damals den Lehrer gefragt. »Ja und nein, hier im Teufelsmoor scheint es, als sei das Unmögliche denkbar, denn es gibt nirgends Erde, stattdessen nur Torf. Du weißt, das sind abgestorbene Pflanzenfasern, die im Sommer austrocknen und wenn später die Flut kommt, reißen manchmal große Schollen im tiefen Untergrund ab und schwimmen auf, weil sie sich wie ein trockener Schwamm verhalten. Zieht nach Tagen das Wasser wieder ab, setzen sie sich an gleicher Stelle oder vom Wind abgetrieben, woanders wieder auf den Grund. So schaffen die Winterstürme ein neues Bild der Landschaft und oft genug gibt es nachträglich Streit, denn die Insel und alles, was darauf ist, wird zum Eigentum des dortigen Moorbauern.«

Diese Worte aus ferner Schulzeit klangen bei Jan heute nach und er überlegte, der Maschine eine derartige Insel in den Weg zu legen. »Man kann nicht groß genug denken,« war seine Erkenntnis. »Aber wie wird sie unsichtbar? Wir benötigen eine treibende Moorfläche mit Büschen und kleinen Bäumen, die im Sommer die neue Anhöhe tarnen.«

Die eigentlichen Schwierigkeiten befürchtete Jan aus der Dorfgemeinschaft, ausgerechnet von den Menschen, die diese Aktion schützen sollte. Sie werden die Bedrohung nicht verstehen. Ebenso wenig, wie Lehrer Siems. Warum auch sollten sie Jan helfen, denn das schwimmende Land galt als Fluch und Segen zugleich, weil nicht sicher war, wer davon profitierte. Jedes Mal, wenn die Moorkaten und Gehöfte vom Wasser eingeschlossen wurden, bewachten die Bauern die überschwemmte Landschaft, um abtreibende Moorschollen rechtzeitig festzuzurren. Aber ob sie bereit sein würden, in voller Absicht ein aufgeschwemmtes Stück Land zu versetzen? Jan überlegte sich eine Strategie, wie er die Bauern überzeugen könnte.

Trotz häufiger Streitigkeiten war im Augenblick einer Gefahr die Hilfsbereitschaft der Nachbarn bedingungslos. Jeder half mit allen Mitteln, eines der vielen im Moor möglichen Probleme zu lösen. Wenn das Wasser die Türschwelle erreichte und weiter anstieg, brachte man das Vieh auf höher gestellte Holzbalken und die Familien kletterten mit Proviant unter das Dach. Selbst in diesen schwierigen Situationen packten alle aus dem Dorf mit an, um dort zu helfen, wo es notwendig war. Falls eine Moorscholle aufzuschwimmen drohte, wurden die über Winter im Haus eingelagerten Torfkähne herausgezogen und in gemeinsamer Aktion Taue an einer abgetriebenen Insel befestigt, um das Land durch Rudern und Aufziehen der Segel in die gewünschte Position zurückzuholen.

Wenn Jan der Maschine auf diese Art ein Hindernis in den Weg zu legen beabsichtigte, war er auf die Hilfe aus seinem Dorf angewiesen. Doch wie stand es um die Bereitschaft für eine Aktion, von der niemand profitierte? Außerdem wäre es vermutlich sinnlos, mit den Bauern über die wahren Gründe zu sprechen, weil sie neue Informationen oft anzweifelten und so lange nach Beweisen suchten, bis es zu spät war.

Erst neulich hatte ihn Lehrer Siems ausgelacht, denn er hatte sich Jans Beobachtungen nicht vorzustellen vermocht. Um dem Dorf einen Vorteil vorzugaukeln, griff Jan zu einer List, damit ihm die Moorbauern mit ihren Torfkähnen halfen. Er erklärte, dass er mit dem Moorkommissar Erasmus Castell gesprochen hätte und dieser bereit sei, ein neues Stück Land in den Karten einzutragen, wenn es aus dem unwegsamen Moor in die Nähe des Dorfes geschleppt werden würde.

Das stimmte so zwar nicht, denn die Moorfläche insgesamt wurde durch die Aktion nicht größer, aber zumindest nahm die Menge des Torfes an dieser Stelle zu und die Schicht wurde um das Maß mächtiger, wie die Insel hoch war. Wenn die Umstände glücklich verliefen, würde niemand nachfragen. So hatte sich Jan das zurechtgelegt.

Im Dorf erkannten ihn die Menschen nicht wieder. »Er wird langsam erwachsen«, meinten die einen. »Der Träumer hat wie immer Fantasie! Wofür quälen wir uns ab und wer kann sicher sein, ob es mit der offiziellen Landbeschaffung klappen wird?« Jan hörte die Zweifel und sagte lieber nichts dazu. Nur keine Spekulationen provozieren, die seine Pläne behindern könnten. Was geredet wird, ist nicht wichtig. Es kommt auf das Ergebnis an.

Endlich traten Anfang Januar die erhofften Wetterbedingungen ein. Mit der Flut entwickelte sich ein Sturm, der das Meerwasser tief in die Weser hineindrückte. Das Blockland östlich von Bremen wurde zuerst überflutet, das Wasser in der Wümme und Hamme flussaufwärts geschoben und dadurch ein Gebiet südlich des Dorfes Teufelsmoor großflächig überschwemmt.

Die Dorfgemeinschaft um Jan bereitete sich vor. Am Morgen hatte der Sturm nachgelassen, das Rückseitenwetter, die Beruhigung der Luftmassen nach dem Durchzug einer Tiefdruckfront, brachte kühle Luft und leichten, gleichmäßigen Wind.

Auf den Torfschiffen wirkte die Aktion »Einfangen des schwimmenden Landes« fast romantisch. Wolken spiegelten sich auf der glatten Wasserfläche und der berühmte Himmel über Worpswede vereinte sich mit dem Teufelsmoor bis zum Horizont. Einzelne Gehöfte in der Ferne schienen zu schweben und Baumkronen ragten aus dem Wasser. Eine Landmarke zur Orientierung war der Weyerberg.

Vom Untergrund hatte sich eine etwa vier Meter mächtige Moorplatte losgerissen. Jan peilte den Standort der Montagehalle des Vogts hinter der Baumgruppe an und zog gedanklich eine Linie zum Weyerberg. Genau hier würde die Maschine ihre erste Spur ziehen und das Moor aufreißen. Wenn sie dabei auf die gegenüber der Umgebung höhere Torfschicht stoßen würde, könnte sie sich festfahren.

Die Männer um Jan erreichten die kleine Insel, schoben die Torfkähne an das Ufer und sprangen auf das leicht schwankende Stück Torfland. Bei jedem Schritt gab der Boden nach, der durch die Wurzeln der verkrüppelten Büsche allerdings fest genug war. Seile wurden um Äste geschlungen und mit den Schiffen vertäut. Acht Boote mit etlichen Männern ruderten los und mit leichter Unterstützung der Segel bewegte sich der Tross an die vorgesehene Position.

Die Helfer lösten ihre Seile von den Kähnen und banden sie an zwei im Wasser stehenden Bäumen fest, in der Hoffnung, dass diese dem Zug der Insel beim Abfließen des Hochwassers standhielten. Die Torfscholle drehte sich in die Strömung, die Taue spannten und eines riss unter der Last. »Wenn die Halterungen stabil genug sind, geht alles gut.« Die Bedenken waren Jan anzusehen.

Auf sein Zeichen drehten die Kähne ab. Er selbst blieb zurück, um zu sehen, wie sich die Insel am Boden absetzte. Stunden später war es so weit, die Spannung der Taue ließ nach, denn die Torfscholle hatte wieder Bodenkontakt. Jan war zufrieden. »Wenn die Maschine den geplanten Weg nimmt, ist sie verloren. Wir werden sehen, was ab jetzt geschieht, aber an diesem Hindernis greifen wir an. Sie ist verloren!« Er wiederholte es, wie zur Bestätigung seiner Hoffnungen und gegen alle Zweifel!

Wenn etwas Unvermeidliches aufzieht, wird die Welt still.
Wir und die Natur in allem spüren, es wird geschehen und wir halten inne!
Auf das Danach kommt es an: Der Aufbruch verzeiht kein Zögern!

KAPITEL 51
UNNERBODDENS BEITRAG

Die letzten frostigen Tage des Winters waren über das Land gezogen. Die Bockschiffe am Packhaus an der Schlachte lagen schwer beladen tief im Kanal und die Reihen der Arbeiterkolonnen brachten Kisten mit den Einzelteilen der Maschine auf die Schiffe, bis die Bordwand fast das Wasser erreichte. Einweiser mit Listen in der Hand dirigierten den Strom der vorgefertigten Teile und der Vogt sah in dieser Aktion die Geburt des Moorkultivators, wie er sein monströses Ungetüm neuerdings verharmlosend nannte.

Mit überlegener Erhabenheit schritt er hinüber zum Torfschiff, das für ihn persönlich bereit lag. Er brach auf zu einer letzten Inspektion, um im Teufelsmoor vor dem Start des Aufbaus der Maschine mit sich alleine zu sein. Er würde zurückkehren, bevor der Konvoi abfuhr.

Die Passage durch die Kanäle der Stadt und den Findorffer Hafen wäre für ihn sogar im Schlaf eine Kleinigkeit. An der Zollstelle beobachtete er Amtmann Cornelius, der den Zeitungsberichten zufolge vor einigen Tagen den Roten Gerd besiegt hatte. Jetzt sah der Vogt mit Verachtung zum eitlen Chef der Zöllner hinüber, weil dieser nur durch seine Hinweise bei der Jagd auf den Schmuggler erfolgreich gewesen war. Hinzu kam eine tiefe Abneigung gegen die kleinlichen Vorschriften aus der Königlichen Verwaltung in Hannover, die, wie er meinte, nur darauf abzielten mehr und mehr zu kassieren.

Diese bunte Witzfigur in seiner wichtigen Uniform klingelt frech an meiner Tür und wedelt mit Gesetzen? Wehe, wenn er es noch einmal versucht. Der Vogt lachte im Stillen und stakte das Schiff mit dem Ruder voran.

Gegen Abend passierte er den Torfkanal in Richtung Blockland. Die Wasserläufe führten nach den Überschwemmungen immer noch Hochwasser, wie es für die Transporte in diesen Tagen notwendig war. In der klaren Winterluft leuchtete der Mond über dem Horizont und der Wind reichte aus für eine zügige Fahrt mit dem Segel. An der Baustelle des Hauses »Tietjens Hütte« brannte ein Feuer und im Unterstand saßen Zimmerleute. Im vergangenen Jahr 1855 war der Bau des neuen Gasthauses mit Zollstelle weit vorangebracht worden, sodass mit der Eröffnung bald zu rechnen war. Er beschloss oft einzukehren, wenn erst das Moorgetüm die Welt der Moorlandschaft beherrschen würde. Der Vogt sah sich als Wohltäter für die Moorbauern und in der Fantasie genoss er die Ehrungen, die ihn erwarten würden. »Am Tage der Einweihung wird man meine ehrenhaften Absichten bereits am offiziellen Namen der Maschine erkennen: Moorkultivator!«

Die Arbeiter wunderten sich über den leeren Torfkahn, der in der Dunkelheit vorbeizog. Kurz darauf war der schwarze Mann mit der Kapuze wieder allein und erreichte Stunden später die Einfahrt zu seiner Hallenkonstruktion. Die beiden Aufpasser liefen ihm entgegen und vertäuten das Boot. Der Vogt wehrte eine Begrüßung ab und befahl ihnen, sich zu entfernen. Denn er war gekommen, um in einem besinnlichen Moment seine Genialität zu feiern und schritt direkt in das leere Haus.

»Mein Werk, meine Zukunft!.«

Die Anspannung des letzten Jahres fiel langsam von ihm ab. Wie zur Befreiung von allen Problemen rief er in die aufgehende Wintersonne: »Es geht los! In wenigen Monaten sehe ich das Moorgetüm, äääh, den Moorkultivator in Aktion!« Die offizielle Bezeichnung kam ihm nur schwer in den Sinn, denn weder nahm er Rücksicht auf das Teufelsmoor noch auf die Moorbauern, oder was es hier an Unerklärlichem außerdem so geben sollte. Torf ernten, verkaufen und weg! Die schlichteste Devise, die sich ein Geist ausdenken kann.

Der im Gebälk des Dachstuhls schlafende Adular war von den lauten, hämmernden Worten aufgeschreckt und wäre fast abgestürzt. Dann bemerkte er den Mann im schwarzen Mantel, wie er auf die Knie fiel, die steinerne Tafel aus dem Sand wühlte und gegen das Morgenlicht hielt. Die beschwörenden Worte verstand der Storch nicht genau. »Dank an … Ritter im Geiste … ewig und immer … wiederkommen … Licht und ein richtiger Weg …!« Er sah, wie der Vogt etwas aus dem Umhang zog, eines dieser neuen Sicherheitszündhölzer auf einer Reibfläche anstrich, und ein Blatt Papier entzündete. Bevor es vollständig verbrannt war, stecke er ein Reststück mit Brandspuren zurück in die Manteltasche. Er wirkte erleichtert. Adular hatte sich eine derartige Zeremonie bisher nicht einmal vorstellen können. Er beschloss, dass Erlebnis für sich zu behalten.

Der Vogt begab sich wegen der langen Fahrt durch die Nacht zur Ruhe auf sein Schiff, um den Tag zu verschlafen. Erst am Abend würde er wieder nach Bremen aufbrechen. Jetzt wäre es verfrüht, zu oft gesehen zu werden. »Das gibt nur Gerede.« Mit schneller Bewegung tauchte er ab in die Kajüte und zog die Klappe zu.

Sofort flog Adular los, um die Freunde zu warnen. »Jan, es tut sich etwas! Dieser verrückte Moormörder ist angekommen und ich hörte, dass in wenigen Tagen die Transporter unterwegs sein werden. Der Schrecken wird nun Wirklichkeit!«

Gegen Abend brach Jan auf, um am Fluss seine Taktik nochmal zu überdenken. Er rechnete fest damit, dass Birklein dazukommen würde, wie sie es versprochen hatte. Denn heute meinte er, glücklich zu sein. Eine Stunde später beleuchtete der Vollmond eine malerische Szene. Jan hockte auf dem Stamm eines umgestürzten Baumes am Ufer der Beek. Kein fremdes Licht störte den Glanz der Sterne. Mit einem zarten Ton wie von den Saiten einer Harfe schwebte Birklein heran und setzte sich neben ihn. Die wenigen Sternchen auf ihrer Flugbahn verwehte die leichte Brise und sie erloschen schnell. Ohne zu sprechen, genossen beide die Ruhe der Nacht und forderten damit unbewusst eine romantische Nähe für sich ein.

Flussaufwärts war ein Plätschern zu hören, im gleichen Impuls nahmen sie sich wortlos an die Hand und lauschten gemeinsam. Jeden Gedanken an die düsteren Wolken der Zukunft schoben sie beiseite und Birklein flüsterte: »Siehst du Jan, dieses ist ein Teil vom Glück, nur ein ganz kleiner Teil.«

Er antwortete nicht mehr, weil ein Schatten seine Augen traf. Zuerst bemerkte er das Segel und sofort das Schiff, das lautlos vorüberglitt. Am Ruder stand der Schwarze Vogt, der lange herüberschaute, und obwohl der Mond das Ufer erhellte, war Birklein für ihn unsichtbar. Doch als er Jan erkannte, verriet er sich mit einer hektischen Bewegung: »Sonderbar, warum ist der denn hier und beobachtet mich jetzt? Der ist wohl einsam und vertreibt sich die Zeit. Ach was, ich sehe Gespenster, wie sollte mir ein kleiner Junge gefährlich werden?«

Obwohl das Gesicht des Vogts unter der Kapuze nicht zu erkennen war, schoss aus seinen Augen ein stechender Widerschein des Mondlichts auf Jan. Die Blicke trafen sich. Beide hielten der Anspannung stand und die Gegner der kommenden Ereignisse wandten sich erst voneinander ab, nachdem das Schiff außer Sicht war. Im selben Moment hatten die beiden kompromisslosen Persönlichkeiten einen einzigen Gedanken: »Die Maschine kann kommen!« Doch meinten sie nicht das Gleiche! Jan hatte soeben das Tor von der Jugend in eine verantwortungsvolle Zukunft als Mann durchschritten. Ohne dass er es erkannte, umfing Jans Standhaftigkeit wie ein Zauber die Fee. Sie war aufgeregt und versuchte, mit Worten davon abzulenken.

»Jan«, flüsterte Birklein, »ich habe eure Emotionen gespürt, ihr bebt vor Erwartung. Der Vogt will die Maschine bauen und du planst, sie zu zerstören. Wir sind so weit, unsere Aufgabe beginnt jetzt!« Er legte wie zum Schutz den Arm um seine verständnisvolle Freundin.

Die Fee hatte mit ihrer liebevollen Verbindung zu einem Menschen eine Brücke zwischen dem Unnerbodden und seinen Bewohnern geschaffen, die in vielen Büchern und Erzählungen als Fabelwesen bekannt sind. In einer Vielzahl von Binsenbüscheln am Ufer waren die Augen der Moorhexen aufgeblitzt. Sie hatten sich angesehen, geblinzelt und still miteinander gesprochen: »Diese zwei haben wir seit Jahrhunderten gesucht, die Prophezeiung ist wahr geworden! Das wird was!«

Eine Frage aus der Dunkelheit war flüsternd mit dem leichten Wind herübergeweht. »Was wird was?«

Die Weserschute »Bremen« näherte sich ihrem Zielhafen Wanfried und Gerd seiner ungewissen Zukunft.

KAPITEL 52
VERLORENE VERGANGENHEIT

»Jetzt weißt du, was im Teufelsmoor passiert ist, als du im letzten Jahr gejagt wurdest. Ich bin fertig«, schloss Fablax seinen Vortrag und wunderte sich über Gerds geistige Abwesenheit, denn er war vertieft in das Bild der geschäftigen Betriebsamkeit an der Schlagd in Wanfried.

Weil er begierig war, die Stadt seiner Jugend wiederzusehen, hatte er zum Schluss kaum noch zugehört. Nach der weiten Flussbiegung müssten die Speicherhäuser der Schlagt in Sicht kommen und vom Anleger wäre das Landgrafenschloss in wenigen Minuten zu Fuß erreichbar. Doch verwarf er diese Möglichkeit vorerst, denn er fand es im Moment zu riskant, überstürzt seinen Bruder zu treffen, der für Gerds Schicksal im Teufelsmoor verantwortlich war. Zuvor hielt er es für wichtig, die Stadt zu erkunden. Fast zwanzig Jahre waren vergangen, seit er hier seine Zukunft als Schlossherr und Landgraf verloren hatte. Jetzt suchte er nach einer Erklärung für das, was sich hier in der Zeit seiner Abwesenheit abgespielt hatte.

Gerd war die Anspannung anzumerken, und der Kapitän vermied es, ihm unnötig zu begegnen. Ihn plagte das Gewissen, weil er an der Schleuse den berittenen Boten losgeschickt und sein Passagier verstanden hatte, dass die Aktion ihm galt. Langsam passierten sie die letzte Baumgruppe vor dem einst geschäftigen Endhafen an der Stadt Wanfried.

Einen wohlhabenden Handelsplatz anzutreffen war Gerds Erwartung. Doch heute schlug der erste Eindruck wie ein Hammer auf ihn ein. Die Silhouette des Ortes vermittelte den gewohnten Anblick der einstmals reichen Stadt. Bei näherer Betrachtung fand sich jedoch nirgendwo die gepflegte Schönheit ihrer langen Tradition. Das Schiff näherte sich dem Anleger, wo keine Menschenseele herangeeilt kam, um wie damals beim Vertäuen zu helfen.

Die Hafenmauer zeigte Spuren des Verfalls und der Kapitän hatte Mühe, an Land zu springen, um die schwere Arbeit des Festmachens zu erledigen. Gerd schaute über den Vorplatz der Schlagthäuser und vermochte sich nicht vorzustellen, dass dieses einst seine Stadt war. Die Fachwerkhäuser waren ungepflegt. In manchen Fenstern waren Scheiben gebrochen und viele Luken in den Speichern hingen schief in den Scharnieren.

Auf einigen Dächern wucherten niedrige Bäume. Die Hafenanlage war mit einem Durcheinander an alten Kisten und Fässern übersäht, zurückgelassene Fuhrwerke rotteten vor sich hin und dieser Eindruck wurde in eine Stille getaucht, die Gerd frösteln ließ. Ab und zu erreichte das fröhliche Rufen spielender Kinder sein Ohr, die zwischen den Trümmern tobten und die er beneidete in ihrem unbefangenen Glück für die Gegenwart. Seine Last war die blühende Vergangenheit, die es nicht mehr gab, und er verstand den Wortsinn – vorbei und vorüber.

Nachdem er und Fablax über ein Brett an Land gegangen waren, fielen Gerd die beiden Weserschuten ins Auge, die zur Hälfte versunken vor dem Anleger wie flehend den erlösenden Untergang erwarteten. Aus einem Speicherhaus schlurfte ein Händler herüber und begrüßte den Schiffer. Wie sich zeigte, kam eine gewohnte Routine in Gang. Ihm folgend versammelte sich eine Gruppe Arbeiter jeden Alters an der Anlegestelle, um die Ladung zu löschen. Die Männer hoben die Säcke mit Tee und Kaffee auf die Hafenanlage und trugen sie auf den Schultern in das Handelshaus.

Gerd entging das Entladen der Fracht. Daran hatte er kein Interesse, sein Blick hing an diesem Ort, der über Jahrhunderte zur Landgrafschaft seiner Familie und seinen Vorfahren gehörte und niemals einen derartigen Anblick geboten hatte. Er nahm zwischen den Stadthäusern das traditionsreiche Hotel »Zum Schwan« wahr, die einzige geöffnete Herberge. Vor der Tür stand eine Tafel, auf der die Angebote angepriesen wurden, und das geschmiedete Hotelschild über dem Eingang pendelte quietschend im Wind.

Wegen seiner langen Abwesenheit kam es Gerd vor, dass er persönlich verantwortlich für den Niedergang der Stadt war. Du lieber Himmel, was wird mit meinem Bruder geschehen sein? Ich war sicher, er würde hier wenigstens die alten Traditionen pflegen und erhalten. Was ist die Ursache für diesen Verfall? Diese Armut war Grund genug, um mich zu betrügen? Zu diesem geringen Preis?

Der Blick hinauf zum Schloss ließ ebenfalls erahnen, dass sich seine Erwartungen in eine erfolgreiche Zukunft hier nicht erfüllen würden. Sicherheitshalber fragte er: »Kapitän, wann kommt Ihr wieder hierher?« Der Schiffer saß mit hängendem Kopf auf einer Kiste vor seinem vertäuten Frachter. Die Säcke waren entladen und niemand kam an den Hafen, um neue Güter für den Transport zurück nach Bremen heranzuschaffen. »Unbekannter Reisender, ich weiß nicht, ob ich je zurückkommen werde. Das hängt von dem Händler dort im Packhaus ab. Fragt den doch, ob er wieder etwas bestellen will.« Mit diesen Worten drehte er sich um, rief seine Mannschaft heran und bereitete das Ablegen vor, als sei er auf der Flucht.

Sollte ich selbst die Fracht nach Bremen sein und doch zurückkehren? In wenigen Augenblicken legt das Schiff ab. Fablax hatte die Zweifel in Gerds Gedanken erkannt. »Ja, es wäre eine weise Entscheidung, aber ich vermute, du brauchst den schweren Weg. Anders findest du Dickschädel nicht zu deinem Glück!«

»Du liest meine Gedanken? Tue das niemals wieder!«

Kurze Zeit später beobachtete Gerd das Schiff, wie es die Werra flussabwärts trieb. Er und sein haariger Begleiter waren geblieben und im Angesicht der Umstände in Wanfried stichelte Fablax erneut. »Na, das Teufelsmoor war besser, oder?« Für diese Art eines lästigen Gespräches war der ehemalige Landgraf auf der Suche seiner Vergangenheit und Zukunft jetzt nicht bereit. Er ignorierte die Frage.

Gerd bahnte sich einen Weg zu dem Speicher, in dessen Erdgeschoss der Händler sein Kontor hatte. Er trat ein und stand sofort vor einem Schreibtisch, der wie eine Barrikade weitere Schritte in das Innere verhinderte. Dort saß der Inhaber dieser Firma für Genussmittel gebeugt über den Papieren.

Nach kurzem Gruß fragte Gerd direkt: »Wann kommt der Weserschiffer wieder?« Der Händler schaute auf und sagte, dass er keine Aufträge hätte, es sei denn, es geschehe ein Wunder. »Gütiger Himmel, Mann, was ist hier passiert? Ich verstehe das nicht, Jahrhunderte lang herrschte hier Wohlstand und jetzt das hier?« Gerd seufzte, wandte sich um und zeigte über den Hafen.

»Ihr wisst tatsächlich nichts?« Der Händler stand auf. »Lest Ihr die Nachrichten nicht? Habt Ihr wirklich keine Ahnung, was auf der Welt los ist?« Gerd realisierte bitter, dass ihn das Leben als Einzelgänger von allen Informationen dieser Entwicklungen abgeschnitten hatte. Vor zwanzig Jahren war er von hier ins Teufelsmoor geflohen und hatte seine Geschäfte mit der Schmuggelei betrieben. Er war immer zuversichtlich, sich eines Tages seine Grafschaft zurückzuholen. Die Zeit war vergangen und seine Absicht fast in Vergessenheit geraten, bis seine Flucht vor den Zöllnern schicksalhaft die Weichen neu gestellt hatte. Heute stand er vor der Schwelle einer neuen Zukunft und fragte sich, ob der Schritt hinüber sinnvoll war. Erwartet mich hier ein erfülltes Leben?

»Was Ihr hier seht«, unterbrach der Kaffeehändler seine Gedanken, »das sind nicht die Reste, nein, das ist der Tod einer Stadt. Die Menschen hier haben es sogar mit angesehen, wie es geschah. Niemand hat sich gewehrt, aber was hätten sie tun sollen?«

»Warum diese Ratlosigkeit, das klingt wie Resignation.«

»Hört zu! Vor etwa zehn Jahren hatte es begonnen, anfangs waren es nur ein paar Schiffe weniger im Hafen, dann mussten einige Händler ihre Kontore schließen. Die ersten Schuten wurden aufgegeben, ein Wrack liegt noch an der Kaimauer. In der Stadt gaben nach und nach die Handwerksbetriebe auf und der Warentransport in den Süden wurde eingestellt. Innerhalb von wenigen Jahren brach alles zusammen.«

Die innere Aufregung zog Gerd durch die Tür zurück an die frische Luft, der Händler folgte ihm und sie schauten gemeinsam auf die maroden Häuser. Er fuhr er fort: »1850, vor sechs Jahren, ließ der Rat der Stadt den Schiffsverkehr offiziell einstellen, das Hafenbüro wurde geschlossen, die Hafenarbeiter entlassen, ebenso die Handwerker, die bis dahin den Fluss und die Schleuse instandgehalten hatten. Bittere Armut war die Folge. Wie Ihr seht, wurde nicht einmal mehr aufgeräumt.« Er zeigte über die Reste der leeren Kisten und Fässer. »Die da hätten handeln können.« Er hob den Arm in Richtung Rathaus. »Am Hafen war uns allen klar, was passierte. Die moderne Technik und die Eisenbahn würden den Schiffsverkehr verdrängen. Geredet hatten die Ratsherren darüber, immer und immer wieder, und dann hatte es geheißen: Wir holen die alte Zeit zurück! Vielleicht war die Erinnerung an die goldenen Jahre zu verlockend. Natürlich gelang es nicht.«

Der Händler hatte ins Schwarze getroffen, zumindest, was Gerd betraf. »Jaaa.« Er atmete schwer und trug seine Last schweigend.

»Bis heute liegen keine Schienen nach Wanfried, die wir hätten haben können. Niemand wollte hier die Eisenbahn. Nicht einmal die Straßen hatte man befestigt und so kam es, dass alles das, was uns hier einst Arbeit und Brot einbrachte, an dieser Stadt vorbeifährt. Nein, nein«, wehrte er mit einer Geste des Bedauerns ab, »vielleicht kann auch niemand etwas dafür. Es passierte einfach zu schnell!«

»Und der Landgraf? Warum hat er nicht gehandelt?« Gerd nahm für erste Informationen diese Gelegenheit wahr.

»Ach, lasst mich in Ruhe mit diesem Kerl! Er und seine Gefolgsleute sind für die Stadt nichts als lästig. Wo er den kleinsten Vorteil erwarten kann, schickt er die Spione aus. Habt Ihr nicht gesehen? Da drüben war einer zwischen den Häusern und hat uns beobachtet!

Dabei soll der Graf schwer krank sein, wie man so hört. In der Stadt gibt es nichts mehr, was er wegnehmen könnte, und wenn, was wollte er noch damit?«

Gerd reichte es für heute, die Erlebnisse hatten ihn ermüdet und weitere Vermutungen brachten keine Erkenntnisse. Er fragte nach einer Herberge. »Drüben im Schwan werdet Ihr Unterkunft finden.« Der letzte Händler am Hafen trottete zu seinem Kontor.

Auf dem Weg zum Hotel dachte Gerd an das Teufelsmoor zurück und die Zeit der Zuflucht beim Schwarzen Vogt: Dieser Mann hat tatsächlich vor, eine Maschine zu bauen, die wie ein altes Schiff aus Holz besteht und von Menschen angetrieben wird? Das wird ein Fehler sein, Dampfmaschinen sind die Zukunft. Die Entwicklung in dieser Stadt ist der Beweis dafür.

In der Herberge musterte der Hausherr an der Rezeption den Gast ungewöhnlich ausdauernd und blieb dennoch ohne Gruß. Gerd war in Gedanken abgelenkt und reagierte darum nicht einmal überrascht, als er mit seinem Namen angesprochen wurde.

»Durchlaucht Wilhelm Gerd, auf der Thurn- und Taxis'schen Post liegt ein Brief für Euch. Ich habe leider keinen Burschen, daher geht bitte selbst hinüber und nehmt ihn in Empfang, derweil ich Euer Zimmer bereiten lasse.« Wenn Gerd jemals seine Sprache verloren hatte, soeben war es geschehen!

Der Beamte im Postamt überprüfte sein Gegenüber lange und eindringlich. Offenbar hatte er ihn erkannt, denn er händigte einen Brief aus, der die sonderbare Anschrift »Post Wanfried, für Durchlaucht Wilhelm« trug, sonst nichts! Ein Absender auf der Rückseite des gefalteten und gesiegelten Blattes fehlte. Gerd stand wie vom Blitz getroffen. »Wer hätte wissen können, dass ich hier bin?« Er war neugierig, widerstand aber trotzdem dem Impuls, das Siegel sofort aufzubrechen.

Im Hotel entsprach die Kammer dem heruntergekommenen Eindruck der gesamten Stadt und der von Überraschungen geplagte Gast beschloss, am kommenden Tag auszuruhen. Jetzt, am Ziel seiner Reise, fanden sich erste Gründe, die unangenehme Begegnung im Schloss aufzuschieben.

Er stellte sein Bündel ab, Fablax verkroch sich unter dem Bett, als suchte er Schutz vor kommenden Ereignissen. Gerd nahm auf dem einzigen Stuhl an dem wackeligen Tischchen Platz. Der Brief lag wie eine Drohung vor ihm.

Wer kennt nach der langen Zeit meinen Namen? Er zögerte.

Selbst das Siegel war geheimnisvoll und zeigte keine Initialen. Er brach es auf und klappte das Papier auseinander. »Niemals, das kann nicht sein! Nein! Absolut nein, das glaube ich nicht!« Sein Ausruf erschreckte Fablax, der den Kopf hob und damit gegen die Bettkante stieß. Gerd starrte bei der Suche nach dem Absender zuerst auf die Unterschrift:

Der Schwarze Vogt

ENDE

AUSBLICK AUF BAND 3: ISABELLA DE LA CONTÉ

1856 bis 1880.
Der Schwarze Vogt greift nach dem Bodenschatz »Torf« und das Teufelsmoor droht in einem Strudel von Ereignissen jede Zukunft zu verlieren. Der frühere Schmuggler Roter Gerd findet wieder einmal einen raffinierten Weg, um das Blatt zu seinen Gunsten zu wenden, während sein Rivale, Amtmann Cornelius, gezwungen war, unverhofft von seinen Racheplänen abzulassen.

Der Fortgang der Bauarbeiten an der Maschine für Torfabbau vereint eine Gruppe verschiedener Widerständler zu einer Allianz, die es so nie zuvor gab und nie wieder geben wird. Menschen, Fabelwesen und Tiere arbeiten klug zusammen, um der Welt des Moores ein natürliches Leben erhalten. Was wird aus Birklein und Jan? Wie erlebt die Tierwelt die Bedrohung und ist ein versöhnliches Ende überhaupt möglich? Doch das ist schwer vorstellbar, denn der Schwarze Vogt rückt nicht von seinen Plänen ab und er hat mächtige Verbündete. Sogar Moorkommissar Erasmus Castell soll seine Hände im Spiel haben? Die Moorhexen schauen vom Horizont auf die Ereignisse und warten auf ihre Stunde. Das Schicksal führt Isabella zurück auf den Hof der Eltern und die Liebe … Aber das ist eine lange Geschichte.

ANSCHAUEN – MITMACHEN – ERLEBEN

Die Geschichten um die Figuren der Saga führte uns erneut in die Welt des Teufelsmoores und in die Stadt Bremen. Viele Handlungsorte um die Zeit von 1850 wurden historisch lebendig und die Fantasie sah bisher unbekannte Zusammenhänge.

Aber wie war das alles wirklich? Wie fühlte sich diese Epoche an und welche Geheimnisse gibt es noch zu entdecken?

Hier haben wir abenteuerliche Erlebnisse nach den Themen der Saga für Sie entdeckt. Fahren Sie mit dem Roten Gerd im Torfkahn auf der Hamme und hören Sie, wie er damals im Moor Zuflucht fand und wie ein Geist als Schmuggler unterwegs war.

Speisen Sie im Teufelsmoor-Saga-Restaurant die Lieblingsgerichte des Roten Gerd und des Schwarzen Vogts und lassen Sie sich in der Galerie in die spannende Bilderwelt der Saga entführen.

Erleben Sie Führungen zu den originalen Schauplätzen, erfahren Sie dabei die Geschichten hinter der Geschichte und wie es damals möglich war, die Herausforderungen des Lebens zu meistern. Denn allseits gefürchtet und beliebt waren die vielen Wesen der Unterwelt und geheime Elixiere. Oder hören Sie von den Nachrichten der Bäume. Wie das geht? Einfach mitmachen, es wird spannend!

Drei Vorschläge finden Sie auf den folgenden Seiten, um die Saga in der fühlbaren Welt zu erleben. Wir wünschen frohe und unvergessliche Erlebnisse für die Sinne. ▸▸▸

Websuche: Event Teufelsmoorsaga
oder direkt:
www.worpswede-tipps.de/event_teufelsmoorsaga

TORFKAHNFAHRT
NACH GESCHICHTEN DER SAGA AUF DER HAMME

1.500 Torfkähne soll es zur Zeit der Saga auf den Gräben und Flüssen im Teufelsmoor gegeben haben. Kein Wunder, dass der Rote Gerd leicht untertauchen konnte. Aber seine Spuren sind lebendig.

Im Dorf Teufelsmoor ist es jetzt wieder möglich, den verschlungenen Pfaden des Schmugglers zu folgen. Direkt an der Teufelsmoorschleuse legen die Schiffe des Vereins Findorffs Erben zu spannenden Fahrten auf der Hamme ab.

Oder besuchen Sie die alte Zollstelle am Hafen »An der Kreuzkuhle«, dort wo die Teufelsmoor Saga ihren Anfang nahm. Auch von dort aus sind Torfkahnfahrten auf den historischen Kanälen möglich. Finden Sie weitere Informationen unter den Webadressen.

Websuche: Event Torfkahnfahrt
oder direkt:
www.findorffserben.de

Nach der spannenden Lektüre des Buches ist es möglich, direkt im Teufelsmoor die Geschichten der Saga in der Natur zu erleben.

Frauke Klemme ist immer wieder mutig genug, mit Ihren Gästen die originalen Schauplätze der Saga zu besuchen und mit ihren spannenden Erzählungen die Figuren zum Leben zu erwecken.

Kommen Sie mit auf eine ErlebnisTour von und mit Frauke Klemme: Die Naturführerin und Saga-Insiderin wird Sie auf verschiedenen abenteuerlichen Pfaden noch tiefer in die in die Geheimnisse des Teufelsmoores einweihen. Spannende Hintergrundinformationen zum Roten Gerd und zu den weiteren Figuren der Saga warten darauf, endlich verraten zu werden.

ErlebnisTouren

Frauke Klemme

Gästeführungen • Naturerlebnis
• Geomantie •
Reiseleitung • Waldpädagogik

www.frauke-klemme.de

Websuche: Teufelsmoorsaga Gästeführung
oder direkt:
www.worpswede-tipps.de/
teufelsmoorsaga_erlebnis_gaestefuehrung
www.frauke-klemme.de

SAGA-RESTAURANT IN DER ORTSCHAFT TEUFELSMOOR

Speisen und Genießen wie die damals, als die fleißigen Moorbauern hier auf den Roten Gerd, den Schwarzen Vogt und Isabella de la Conté trafen. Für Amtmann Cornelius und seine Zöllner war der Zutritt nicht erlaubt.

Im Jahrhunderte alten Dorf Teufelsmoor soll sich einst eine riesige Maschine durch das Moor gepflügt haben. Spuren dieser Katastrophe finden sich bis heute.

Wie war das, als 1856 die Maschine »Moormöörder« mit tausend Spaten begonnen hatte, den Torfbauern das Moor zu entreißen? Eifrige Künstler hielten das Geschen in unzähligen Gemälden fest und noch vor den ersten Malern in Worpswede wurde der Ort zum geheimen Künstlerdorf für fantasievolle Bilder der Katastrophe von einst.

Heute finden Sie diese wiederentdeckten alten Zeugnisse als Galerie im Saga-Restaurant. (Alles ist Fantasie!)

Zur Teufelsmoorschleuse

Websuche: Teufelsmoorsaga Restaurant
oder direkt:
www.teufelsmoorschleuse.de

ÜBER DIESES BUCH

Die Teufelsmoor Saga ist ein Heimat-Roman, der überlieferte Figuren aus Sagen und Geschichten der Region zu einer großen Geschichte vereint. Menschen, Tiere und Geistwesen agieren auf einer abenteuerlichen Bühne und erleben die Welt in einer Zeit, in der alte Tradition auf neue Technik trifft.

Der Spannungsbogen führt Charaktere, die trotz ihrer Verschiedenheit über sich hinauswachsen, zu Freundschaft, Liebe und Verständnis. Die Handlungsorte entsprechen mit Fantasie den Gegebenheiten um 1850. Die Spielstätten finden sich auf alten Karten und können selbst heute noch besucht werden.

Soweit historische Ereignisse eingeflossen sind, wurden diese dem Handlungsrahmen zeitlich wie räumlich angepasst. Ein wissenschaftlicher Anspruch besteht nicht. Charaktere und Handlungen sind überliefert oder frei erfunden. Ähnlichkeiten zur heutigen Zeit wären Zufall.

Interessantes um die Teufelsmoor Saga wie unser Making-Of und das Saga-Wiki finden Sie auf **www.worpswede-tipps.de**

DANKSAGUNGEN

Mit Band zwei der Teufelsmoorsaga wird das Ausmaß der Bedrohung durch den Schwarzen Vogt für das Teufelsmoor deutlich. Was aber geschah damals wirklich? Um die vielen einzelnen Begebenheiten und Geschichten zu einem großen Ganzen zusammenzufügen, haben wir sachkundige Unterstützung für Inhalte wie Text, Bild und Philosophie erfahren.

Wir danken:

Richard Henning
mit tatkräftiger Unterstützung der Vereinsmitglieder
Verein Findorff Erben vom Kolbecksmoor e.V.
Torfkähne-Fotos-Schauspiel-Fahrten im Torfkahn zur Saga
Darstellung der Figuren der Saga »Moorheuler« Musik
www. findorffserben.de

Offizielles Restaurant nach Motiven der Saga
Marc Imme
Zur Teufelsmoorschleuse
www.teufelsmoorschleuse.de

Frauke Klemme
Gästeführungen nach den Themen der Saga.
Besuch von originalen Schauplätzen
mit Erklärungen längst vergessener Geheimnisse.
www.frauke-klemme.de

Maren Arndt
Fotografische Elemente für Illustrationen
www.marenarndt.de

Wolfgang Wedelich
Worpsweder Torfschifffahrt
Bücher und Geschichten an Bord
www.worpswede-tipps.de/worpsweder_torfschifffahrt/

Malschule Worpswede
Karin Bison-Unger
Illustrative Darstellung von Figuren der Saga für Band 1
www.malschule-worpswede.de

Matthias Mahnke
Darstellung des Moorkommissars Erasmus Castell
Szenen für Fotografie – Geschichtswissen.
Führungen als Moorkommissar nach der Saga.
Torfkahnmuseum in der Museumsanlage Osterholz-Scharmbeck

De Düwelsmoorer e.V
Heimatverein Teufelsmoor
Museum Kleines Haus im Moor
https://www.worpswede-tipps.de/kleines_haus_im_moor/

Jan Brünjes
Spezialist für Übersetzungen in die plattdeutsche Sprache.
Echtes Teufelsmoorplatt aus einer Zeit, als diese
Sprachform die tägliche Umgangssprache war.
www.worpswede-tipps.de/team_teufelsmoorsaga/

Landbäckerei Kärgel
Brote zur Saga: Torfschipperknust und Hüklüt Brot
www.bäckerei-kärgel.de

Kaffeerösterei de koffiemann Lilienthal
Segelkaffee & Abenteuer Kaffee als Schmuggelware
zur Zeit der Saga und Verschiffung weseraufwärts.
www.de-koffiemann.de

Glasmuseum Gnarrenburg
https://www.worpswede-tipps.de/glasmuseum_gnarrenburg/

Schriftatelier Hoyer
Schriftzug Logo »Teufelsmoor Saga« – Historische Schriftdarstellungen
www.callitype.de

Wilhelm Gebhard
Bürgermeister Stadt Wanfried
Thema historischer Hafen/Landgrafenschloss
Einbindung touristischer Ziele in die Handlung der Saga.
www.wanfried.de

Stefanie und Andreas Garbade
Handlung – Figurendarstellung – Sprecher
www.worpswede-tipps.de/stefanie_garbade_trauerleben/

Danke für Ideen, Anregungen und aktive Beteiligung
Andreas Kottisch ePhilos GmbH
Peter Schneider M3B GmbH

Weitere Informationen auf www.worpswde-tipps.de